本书是国家社科基金项目《乡村产业结构演进的绿色发展效应及路径设计研究》（20BJL039）的最终成果，是山东省人文社会科学课题《乡村振兴齐鲁法治样板研究》（2021-YYFX-04）和部省共建省域现代职业教育体系新模式理论实践研究课题《职业教育助力打造乡村振兴齐鲁样板研究》（XMS05）的阶段性成果。

乡村产业结构演进的
绿色发展效应及路径设计研究

XIANGCUN CHANYE JIEGOU YANJIN DE
LÜSE FAZHAN XIAOYING JI LUJING SHEJI YANJIU

王传刚◎著

中国政法大学出版社

2024·北京

前　言

　　本研究尝试在国家贯彻"创新、协调、绿色、开放、共享"的新发展理念和乡村振兴战略实施背景下从乡村产业结构的演进视角探究乡村绿色发展状况，试图理解这一过程中乡村产业结构对环境影响的作用机制，通过科学合理的产业选择加快推进乡村绿色发展。

　　本研究吸收借鉴产业经济学、演化经济学、环境经济学、农业经济学等的研究成果，通过规范的经济学分析，对乡村产业结构进行研究，系统地考察和探索产业结构与绿色发展之间的关系，以丰富和深化乡村振兴以及绿色发展的边界和内涵。结合我国新时期农业农村现代化建设的现实，研究适应乡村振兴的产业选择，将有利于解释和刻画美丽乡村建设的路径。

　　过量化肥农药的使用使得农业农田的可持续能力在下降；乡村工业产业发展造成的环境污染也有加重和蔓延趋势。可见，产业结构不合理与乡村环境污染息息相关。

　　产业结构作为联系经济活动与生态环境的重要纽带，它决定着资源消耗的方式和环境污染的水平和类型，对环境有直接影响。以绿色发展引领乡村振兴是走中国特色社会主义乡村振兴道路的必然选择。《国务院关于促进乡村产业振兴的指导意见》指出："产业兴旺是乡村振兴的重要基础，是解决农村一切问题的前提。"产业振兴必须以绿色为底色、底线。从乡村产业结构演进视角出发，分析其对环境质量的影响及作用机理，最终从乡村绿色发展角度提出促进乡村产业结构升级与优化的路径设计，将有助于我们认识乡村产业振兴生态振兴的现实状况、制约因素和实施策略，这对改善乡村人居环境，建设美丽宜居乡村，实施乡村振兴战略具有重要意义，也是我国目前急需探讨的一个重大现实性课题。

　　本书主要研究内容如下：

乡村产业结构演进的绿色发展效应及路径设计研究

1. 我国乡村产业结构演进的时空特征研究。本部分旨在明确优化乡村产业结构的现实要求，是本书研究的逻辑起点。根据乡村产业结构的现实背景以及绿色发展约束现状，阐明基于绿色发展视角优化乡村产业结构的理论及现实意义。

2. 乡村产业结构演进影响绿色发展的理论机制分析。在乡村绿色发展内涵界定及测度基础上，厘清乡村绿色发展的发展现状。运用博弈理论，基于三方博弈模型研究乡村绿色发展主体的最优策略及其动力机制。首先，构建包含政府、乡村居民和消费者等参与主体的三方博弈模型，设定博弈环境和博弈规则；其次，分析不同博弈环境下的均衡结果，并对其进行横向比较，剖析差异性进而提炼其内生性动力机制。

3. 乡村产业结构演进的环境效应研究。本部分旨在构建面板联立方法模型，检验乡村产业结构变动对绿色发展水平的影响。①指标选取。乡村产业结构演进、绿色发展水平分别依据测算结果而定。控制变量选取乡村人口平均收入、对外贸易程度、技术进步和环境规制四类乡村绿色发展影响因素。②模型构建。以乡村绿色发展水平作为因变量，产业结构演进指数作为自变量，同时考虑乡村人口平均收入、对外贸易程度、技术进步和环境规制可能对绿色发展起影响作用，将它们作为控制变量，构建空间杜宾模型。③实证分析。基于空间关联性视角，实证检验乡村产业结构演进、环境规制及其交互项对绿色发展的影响及其溢出效应。

4. 乡村农业产业结构演进的绿色发展效应。从经济发展史和农业内部结构变化的角度，本研究将我国农业产业结构变迁过程划分为农业种植业为主阶段、非农产业快速增长阶段、"三高"农业发展阶段、探寻绿色安全生产阶段、全新发展阶段。在梳理农业产业结构演进的基础上，分析农业产业结构变动影响乡村绿色发展的路径。客观描述我国农业产业结构绿色化道路任重道远。

5. 乡村工业结构演进的绿色发展效应。基于乡村工业数据，采用全局主成分分析方法（GPCA），计算1991~2018年乡村制造业分行业的空间分布及变化情况。基于1991~2018年农村工业废水、废气和固体废物污染物排放量，创新性利用维度扩展熵值法，处理由时间维度、工业各行业维度和污染物种类维度组成的"三废"数据，获得农村工业各行业环境排放综合评价指数，并以此来测量乡村工业绿色发展水平。基于上述结果，采用一阶差分线性模型检验乡村工业结构演进的区域分异对于环境污染水平变化的影响。

6. 乡村绿色发展的产业选择与路径设计。本部分以协同提升乡村产业发展、增强乡村绿色发展能力为目标，探索具体路径及对策。根据产业结构绿色发展效应的研究，探寻乡村产业结构优化升级的重点区域。

王传刚

2024 年 5 月

目　录

第 1 章　导论

1.1　研究背景及意义

1.1.1　研究背景

近四十年中国农业产值长期保持较高速度增长态势，但飞速增长的背后却忽视了其对环境可能造成的负面影响。长期以来形成的粗放型生产方式和相对薄弱的农业经济基础使农业与乡村污染成为继工业和城镇污染后中国最大的污染源（康晓梅，2015）。2019 年我国三大粮食作物化肥利用率仅为 39.2%，农业农田的可持续能力在下降；畜牧业发展迅猛，但禽粪便有效处理率偏低，成为困扰养殖业健康发展的重大瓶颈和影响乡村环境的突出问题；此外，乡村工业产业发展造成的环境污染近年显示出加重和蔓延趋势（李玉红，2017）。可见，产业结构与乡村环境息息相关。

产业结构作为联系经济活动与生态环境的重要纽带，它决定着资源消耗的方式和环境污染的水平和类型，对环境有直接影响。以绿色发展引领乡村振兴是走中国特色社会主义乡村振兴道路的必然选择。《国务院关于促进乡村产业振兴的指导意见》指出："产业兴旺是乡村振兴的重要基础，是解决农村一切问题的前提。"产业振兴必须以绿色为底色、底线。从乡村产业结构演进视角出发，分析其对环境质量的影响及作用机理，最终从乡村绿色发展角度提出促进乡村产业结构升级与优化的路径设计，这对改善乡村人居环境，建设美丽宜居乡村，实施乡村振兴战略具有重要意义。

1.1.2　研究意义

1.1.2.1　理论意义

第一，梳理乡村产业结构演进过程，从产业结构合理化和高级化两个维度观测乡村产业结构的演进特点，从而丰富乡村产业结构的测度研究。第二，构建包含政府、乡村居民和消费者等参与主体的三方博弈模型，将政府作为乡村绿色发展的重要参与主体内生化到三方博弈模型中，使各参与主体能够基于经济理性假设进行理性决策，得到符合各市场参与主体利益最大化的市场均衡结果。尝试性从乡村全产业链视角分析乡村绿色发展问题，拓展了原有绿色发展研究视角，将绿色乡村的生产、流通、交换、消费置于统一研究框架之内。第三，构建乡村工业环境污染综合指数，基于乡村工业废水、废气和固体废物污染物排放量，创新X性利用维度扩展熵值法，处理由时间维度、工业各行业维度和污染物种类维度组成的"三废"数据，获得乡村工业环境污染综合评价指数，从时空角度揭示乡村绿色发展水平的时空分异规律及其与产业结构的关系，弥补该领域研究的薄弱环节。第四，探索农业绿色化发展道路，提炼农业绿色化发展经验，加强农业产业结构绿色化领域的研究。

1.1.2.2　应用价值

第一，构建科学合理的乡村产业结构测度指标，揭示乡村产业结构演进规律，为乡村产业结构的优化调整提供参考。第二，基于乡村工业环境污染综合指数的动态演变规律，以乡村产业结构为门槛依赖变量，探索乡村产业结构门槛值的变化对环境治理的影响，为乡村环境治理提供思路。第三，为乡村振兴背景下乡村产业发展选择提供依据。基于产业结构对乡村绿色水平的影响机理研究，探寻因地制宜、因时制宜的乡村产业协同融合发展路径，有利于为产业选择提供一定的衡量标准，进而提升乡村产业层次。

1.2　研究思路及技术路线

本书遵循"提出问题-厘清问题-分析问题-解决问题"的基本思路。首先，根据乡村环境约束现状和乡村振兴发展背景，提出产业结构调整绿色化的理论与现实意义，使用泰尔指数（TL）分析乡村产业结构演进的时空特征。其次，运用博弈模型等探讨乡村产业结构的绿色发展效应及内在机制，并分别剖析农业产业结构、工业产业结构对绿色发展的影响。最后，立足乡村新业态生态效应构建促进乡村绿色发展的产业优化路径并提出政策建议。研究思路及技术路线如图 1-1 所示。

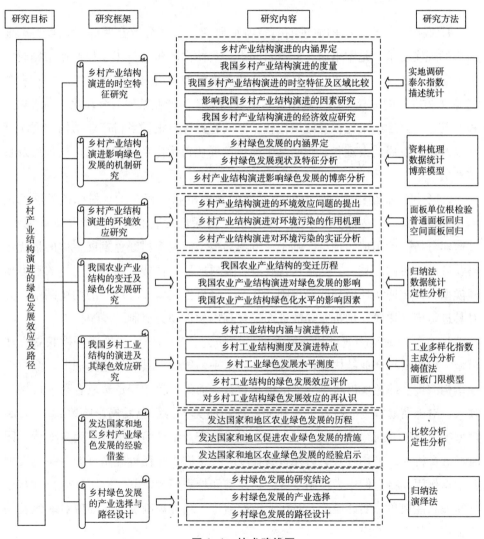

图 1-1 技术路线图

1.3　研究内容与方法

1.3.1　研究内容

1. 我国乡村产业结构演进的时空特征研究。本部分旨在明确优化乡村产业结构的现实要求，是本书研究的逻辑起点。具体内容包括：①乡村产业结构时空特征研究。其一，内涵界定。其二，构建测度模型。引入干春晖等（2011）和郑蕊等（2017）的加权思想，利用泰尔指数测量乡村产业结构的合理化和高级化进程。其三，测度结果比较及区域比较。②问题提炼。根据乡村产业结构的现实背景以及绿色发展约束现状，阐明基于绿色发展视角优化乡村产业结构的理论及现实意义。

2. 乡村产业结构演进影响绿色发展的理论机制分析。①乡村绿色发展的内涵及测度。其一，内涵界定。其二，厘清乡村绿色发展的科学内涵及发展现状。②博弈分析。运用博弈理论，基于三方博弈模型研究乡村绿色发展主体的最优策略及其动力机制。其一，构建包含政府、乡村居民和消费者等参与主体的三方博弈模型，设定博弈环境和博弈规则。其二，分析不同博弈环境下的均衡结果，并对其进行横向比较，剖析差异性进而提炼其内生性动力机制。

3. 乡村产业结构演进的环境发展效应研究。本部分旨在构建面板联立方法模型，检验乡村产业结构变动对绿色发展水平的影响。其一，指标选取。乡村产业结构演进、绿色发展水平分别依据测算结果而设。控制变量选取乡村人口平均收入、对外贸易程度、技术进步和环境规制四类乡村绿色发展影响因素。其二，模型构建。以乡村绿色发展水平作为因变量，产业结构演进指数作为自变量，同时考虑乡村人口平均收入、对外贸易程度、技术进步和环境规制可能对绿色发展起影响作用，将它们作为控制变量，构建空间杜宾模型。其三，实证分析。基于空间关联性视角，实证检验乡村产业结构演进、环境规制及其交互项对绿色发展的影响及其溢出效应。

4. 乡村农业产业结构演进的绿色发展效应。其一，乡村农业产业结构的演变。从经济发展史和农业内部结构变化的角度，本书将我国农业产业结构变迁过程划分为农业种植业为主阶段、非农产业快速增长阶段、"三高"农业发展阶段、探寻绿色安全生产阶段、全新发展阶段。其二,农业结构演进的绿色发展效应。在农业产业结构测度的基础上,分析农业产业结构变动影响乡村绿色发展的路径。其三,客观描述我国农业产业结构绿色化道路任重道远。

5. 乡村工业结构演进的绿色发展效应。其一,乡村工业结构测度及演进特点。基于乡村工业数据,采用全局主成分分析方法(GPCA),计算 1991~2018 年乡村制造业分行业的空间分布及变化情况。其二,乡村工业绿色发展水平测度。基于 1991~2018 年农村工业废水、废气和固体废物污染物排放量,创新性利用维度扩展熵值法,处理由时间维度、工业各行业维度和污染物种类维度组成的"三废"数据,获得农村工业各行业环境排放综合评价指数,并以此来测量乡村工业绿色发展水平。其三,乡村工业结构演进的绿色发展效应。基于上述结果,采用一阶差分线性模型检验乡村工业结构演进的区域分异对于环境污染水平变化的影响。

6. 乡村绿色发展的产业选择与路径设计。本部分以协同提升乡村产业发展、增强乡村绿色发展能力为目标,探索具体路径及对策。根据产业结构绿色发展效应的研究,探寻乡村产业结构优化升级的重点区域。

1.3.2 研究方法

1. 田野调研法。深入乡村田野,以参与观察法、深度访谈法以及问卷调查方式获取一手数据资料,通过"理论"与"经验"两个层面往返交流相互修正研究当前乡村绿色发展水平和产业结构现状,检验乡村产业结构对环境带来的影响。

2. 泰尔指数法。本文采用改进后的泰尔指数更加规范和科学地对乡村产业结构演进程度进行量化分析。

3. 博弈分析法。运用博弈理论,基于三方博弈模型研究乡村绿色发展主体的最优策略及其动力机制。

4. 维度扩展熵值法。基于 1991~2018 年乡村工业废水、废气和固体废物污染物排放量,创新性的利用维度扩展熵值法,处理由时间维度、工业各行业维度和污染物种类维度组成的"三废"数据,获得乡村工业各行业环境排放综合评价指数，并以此来测量乡村工业绿色发展水平。

5. 其他方法。逻辑演绎、归纳、历史分析法等。

1.4　主要观点与创新点

本书在理论与实际相结合研究基础上，梳理相关研究文献为本研究价值提供充分的文献支撑，利用暑期组织十余支调研团队分赴山东、河南、吉林等地，通过实地访谈、问卷等获取第一手资料。经过统计分析、数理论证、博弈演化、归纳提炼，形成的主要观点及创新点如下：

第一，以农村发展战略的变化为依据，将中华人民共和国成立以来乡村产业结构的演进过程划分为四个阶段：乡村农业主导期、乡村工业快速发展期、乡村产业优化期和乡村产业融合发展期。我国乡村产业结构演进具有明显的阶段性区域性特征，演进动力来自乡村产业结构供给侧与需求侧两端共同发力。

第二，借鉴干春晖等（2011）的加权思想，利用泰尔指数，基于中国乡镇企业的相关数据，从合理化和高级化角度对乡村产业结构进行测度，并从时间和空间角度，探寻乡村产业结构的演进规律及空间差异特征。

第三，乡村绿色发展是全方位、多层次、可持续的发展，是符合人类基本发展规律的全新发展方式，既要探求乡村人居自身发展，又要考虑乡村社会整体发展，更要探索人与自然和谐相处之道，包含生态、生产和生活等各个方面。在乡村绿色发展过程中，从乡村自身内部来看，要妥善处理好人与人之间、人与社会之间、人与自然之间的关系；从社会整体来看，要妥善处理好乡村发展与城市发展、乡村发展目标与社会发展目标之间的关系。

第四，将政府作为乡村绿色发展的重要参与主体内生化到三方博弈模型中，使各参与主体能够基于经济理性假设进行理性决策，得到符合各市场参与主体利益最大化的市场均衡结果。尝试性从乡村全产业链视角分析乡村绿色发展问题，拓展了原有绿色发展研究视角，将绿色乡村的生产、流通、交换、消费置于统一研究框架之内。

第五，采用熵值法构建乡村绿色发展综合指数来测度乡村的绿色发展水平，研究乡村产业结构演进对环境的影响。①乡村环境污染存在正的空间外溢效应。

生态环境好的地区应发挥好示范作用，带动落后地区的环境改善。②乡村产业结构演进与乡村环境污染物排放具有极大的相关性。乡村产业结构合理化、高级化进程均在一定程度上抑制了环境污染物的排放。③本地区乡村产业结构的演进对其他省份的环境污染具有一定的抑制作用，具有正外部性。

第六，乡村农业产业结构对乡村绿色发展水平的影响。伴随我国农业产业结构的演进，农业绿色发展水平呈现阶段性改善。依据目前状况分析，我国农业产业绿色化道路任重道远。

第七，乡村工业结构与绿色发展息息相关。①乡村工业结构的绿色发展效应存在显著的行业差异，技术密集型和农业资源型工业的结构演进总体上呈现正效应，即有利于乡村的绿色发展，日用消费型和化工型则相表现为负效应，即抑制了乡村绿色发展水平；乡村工业结构的集聚速度与其绿色发展效应成正比，即演进速度越快，环境效应绝对值越大，演进速度越慢，环境效应绝对值越小。②乡村工业结构与绿色发展水平之间存在双重门槛效应，当对外开放水平处于 [5.0043，6.9908] 之间时，工业结构对绿色发展水平影响的绝对值最大，低于或者高于这两个门槛值时，工业结构的绿色发展水平效应较弱。进一步基于时间维度的拓展分析发现，入世对绿色发展水平的改善起到了较为显著的促进作用。③中国乡村工业"三废"排放量的整体趋势基本上都经历了"N"形曲线过程，受宏观经济发展状况的影响非常显著。运用 LMDI 分解法，发现乡村工业污染排放受规模效应、技术效应、结构效应以及工业内部结构效应因素的影响。

第九，乡村产业结构绿色化的路径选择需多领域突破。实现乡村产业结构的绿色化需要全社会的共同持久性努力。乡村发展千差万别，乡村产业各具特色，需要以绿色发展理念引领乡村产业结构调整方向；注重以绿色技术激发创新活力，着力突破绿色关键技术促进产业绿色转型升级；以绿色布局各地产业走可持续发展道路，增加绿色产品和绿色服务供给，补齐绿色发展短板，助力乡村产业的绿色发展转化。

1.5　研究不足及今后努力的方向

乡村振兴战略实施背景下，如何实现产业兴旺与绿色发展的内在有机统一是一个重要课题。本书梳理我国乡村产业结构变动的规律性内容，综括性研究乡村产业结构变动及其与绿色发展的关系。虽然对现有相关研究有一定程度的拓展和丰富，但是由于我国地域广阔，乡村情况千差万别，加之研究期限以及其他条件的限制，尚有诸多需要进一步努力之处。

第一，样本的采集仍然不充分。由于受到教学任务以及时间等限制，特别是疫情影响，封控受阻，调研受限，本研究调研范围仅山东一个省份比较全面，在河南、吉林等省选取面较小，在样本覆盖方面相对不足，对乡村产业结构影响绿色发展没有做出更为全面细致的调研，成为本研究的缺憾。

第二，相关数据获取难度较大，部分年限数据缺乏，选取样本区间难以统一。乡村产业结构特别是具体的乡村工业、大农业、绿色发展领域数据获取渠道不通畅，关于乡村环境污染以及绿色发展的完整历史统计数据缺乏，部分研究样本区间难以统一，关于乡村环境污染的数据依据部分是估算得来，具有一定的局限性，某些方面难免限于泛泛而谈。特别是乡镇统计年鉴自 2013 年后停止，县域统计年鉴里有关乡镇发展的统计口径相差很大，企业的数据更无从获取，有关数据难以估算，研究结果的严谨性也受到影响。

不容否认的是，在影响乡村绿色发展的因素中，关于资源、环境、制度、政策、科技等的研究已经取得丰富的成果，学术界从不同学科、同一学科的不同视角对此进行了充分的研究。随着这一研究的深入，越来越多的学者发现，乡村产业选择是诸多因素中的关键性因素。乡村振兴首先是产业振兴。产业绿色化程度决定了乡村绿色发展方向。乡村振兴道路上，未来这一领域有继续深入探索的巨大空间和潜力。

第 2 章 相关文献综述

2.1 乡村产业结构演进研究

长期以来我国广大的农村是以农业主导的社会，所以有关乡村产业结构的研究并不多。改革开放后，农村家庭联产承包责任制促进农业迅速发展，同时乡镇企业异军突起，开启了乡村工业化，在此背景下 1984 年黄荣武提出农村产业结构的概念。在经济社会发展和各种支农政策的推动下，乡村产业结构逐渐丰富和深化，有关乡村产业结构的研究逐渐增多。已有乡村产业结构演进的研究主要集中在以下三个方面：

1. 乡村产业结构演进的理论研究。张红宇等（2018）较为系统地探讨了中国特色乡村产业的内涵、重点任务[1]。有学者提出乡村产业结构演进方向由生产力决定，是从农业向服务业递进发展（黄荣武，1984），工业和服务业已经逐步成为乡村产业结构的重要组成部分（韦惠兰、杨彬如，2014）。有学者通过构建乡村产业评价指标体系测算乡村产业结构演进的过程（聂高辉、严然、彭文祥，2020），更多的研究集中在从乡村产业结构高级化和合理化发展趋势两个方面分析乡村产业结构演进过程（陈会英，1991；吴万宗、谭诗羽、夏大慰，2018；钟漪萍、唐林仁、胡平波，2020）。

乡村产业结构演进具有明显的阶段性特征，与外在关联性高，如工农、城乡之间的政策互动明显。学术界已有研究成果中有根据涉农政策演变历程、促进乡

---

[1] 农业部课题组、张红宇：《中国特色乡村产业发展的重点任务及实现路径》，载《求索》2018年第 2 期。

村产业发展的重大因素变化、农业与其他产业的关系等将乡村产业结构演进进行阶段划分的（郭芸芸、杨久栋、曹斌，2019；文琪、郑殿元、施琳娜，2019；凡勇昆、邬志辉，2015）。

乡村产业结构演进的意义和存在的问题等理论研究内容丰富，党的十九大报告明确提出产业兴旺是乡村振兴的基础，强调产业兴则农村兴，分析乡村产业结构演进的历程，有利于制定乡村产业发展政策，助推乡村振兴。乡村产业结构演进过程中存在的问题主要集中在乡村产业结构发展不平衡、适宜劳动力短缺、农业科技投入不足和农村组织化程度不高等方面（郭芸芸、杨久栋、曹斌，2019）。

2. 乡村产业结构演进的实证研究。乡村产业结构演进的实证研究集中在不同因素对乡村产业结构演进的影响和乡村产业结构评价两个方面。

已有实证研究从农旅融合、非正规金融、农村金融、农业技术创新、农村人力资本和农村城镇化等因素对乡村产业结构演进的影响进行研究（钟漪萍、唐林仁、胡平波，2020；聂高辉、严然、彭文祥，2020；梁杰、高强、李宪宝，2019；杨钧、罗能生，2017），验证各因素对乡村产业结构演进具有正向促进作用。梁坤丽、刘维奇（2023）等采用 GMM 方法研究农村产业结构对农村经济韧性的影响，农产品加工业对农村产业韧性的促进效应更明显，产业结构升级对农村经济韧性的影响呈现马太效应。

乡村产业结构评价研究方面，学者们或者利用农村第二、三产业增加值或产业总产值占农村 GDP 比重的单一指标进行评价（梁杰、高强、李宪宝，2019；杨钧、罗能生，2017），或从合理化和高级化两个方面度量乡村产业结构的资源配置水平和产业比例关系，更全面地测度乡村产业结构演变的过程（钟漪萍、唐林仁、胡平波，2020），也有研究从乡村产业升级的"六化"角度或产值、劳动力和结构变动等角度构建乡村产业结构评价体系（彭建等，2005；聂高辉、严然、彭文祥，2020）。

3. 乡村产业融合的研究。随着乡村产业结构调整的不断深化，乡村产业融合发展作为产业结构升级的重要途径，成为乡村产业结构演进研究的热点。20世纪 90 年代末，日本农业专家今村奈良臣提出"第六产业"概念，开启了农业产业融合研究。主要思想是推动农业生产向第二、三产业延伸，形成生产、加工、销售、服务一体化的完整产业链（科技智囊专题研究小组，2016）。随着日本农业产业融合理论引入和我国乡村产业多元化发展的推动，国内乡村六次产业研究日益丰富。主要聚焦对乡村产业融合的内涵、驱动力、模式、困境及融合效果等研究，数字经济赋能乡村产业融合也取得了一定的研究成果（夏金梅、吴紫莹，2023）。

农村产业融合的概念已达成共识，即以农业为依托，通过农业产业链和农业产业功能纵横双向延伸，促进传统农业生产向现代农业供产销与第二、三产融合发展（国家发展改革委宏观院和农经司课题组，2016；胡伟斌、黄祖辉，2018）。促进乡村产业融合的影响因素有数字经济的发展（陈一明，2021；何宏庆，2020）、文化 IP（陈凤娣，2022）等。雷明、王钰晴（2022），曹群、张恩英、刘增凡（2022）专门对乡村产业融合的支持政策与运营机制进行研究。

农村产业融合的发展效应研究集中于"三农"效应上：可降低农业生产交易成本、提高农业竞争力、推进农村产业结构升级和农民增收等方面。农村产业融合相较于传统农业单一发展模式，农户增收效应在 50% 以上，参与三产融合使农户家庭人均经营性收入显著提升 164.7%（李云新、戴紫芸、丁士军，2017；李姣媛、覃诚、方向明，2020），农村产业融合通过不同融合模式促进农户收入增收（郭军、张效榕、孔祥智，2018）；农村产业融合通过培育农村新增长点，强化农业农村基础设施互联互通（黄祖辉，2015）；乡村旅游、互联网+农业等农村新业态，可带动乡村地区产业重构，降低中间环节、减少交易费用，提高农业综合效益和竞争力，使乡村产业价值增值（成德宁、汪浩、黄杨，2017；成晨、丁冬，2016；周立、李彦岩、罗建章，2020）。

农村产业融合的效果评价研究缺乏统一测度和评价标准，学者们选取不同维度建立评价指标体系（李芸、陈俊红、陈慈，2017），对上海、江苏、哈尔滨、河北和北京等不同地区的农村产业融合度（曹祎遐、耿昊裔，2018；苏毅清等，2016；杨宾宾等，2022）以及农业与服务产业的融合度（王艳君，2016）进行了评价，评价方法主要有层次分析法、投入产出法和耦合协调分析法（姜峥，2018；李芸、陈俊红、陈慈，2017；陈学云、程长明，2018；赵文君，2021；杨宾宾等，2022）。

2.2 乡村绿色发展研究

我国传统的"天人合一""生命和万物兼爱"的观点早就孕育了绿色发展的思潮，生态保护、科学发展观和"资源节约型社会、环境友好型社会"两型社会等也在不同程度上体现了绿色发展的理念。2012 年党的十八大提出包括生态文明建设一体的"五位一体"布局和 2015 年十八届五中全会提出包括绿色发展的新发展理念后，学术界掀起了有关绿色发展的研究热潮。2017 年党的十九大提出乡村振兴战略后，有关乡村振兴和绿色发展结合的研究相继出现。主要集中在乡村绿色发展的理论、政府支持乡村绿色发展的政策、国外农业绿色发展、我国乡村绿色发展的评价及对策建议的研究。

1. 乡村绿色发展的理论研究。乡村绿色发展的研究出现时间较短，尚未形成完整的理论体系。在理论层面上，主要是对乡村绿色发展的内涵、意义、现实困境和实现路径等的阐述。

乡村绿色发展是实施乡村振兴战略的重要推动力，是一项庞杂的系统工程，需要从思维方式、生产方式、生活方式等多方面对乡村传统的发展模式进行绿色化发展模式的创新（段艳丰，2019；杨文杰、巩前文，2021），处理好乡村绿色和发展的关系，坚持走共赢的绿色发展道路。农业绿色发展是实现农业可持续发展的根本路径，以经济、社会、生态环境的可持续发展为目标，是农业生产、生态、生活的全过程、全方位绿色化，推进生态产业化和产业生态化（孙炜琳等，2019；李敏瑞、张昊冉，2022），形成绿色农业产业链（柳一桥、肖小虹，2022）。

乡村绿色发展的重要意义体现在：是满足消费升级、提供生态产品的需要；是建设宜居环境、守住乡愁的需要；是发掘新时期发展新动能的需要；是解决城乡发展不平衡现实矛盾的需要；是解决乡村资源环境双重约束困境的需要，是乡村振兴战略的必然选择（杨艺，2016；段艳丰，2019；周宏春，2018）。

乡村绿色发展的路径主要有：改变观念，加强乡村绿色文化建设，进行生态环境治理，坚守三条红线；推进生活方式绿色化转型，做好农村生活垃圾处理，推广清洁能源应用；变革产地环境、产品结构、生产过程及其产生废弃物的处理方式，增加农产品绿色产出（杨文杰、巩前文，2021；段艳丰，2020），倡导乡村居民践行绿色的生活方式，开办形式多样的乡村绿色产业，建立健全的乡村绿色发展机制（刘楠，2022）。

乡村绿色发展的主要内容包括生态、生产和生活三个层面已达成共识，即以农业可持续发展为基础的产业融合发展、农村生态环境治理和农村人居环境整治（程莉，2019）。有学者提出农村绿色发展的内容还应包括农村基础设施建设、城乡关系协调发展、乡土情结的统一和升华（杨文杰、巩前文，2021）、加强农业农村绿色发展的规划研究（周宏春，2018）等。

2. 政府支持乡村绿色发展的政策研究。绿色发展理念转化为农村绿色发展政策不是一蹴而就的，根据绿色理念地位的变化，农村绿色发展政策演变过程可以划分为：萌芽期、系统化形成期和成熟期，政策由聚焦开发、兼顾保护，转变为追求经济、资源、环境的可持续发展，发展为目前的注重挖掘生态功能，促进产业融合发展。政策工具方面，绿色发展政策是生态工程建设、生态补偿、鼓励特色农产品市场、品牌建设（斯丽娟、王佳璐，2018）。

多数研究集中在绿色农业政策的研究上，李学敏、巩前文（2020）以 2002 年《中华人民共和国农业法》修订和 2016 年中央一号文件的出台将绿色农业政策划分为政策孕育、政策初建和政策体系化阶段，政策演变特征是，由聚焦粮食数量到关注农产品质量，再到绿色生态。周清波等（2019）聚焦农业绿色发展财政扶持政策，从投入机制、补贴机制、管理体制等方面提出针对性的建议。骆世明（2018）从农业绿色行动清单制度和生态农业认证制度两个方面构建中国农业生态制度。赵大伟（2012）则从影响农业绿色发展的制度因素出发，提出制度优化的建议。

3. 我国乡村绿色发展的评价研究。学者们对我国乡村绿色发展的评价进行了诸多探索，主要是构建乡村绿色发展的评价指标体系、对不同区域和省域的乡村绿色发展水平进行空间差异和空间相关性研究、构建农业绿色发展的评价指标体系和乡村绿色发展的影响因素研究。

我国乡村绿色发展的评价尚未形成统一的标准，目前有农村绿色发展绩效、农村绿色发展水平、农业绿色发展指数和农业绿色全要素生产率等相关的表述，因对乡村绿色发展的内涵解读不同，相关的评价指标体系选取的指标也有较多不同。

已有乡村绿色发展的评价指标体系，有学者从生产、生活和生态"三生"角度构建（余威震等，2018），或从绿色投入和绿色产出角度选取指标（谢里、王瑾瑾，2016；程莉，2019），有学者从农业经济绿化度、资源环境承载力、农村社会发展和政府绿色支持四个维度选取指标（袁久和，2019），对全国、各省域、黄河和长江流域、各地理区域进行的空间差异分析，均认为中国农村绿色发展水平整体上呈现上升趋势（余威震等，2018；谢里、王瑾瑾，2016；程莉，2019；袁久和，2019；苟兴朝、张斌儒，2020），各区域绿色发展水平存在空间差异，东中西区域内部存在不同程度收敛趋势（程莉，2019）。关于影响因素，学界认为主要有城乡融合发展、农村创新创业、农业绿色基础设施投入、经济发展、农业科技水平以及农户投资能力、农村人力资本含量等（杜熙，2018；王晓东、李繁荣，2019；马晓东、胡颖、黄彪，2022；赵伟等，2024）。

2.3 产业结构与绿色发展相关性研究

已有文献过去多集中于产业结构调整对经济发展或资源环境的单方面影响研究，随着国家政策方向的不断变化，研究重点也随之调整。党的十六届五中全会提出建设"资源节约型、环境友好型社会"后，有学者开始研究产业结构调整对促进两型社会发展的作用，党的十八届五中全会提出绿色发展理念，有关产业结构调整对绿色发展影响的研究开始大量出现。

1. 产业结构对绿色发展影响的研究。党的十八届五中全会后，产业结构作为促进绿色发展重要影响因素的研究成果逐渐增多。影响绿色发展的因素是多方面的，有产业结构调整、创新、技术进步、对外开放水平、城市化水平、教育水平和政府政策等，其中产业结构调整是促进绿色发展的重要影响因素已成为学界共识，并进行了大量实证研究。

产业结构升级是绿色发展的重要途径，学者们主要从产业结构高级化和合理化两个方面对绿色发展的影响进行研究，产业结构高级化和合理化均具有显著的本地效应，从空间溢出视角看，高级化和合理化的外部效应不同（张治栋、秦淑悦，2018；韩永辉、黄亮雄、王贤彬，2016），也有学者认为产业结构升级和绿色经济发展不是简单的线性关系，存在较大的不确定性，工业化一方面通过提升社会生产效率促进绿色经济发展，一方面通过资源开发抑制绿色经济增长；产业高级化的绿色效应可能相对有限，我国第三产业长期处于高位投入水平，产出效率不及第二产业，服务需求的过度膨胀加快资源的消耗速度，造成了比较严重的效率损失问题（蔡文伯、黄晋生、袁雪，2020）。服务行业类型不同，交通运输、服务餐饮等传统服务行业的生态效率低下，对大气环境污染有较显著的影响（林翊、刘倩，2014）。

因产业结构在不同地区和时期，表现形式有较大差异，所以研究对象多以省域和区域为主，朱帮助等（2019）以广西壮族自治区为例考察了产业结构调整对绿色发展效率的影响，有学者测度了全国范围内各省份的产业结构调整对绿色经济发展的影响（李斌、苏珈漩，2016；刘金全、魏阙，2020 等），也有学者以流域沿岸城市数据为基础研究长江流域和黄河流域的产业结构调整对绿色发展的影响（张治栋、秦淑悦，2018；姜长云、盛朝迅、张义博，2019；马丁、周新，2020 等）。武建新、胡建辉（2018）分析了产业结构升级对绿色经济发展的作用路径，主要通过影响生产要素的配置来实现。以乡村为研究对象的较少，匡远配（2012）以湖南省为例论证了农村结构调整能促进环境友好，张永华（2019）在绿色发展理念下，研究了影响农业产业结构升级的五大影响因素：市场供求状况、农产品市场价格、农产品品质、农民经济收入和水资源匮乏。农业内部结构对农业碳排放总体存在较强的关联效应，种植业和畜牧业碳排放比重高，林业和渔业发展缓慢，碳排放低（董明涛，2016）。

2. 产业结构升级和绿色经济发展相互关系的研究。绝大多数研究均认为产业结构升级对绿色经济发展有显著的正向影响，但对产业结构升级和绿色经济发展相互影响的研究较少，刘金全等（2020）证实了产业结构升级和绿色经济发展之间存在互为因果、互相促进的关系，绿色经济发展通过促进环境规制的完善带来产业结构的升级，产业结构升级也是加快绿色经济发展的重要手段。

产业结构升级通过降低生产碳排放和提高居民绿色发展意识，改变生活方式等途径促进绿色发展，而乡村绿色发展是有机农业、旅游产业和文化产业的基础，可以促进产业升级和结构优化（韦惠兰、杨彬如，2014）。

2.4 乡村农业与绿色发展的关系研究

20 世纪 50 年代至 70 年代，我国农业以粮食增产为目标，主要采用传统、绿色的生产方式生产，但生产效率低下。改革开放后，化肥、农药使用量增加带来农产品数量迅速增长的同时，带来严重的农业面源污染和食品安全等问题，农业绿色发展的研究成为热点。因为农业承担着国家粮食安全的重任、不同地域资源禀赋和产业形态差异，农业与乡村绿色发展的关系研究比较复杂，尚未形成系统理论。

1. 农业绿色发展的研究。20 世纪 80 年代，已有学者开展"生态农业"的研究（叶谦吉，1982）。随着农业可持续发展的研究不断深入，党的十八届五中全会提出绿色发展理念后，我国农业绿色发展的研究成果不断丰富。我国农业面源污染严重、消费者对优质安全农产品的需求、制度驱动和农产品的国际竞争压力是推动我国农业绿色发展的客观动因（于法稳，2018；刘刚，2020；李学敏、巩前文，2020），农业绿色发展路径是去污、提质、增效（金书秦、牛坤玉、韩冬梅，2020）。农业绿色发展的影响因素有农业水权交易、环境规制、高标准农田建设政策、区域品牌生态建设、财政支农和农业社会化服务（唐一帆、吴波，2022；李大垒、陆迁、高建中，2023；姚鹏、李慧昭，2023；许玲燕、张端端、杜建国，2023；张志新、周亚楠、丁鑫，2023）。赵敏娟、石锐（2024）撰文研究了"双碳"目标下农业绿色发展的内涵、挑战及路径选择，认为农业绿色发展与减排固碳存在理论和改革实践两方面的逻辑关联。

为测量农业绿色发展水平，很多学者通过构建绿色发展指数或评价指标体系等方法对我国各省域在一定时间段内的绿色发展水平进行评估。魏琦、张斌、金书秦（2018）从资源节约、环境友好、生态保育、质量高效四个维度选取指标。李学敏、巩前文（2020）从低碳生产、经济增收、安全供给三个维度选取指标。金赛美（2019）从驱动力、压力、状态、影响和响应五个维度选取指标。因选取的评价指标不同，评价结果有差异甚至相反。有研究得出我国农业绿色发展水平在 1998~2015 年间呈下降趋势（涂正革、甘天琦，2019），有研究指出我国农业绿色发展水平在 2005~2018 年间呈上升趋势（肖琴等，2020；李学敏、巩前文，

2020)，但各省份农业绿色发展水平较低，区域发展水平差异明显的结论较为一致（涂正革、甘天琦，2019；金赛美，2019；肖琴等，2020；李学敏、巩前文，2020）。

2. 农业产业发展与绿色发展的关系研究。农业与乡村绿色发展的关系研究主要集中在农业产业化、农业集聚、农业结构转型等对绿色发展的影响上。农业产业化在不阻碍农业经济发展的前提下对农业碳排放绩效具有显著的正向影响（李伟，2017），农业产业集聚和农业绿色发展的耦合度和协同性存在明显的区域差异和空间溢出性（薛蕾、徐承红、申云，2019），不同农业类型对生态系统和农民福祉的影响差别明显，以蔬菜种植为主的现代都市农业的绿色发展效应明显优于传统种植农业（任婷婷、周忠学，2019），农业结构是农业面源污染和农业经济增长的关键原因，存在长期均衡关系（杨军、李建琴，2020）。

在农业绿色发展和乡村绿色发展的关系上，有学者指出绿色发展包括经济产值和环境污染两个方面，农业中畜禽养殖污染强度大，非农产业产值高，反而污染强度小，稀释了农业的污染强度（匡远配，2012）。

最新的研究集中在数字技术赋能农业绿色发展领域，比如胡霜、王火根、肖丽香（2024）基于我国农业绿色发展的现状和问题，从要素配置效应、产业协同效应、信息共享效应和信息反馈效应 4 个维度剖析了数字技术赋能农业绿色发展的内在机制。

2.5　乡村工业与乡村绿色发展的关系研究

随着 20 世纪 90 年代乡村地区乡镇企业的异军突起，乡村地区工业污染日趋严重，对农民健康、粮食安全和乡村可持续发展都形成了巨大的威胁（李玉红，2015）。

乡村工业与乡村绿色发展的关系研究处于起步阶段，因数据选取和研究方法不一致，研究结论相差甚远。有研究认为 1988～2010 年间农村工业轻度污染行业所占比重呈现增加的趋势，而污染行业呈现下降的趋势，在区域层面上，污染行业主要集中在东部发达地区，远远大于中部和西部地区（王岩松、梁流涛、梅艳，2014），有研究提出相反的结论，2002～2011 年中国乡村工业总体呈现绿色化发展趋势，但区域间差异巨大，东部地区乡村工业绿色发展态势显著优于中西部地区（王学渊、张志坚、赵连阁，2019）。

我国农村工业造成环境污染的原因有经济规模、污染排放强度与产业结构（周曙东、张家峰，2014）。农村土地成本较低和环境管制宽松是中国农村工业发展造成的环境污染加重的主要原因（李玉红，2017）。

2.6 乡村第三产业与乡村绿色发展的关系研究

1. 第三产业与绿色发展的关系研究。长期以来，人们认为服务业是无烟经济、绿色经济，政府也在大力发展服务业以推动产业转型升级，而有学者引入环境能源要素对我国服务业的绿色发展进行测算后发现，中国服务业发展层次低，交通运输和住宿餐饮业等低端服务业占比高，省际服务业的绿色有效程度总体较低，区域间差异较大，由沿海向内陆有效程度递减（白雪洁、孟辉，2017），服务业并不比制造业更为绿色环保，产出结构效应与技术效率是导致服务业与制造业能源效率差距的主要因素（庞瑞芝、王亮，2016）。能源消费结构、劳动力素质、工业化率、城市化率等因素对服务业的绿色发展有显著影响（白雪洁、孟辉，2017）。

2. 乡村第三产业与绿色发展的关系研究。乡村第三产业是我国农村产业结构的重要组成部分，增长速度较快。但我国乡村服务业的整体水平与发达国家和我国城市服务业相比，还比较落后（张平、孙伟仁，2015）。已有研究主要集中在我国乡村第三产业发展水平、乡村第三产业与第一、二产业的融合研究，从已有研究和政府政策的描述中，发展乡村第三产业是乡村绿色发展的重要途径的观点已达成共识，但乡村第三产业与绿色发展之间关系的具体研究还非常少。

乡村第三产业种类日益细化，三产融合不断产生新业态，第三产业内构成复杂，只有少量文献以乡村旅游业与绿色发展为研究对象，研究表明旅游业与乡村绿色发展之间存在着显著的正相关，在区域层面，东部地区与中西部地区相比，农旅融合提升农业生态效率效果更大（胡平波、钟漪萍，2019；许国庆、阚如良，2019）。

2.7 总体评价

从已有研究成果看，关于产业结构与乡村绿色发展关系的讨论已比较充分。包括乡村产业结构演进过程、特征、影响因素和评价问题，绿色发展理念在农村的运用、乡村绿色发展水平测度、农业绿色发展水平测度研究等。乡村产业结构演进与绿色发展的关系研究方面，大量研究聚焦于乡村产业结构与环境污染的关系，侧重从生态保护的角度出发。农业和乡镇企业是乡村经济的支柱和主要污染源，所以已有乡村产业与绿色发展的关系研究，主要集中在乡村农业和乡村工业的绿色发展上，尚未形成统一的研究框架和一致的结论。乡村绿色发展是实施乡村振兴的内在要求，随着第三产业的快速发展，乡村三产快速融合，乡村第三产业和产业结构的演变与绿色发展的关系是值得研究的课题。

已有研究为本书奠定了良好的基础，但仍存在一定的拓展空间，具体表现在：

第一，目前文献多从生态保护的角度研究乡村产业结构对环境污染的影响，忽略了经济发展因素。从生态和发展两个角度进行的研究处于起步阶段，未形成统一的研究框架和比较一致的结论。因此，应在合理界定乡村产业结构的演变与绿色发展的概念的基础上，全面分析乡村产业结构的演变与绿色发展的关系。

第二，在评价模型和研究方法上，多数研究借鉴城市工业绿色发展评价的方法和指标，因缺少我国乡村的相关官方数据，研究过程中方法和数据各异，研究结论甚至相反。因此，需采用更加科学的测度方法准确评估乡村产业结构演变的绿色效应。

第三，乡村产业结构演变的绿色效应研究相对较少。研究多聚焦在农业的绿色发展上，乡村工业的绿色发展研究尚处于薄弱环节。

鉴于此，有必要在合理界定乡村产业结构的演变与绿色发展的概念的基础上，采用更加科学的测度方法分析乡村产业结构演变的绿色效应，以探寻促进乡村绿色发展的产业结构调整路径。

第3章 相关概念界定及理论基础

3.1 相关概念界定

3.1.1 乡村

1. 乡村的起源。乡村的概念与乡村的起源问题密切相关,乡村的起源与"乡"和"村"的起源密不可分。

"乡",古文写作"鄉",与"向""享""饗"等通用,本意指众人共享之状。自西周起,"乡"开始具有地域含义,乡隶属于国,并不完全是地方居民单位,而偏重于军事上的划分。在春秋战国时期成为诸侯治民的一级行政组织,从偏重于军事转向偏重于理民。

"村"最早出现在东汉中期,在秦汉以前没有"村"这种说法和组织。但有村的原形"邨",基本含义为野外的聚落,后来的"村"也基本上承袭了这一意义。此时村的早期形态名称各异,具有代表性的有庐、丘、聚等。自东汉中期开始,"村"字已明确存在并被运用。魏晋南北朝时期,"村"概念泛化,"村"名的使用范围扩大,自唐代起"村"成为所有的野外聚落的统称,并被赋予了社会制度的意义,成为一级行政单位组织。

"乡"为野域,"村"为聚落,但因乡、村均为县以下的地方基层组织,因此我国古代常将乡、村二字连用,用以指代城以外的区域。

2. 乡村的定义。乡村在《辞源》中被定义为主要从事农业、人口分布较城镇分散的地方,主要是地域上界定。美国学者 R. D. 罗德菲尔德认为,乡村与城市不同,是人口稀少、与其他地方相对隔绝、以农业生产为主要经济基础的地方。[1] 由于城乡界限的模糊性，人们对乡村的定义并未达成统一意见。总体来说，国内外学界主要从社会文化、行业职业和景观生态三个视角界定乡村的概念。

有些学者根据城乡居民行为和态度上的差异，把乡村作为一种社会文化构成，乡村往往与固守传统的地方性价值观相联系，乡村社会行为相对单一，风俗、道德的习惯势力较大，乡村社会生活以大家庭为中心，家庭观念、血缘观念比城市重。

有些学者基于三次产业分类，认为乡村地区的产业部门以农业为主。在行业职业视角下，人们认为"乡村"和"农村"是同一个概念。实际上农村是乡村的主体，两者在地域上有重合，但概念上有所不同。乡村是指由乡（镇）与村两种社区构成的社会生活范围，比农村大；乡村对照城市，意指不同区域的社会活动方式，农村更多意指以农业为主的区域。

有些学者以生态环境和景观差异为视角，将乡村界定为土地利用方式粗放，郊外空间开阔，聚居规模较小的地区。

综合国内外学者对乡村的理解和乡村地区的发展趋势，本研究认为乡村定义必须包含三个基本要素，即景观、经济和社会。综合不同视角，本研究认为：乡村是以农业经济为基础，以血缘、地域为主要社会关系，以人口密度低的集镇、村庄为聚落形态的地域总称。

3. 乡村概念的演化过程。乡村概念不是一成不变的，随着时代发展、社会变革和学术界研究认知变化，乡村的概念一直在转变和拓展。

19 世纪的社会学研究开始意识到乡村的独特性，认为乡村与城市的不同之处在于乡村建立在情感、归属感和同质性的基础上，而城市是建立在契约、交换和异质性的基础上。早期学者基于二元主义的建构，将城市看作是现代化的象征，乡村被认为是传统的代表，认为现代化就是乡村向城市逐渐演化的过程。

当现代化进一步发展，人们发现现代化的社会特征并不一定由乡村转变为城市，乡村也可以承载现代化，乡村的概念出现一元论的结构主义倾向，乡村不再是有别于城市的另一个空间，即将乡村定义为广泛的社会、经济和政治过程的产

---

〔1〕〔美〕R. D. 罗德菲尔德等编：《美国的农业与农村》，安子平、陈淑华等译，农业出版社 1983 年版，第 23 页。

物。20世纪80年代后期，以地方性为主的乡村重构研究逐渐兴起，认为乡村是社会实践的产物，学者与政策制定者与其试图明确乡村概念，不如探索乡村是如何在各种环境中被建构的。乡村重构研究通过解构的方式分析各种与乡村有关的社会表征丰富了乡村的概念内涵，通过对乡村重构研究，可以将乡村的文化映射指导对乡村的认知和重建乡村，突出了乡村的内在开放性、多样性、独立性和能动性。

由此可见，乡村概念的认知是由社会发展的客观现实和学术研究思潮共同推动的。乡村概念的演变经历了城乡二元划分到强调乡村的独特性，发展到开发多元化乡村的不同研究阶段。

4. 乡村概念界定困难的原因。乡村是一个动态发展的概念，不同的社会历史背景和学术视角解读不同，乡村概念难界定，主要原因是乡村的动态性发展演变、乡村组成要素复杂、乡村与城市界限不清，以及城乡连续体的存在（张小林，1998）。[1]

早期的研究认为乡村是城市以外的地理空间范围，随着乡村转型和社会发展，乡村与外界的联系越来越多，乡村的概念和内涵在时空多维度均发生较大变化。例如，城乡之间的货币、劳动力、商品和信息等物质要素的流动伴随着价值和权力的社会关系的变动；信息化背景下，乡村文化映射要素与传播媒介结合，将乡村由现实空间延伸至虚拟空间。

在城乡融合的背景下，人力、资本等要素的流动与城乡互动叠加，乡村由单一地域系统拓展为乡村地域空间、社会空间、文化空间的交叉融合，一旦社会和文化空间与地域空间变化不同步，就会产生乡村的失调和各组成要素相互剥离。如果乡村地域空间、社会空间、文化空间变化不同步、相互之间不调和，如乡村的社会关系超越地域空间，城乡地域界限被打破，乡村社会关系突破城乡界限地域内被重塑；乡村文化超越社会空间，被城乡所有群体感知，在此类情况下，乡村概念的界定难度加大。

随着城乡对立二元体系向城乡融合发展转变，乡村概念的内涵也不断被重新塑造和改变，比如乡村规划师下乡对乡村进行规划和改造的过程，即是城市文化

---

[1] 张小林：《乡村概念辨析》，载《地理学报》1998年第4期。

改变乡村空间的过程。城乡关系相对性的变化使乡村概念灵活多变，可以被塑造和改变。

3.1.2　乡村产业结构

1. 概念界定。产业结构是指国民经济的各个产业部门之间的比例关系以及不同的组合方式，产业结构类型有不同的划分标准。不同的产业的不同比例关系，构成了不同的产业结构形态，乡村产业结构就是乡村地区不同产业部门之间的比例关系和组合方式。张国军（1985）系统梳理了农村产业结构的概念及层次分类，其在狭义农业、广义农业和农工商交运服三个层次界定了农村区域内各产业的构成及其相互联系、相互制约的关系。随着乡村概念的拓展、乡镇企业的异军突起和新时代乡村新业态的不断涌现，乡村产业结构的概念内涵和外延不断延伸和拓展。乡村产业结构是一个多层次的复合系统，是指在乡村这个场域内三次产业间、产业内部各层次之间及其产业各层次内容的相互关系和组织方式。乡村产业结构特点直接影响和制约着乡村经济的运行和发展。研究乡村产业结构，了解乡村各产业构成和相互关系，依据社会需要和资源状况，合理配置资源，能够实现乡村三产融合发展，促进乡村经济效益提升。

2. 乡村产业结构的形成条件。乡村产业结构是在一定的条件下形成和变化的，是一个历史变化的过程，其发展变化取决于自然条件、经济发展状况、政治政策环境等各方面条件的改变。

第一，资源条件是乡村产业结构的重要制约因素。产业结构以及产业发展的效率和质量与自然资源、传统文化和基础设施等因素息息相关。乡村的三次产业是以乡村的自然资源和风俗文化资源为基础发展的，不同乡村区域的资源条件不同，形成的乡村产业结构就不同，各乡村区域应因地制宜，发挥资源优势，发展适合的产业，形成合理的产业结构。拥有独特乡村传统文化资源的地方，有利于发展乡村文化产业，比如陕西省安塞县利用具有千年文化传统的腰鼓、剪纸等民俗文化发展文化产业；城郊村可以发挥地理位置优势，承接部分城市产业转移，形成乡村产业集聚区，比如上海市嘉定区文化产业战略园区。

第二，人们生产生活需要的变化对乡村产业结构有重大影响。人们的生活需要和社会生产需要决定了农业生产的安排。人们生产生活需求的变化，会促使消费结构和生产结构的变化，进而影响乡村产业结构的形成和发展。中华人民共和国成立初期，国内处于短缺经济状态，生产力水平低下，乡村发展战略是以粮为纲、解决人民吃饭问题，此时粮食生产成为农村主导产业，农业以单一的种植业为主体；改革开放后，粮食生产迅速发展，粮食供给大于需求，林牧渔副业开始迅速发展，农业内部结构多样化，非农产业方面，第二产业取代第一产业成为乡村的主导产业；2015 年中共十八届五中全会提出绿色发展理念，这一阶段，人民生活由"吃饱"向"吃好"转变，农业坚持优质、绿色和高效方向发展，乡村产业向高质量和高级化发展。

第三，政治制度和政策对乡村产业结构的形成发展具有重要推动作用。不同时期因不同的经济环境和技术条件，乡村政策的具体目标和措施具有不同的内容，推动乡村产业结构呈现出不同的特点。1949 年中华人民共和国成立后，在"以粮为纲"的思想指导下，农村是以农业为主导的单一产业结构；20 世纪 80 年代以来，土地承包责任制度解放了生产力，释放了大量劳动力进入乡镇企业，乡镇企业异军突起，实现了农村工业化，从产值上看第二产业取代第一产业成为乡村的主导产业，乡村产业结构由"一二三"发展为"二一三"模式；进入 21 世纪，随着小城镇建设和城乡一体化发展的进程，党的十九大提出乡村振兴战略，以产业振兴为抓手，乡村产业结构转向三产融合协调发展，产业结构不断优化。

影响乡村产业结构形成的因素是多方面的，正确认识、分析和判断不同时空的影响因素，是乡村产业结构向合理化方向发展的必要条件。

3. 乡村产业结构的特点。

第一，系统性。乡村各产业部门之间相互依存、相互制约，构成了乡村产业结构这个复杂的大系统，并发挥整体的功能作用，忽视任一产业部门的作用，乡村产业结构都不能合理发展，最终影响整个乡村振兴的发展。

第二，动态性。从时间发展来看，随着经济发展和社会变迁，各种条件会不断变化，不同地域的乡村产业结构都会发生改变，在时间长河里表现出很强的动态性特征。

第三，地域性。由于自然条件和社会经济条件的地区差异，不同乡村产业结构差异甚大，在空间上表现为明显的地域性特征，不能使用一种产业发展模式，应因地制宜发展各具特色的乡村产业结构。

中华人民共和国成立后，由于社会的发展和政策的推动，我国乡村产业结构在不同历史时期发生了巨大变化，产业结构变迁经历了单一的农业结构到以乡镇企业主导的产业结构，再到三产融合发展的产业结构形态。

4. 乡村产业结构的分类。乡村产业结构有不同的分类方法，可按产业内容、按产业分工特点、按劳动、技术及资金密集程度进行分类等。目前对乡村产业比较权威的分类方法是国家统计局 2020 年发布的《农业及相关产业统计分类（2020）》，该分类方法涵盖了农业全产业链，从传统农业生产拓展到生产、加工、物流、营销、服务等全产业链的各个环节，包括农林牧渔业、食用农林牧渔业产品加工与制造、非食用农林牧渔业产品加工与制造、农林牧渔业生产资料制造和农田水利设施建设、农林牧渔业及相关产品流通服务、农林牧渔业科研和技术服务、农林牧渔业教育培训与人力资源服务、农林牧渔业生态保护和环境治理、农林牧渔业休闲观光与农业农村管理服务、其他支持服务等 10 个大类、61个中类、215 个小类。

为了优化乡村产业结构，促进现代农业和乡村第二、三产业发展，农业农村部 2021 年发布《全国乡村重点产业指导目录（2021 年版）》，其中包括现代种养业、农产品加工业、农产品流通业、乡村制造农田水利设施建设和手工艺品业、乡村休闲旅游业、乡村新型服务业和乡村新产业新业态 7 个大类。

3.1.3　绿色发展效应

1. 绿色发展的缘起。21 世纪以来，全球气候变暖、资源枯竭、生态恶化等问题日趋严重，绿色发展已成为世界各国积极探索的可持续发展方式。2008 年全球金融危机强化了人们对绿色发展与可持续发展的反思。绿色发展理念逐渐成为全球各国共识，党的十八届五中全会将绿色发展理念总结为中国经济社会发展的新发展理念之一。

2. 绿色发展的内涵。绿色发展是与绿色经济、低碳经济、绿色增长、可持续发展、生态文明等概念意义相仿的概念。绿色发展更强调转变传统经济发展方式，发展生态产业，从而实现环保可持续的发展。学术界从不同研究视角对绿色发展内涵进行解读，对绿色发展的本质认识一致，即以经济与自然的共生协调发展为目标，发展低碳循环经济，是处理经济发展与资源、环境保护关系的基本价值理念，在资源环境约束下，实现经济社会发展与环境资源相协调的可持续发展理念（马勇等，2017）。绿色发展的目的减少污染排放及资源消耗的经济发展，实现环境改善、资源节约和经济增长协同共进，绿色发展与可持续发展思想一脉相承，是对经济发展模式的有益探索，改变传统的粗放的生产模式和消费模式，实现经济社会发展和生态环境保护协调统一、人与自然和谐共处。

本研究在借鉴已有概念的基础上，以乡村产业发展和结构变化为研究对象，分析其发展过程中的资源消耗、生产效率和环境影响，以实现乡村的经济和环境的协调可持续发展。

3. 绿色发展相关概念。为了应对气候变暖、资源枯竭、生态恶化、自然灾害频发等问题，人类不断寻找新的发展途径，学界出现了和绿色发展相关的生态文明、绿色经济、绿色增长等概念。

2012年党的十八大报告提出生态文明的构想，为我国绿色发展战略提供了政策基础。近年来生态文明已成为工业文明后的新兴文明范式，是新时代中国实现可持续发展的战略构想。生态文明强调建设资源节约、生产发展、生活富裕、生态良好的文明社会。绿色发展将生态资源作为经济发展的内在要素，将经济与环境的协调、可持续发展作为根本目标，是最贴近生态文明这一新兴文明形式的发展理念和发展模式。

绿色经济最初由是英国环境经济学家大卫·皮尔斯（Pierce）1989年在《绿色经济的蓝图》中提出，认为破坏环境和浪费资源应做入国家经济发展的代价，经济发展必须以自然资源环境的承载力为基础，不能盲目追求生产增长带来环境危机，自然资源耗竭会反向遏制经济可持续发展，主张建立一种"可承受的经济"。

绿色增长是2005年亚太经社会（ESCAP）亚太环境与发展问题会议提出，认为绿色增长是以环境可持续为前提的经济增长，是实现可持续发展的经济发展战略。2008年12月，联合国秘书长潘基文在联合国气候变化大会上强调"绿色新政"，呼吁各国要注重绿色经济增长。

4. 绿色发展效应。绿色发展效应是指经济社会绿色发展过程中，对经济、生态环境及社会生活等各方面的各种影响和作用效果。包括经济发展效应、就业效应、生态环境效应等。绿色发展的经济发展效应是对产业结构、产业经营环境等产生的经济系统的影响，一般是由粗放式经济发展方式转变为环境可持续的经济发展方式。绿色发展的就业效应主要是通过推动传统"三高"产业及劳动密集型产业转型升级带来就业结构的变化，带来绿色产业就业机会增加。绿色发展的环境效应体现在碳减排、污染物排放下降、环境改善等方面。

3.2 相关理论基础

3.2.1 产业结构演进理论

1. 配第-克拉克定理。17 世纪英国经济学家威廉·配第第一次就产业结构的问题作出推断：生产要素由效率低的产业向效率高的产业转移是经济发展的主要推动力。克拉克以此理论为基础，通过对 40 多个国家的三次产业历史数据进行了统计分析，总结出产业结构变化的一般规律：在经济发展过程中，劳动力先由第一产业向第二产业转移，而后向第三产业转移。

2. 霍夫曼比例说。著名的德国经济学家霍夫曼依据近 20 个国家随工业化的进程消费资料工业与生产资料工业的比例关系变化，将工业化过程分为四个阶段，并依此建立了所谓的"霍夫曼比例"说，该理论认为一国的工业化程度与霍夫曼比例成反比，即随着工业化程度的提高，霍夫曼比例会降低。

3. 后工业化社会理论。20 世纪 70 年代后，美国经济学家库兹涅茨从劳动力和部门产值的角度总结了产业结构变化的规律，结论表明，第三产业具有很强的吸收劳动力的特性。

4. 斯密-李嘉图定理。一个国家在参与国际竞争中的选择和国内主导产业定位影响其国内的产业结构演进过程。国家之间依据绝对优势或比较优势进行产业分工，决定了产业结构演进的过程。

5. 产业结构演进的测度研究。产业结构演进的测度指标包括需求类和供给类两类指标，需求类指标包含消费支出比重和度量投资支出比重，反映消费结构和投资结构的演变情况；供给类指标包含产值比重和就业比重（Herrendorfetal，2013，2014）。乡村产业结构演进包括产业结构的合理化与高级化两个维度，使用结构偏离度对产业结构合理化进行度量（干春晖、郑若谷、余典范，2011），产业结构高级化多使用非农产业产值比重或第三产业与第二产业产值比重衡量（匡远配、唐文婷，2015）。

6. 产业结构演进动力研究。产业结构演进的动因研究经历了由浅入深逐渐丰富的发展过程，由单一因素转向多重因素的考察、由消费端转向投资端的不断深化的趋势。

产业结构演进过程由消费者的需求和厂商的供给行为共同推动。消费者的需求由消费者的收入与产品相对价格影响，进而影响产业结构演进过程。消费者收入变化对产业结构变迁的影响被定义为"收入效应"，消费者收入增长会通过"恩格尔定律"影响产业结构演进过程，家庭用于食品的消费支出比重随着人均收入的增长不断下降，家庭支出的变化推动产业结构由农业向非农业转移。相对价格变化对产业结构演进的影响被定义为"相对价格效应"，即部门技术异质性导致部门产出增长不平衡，引起部门产品的相对价格变化，消费者因产品相对价格变化调整需求量导致经济资源在不同部门间转移（Boppart，2014；Cominetal，2015，2017；Echevarria，1997）。厂商投资需求通过影响最终消费和最终投资增加值影响产业结构演进的过程，投资率变化引发生产要素跨部门转移（Herrendorfetal，2018）。

7. 产业结构演进效应研究。学术界在多部门经济增长框架内考察了产业结构演进的效应，主要体现在经济增长效应、就业效应、收入分配效应和生态环境效应等。

基于各产业部门要素流动而形成的产业结构变化对经济增长的贡献被称为"结构红利假说"。干春晖等（2011）利用偏离—份额法分析了产业结构的增长效应，认为劳动力要素的产业间流动对经济增长具有正向影响，被称为"结构红利"现象，资本的产业间转移对经济增长具有负向影响，被称为"结构负利"。

产业结构演进对环境污染的影响，表现为随着地区的经济发展，环境污染水平与经济发展水平成"倒U"型关系，即地区的污染水平呈现出先上升后下降的趋势，也称"环境库兹涅茨曲线"。在经济发展低水平发展阶段，生产要素由低污染的农业部门向高污染的工业部门转移，促使环境污染加剧；随着污染治理技术进步，污染水平不断下降（Stefanski，2013）。

3.2.2　绿色发展理论

1. 西方绿色发展理论。1988 年福利贝格（Friberg）与赫特（Hett）首次提出绿色发展理论，认为绿色发展理论是在环境和资源双重制约下的新兴发展理论。相似的概念包括"可持续发展""绿色经济""绿色增长""低碳经济"等，这些概念并没有本质上的区别。

西方两种主流的绿色发展理论是人类中心主义和生态中心主义。人类中心主义强调人的主导作用，人在追求经济发展的过程中忽视了对大自然界保护，形成了人与自然的对立。随着社会文明的进程，人类由自然界为人类服务的理念转变为人类主动解决生态问题，仍是被动地处理人与自然的关系，达不到人与自然的和谐共生。生态中心主义强调自然界的重要地位，但过分强调自然界的内在价值，忽视了人类的主体地位，不利于提高生产力水平。

在人与自然关系上，两种主流的绿色发展理论要么将人类的利益置于大自然之上，要么强调自然界的重要地位忽视人类社会发展需要。这种对立的绿色发展观，都忽视了绿色发展对社会生产方式变革的影响。

2. 国内绿色发展理论。20 世纪 80 年代，我国绿色发展理论研究开始萌芽，周立三的社会生态资源承载力评估模型是当时典型的代表理论，该理论依据人口经济、资源环境和粮食生产三类数据对社会生态资源承载力进行评估。

刘世锦提出了绿色发展的理论范式及实现的技术路径，即"资源节约战略"和"新型工业化"，构建了我国产业结构向绿色转型升级的理论框架。

国内学者胡鞍钢提出绿色发展的"三圈模型"理论，该理论从绿色发展能力和绿色发展战略两方面解释经济社会绿色发展的特性，其中绿色发展能力包括识别能力、投入能力和评估能力，绿色发展战略由绿色规划、绿色金融和绿色财政构成。

胡鞍钢和牛文元提出绿色经济理论，创新作为动力驱动绿色经济增长，通过知识资本与人力资本形成以技术创新为主的资本收益的内部递增和资本收益的外部递增，以促进经济增长。

习近平绿色发展理论自 2015 年党的十八届五中全会提出，在党的十九大报告中阐述了"绿水青山就是金山银山"理论的丰富内涵和深远意义，两山理论是习近平绿色发展理论的核心理念。两山理论就是对于经济发展和生态环境保护辩证统一关系的当代中国表达，"绿水青山"和"金山银山"之间的关系经历了三个阶段：第一阶段用"绿水青山"换取"金山银山"，牺牲环境换取经济发展；第二阶段重视保护"绿水青山"；第三阶段是"绿水青山"就是"金山银山"，生态环境就是生产力。两山理论在认识论上将生态上升为经济的增长点，阐述了保护生态环境就是保护生产力、改善生态环境就是发展生产力的科学道理，着重强调经济发展和生态环境保护协调共生。绿水青山既是生态财富，又是经济财富，保护生态环境就是保护自然价值，保护经济社会，使绿水青山持续发挥生态效益和经济效益。

3.2.3 可持续发展理论

1987年世界环境与发展委员会发表《我们共同的未来》研究报告提出可持续发展理念，要求各国在生态承载力之上进行经济、社会和生态全面、协调、同步发展，指导各国保护生态环境、节约自然资源，从而实现可持续发展。布鲁因（2004）指出，可持续发展是一个系统的变革过程，绿色发展可以理解为"可持续发展"理念与战略的通俗性代称。

绿色发展理论和生态文明建设是相互交织、互融共通的。党的十八大以来，生态文明建设成为党和政府的执政理念。绿色发展理论是生态文明建设体系的重要组成部分、重要目标和原则，是推进生态文明建设的重要抓手。生态文明建设成为学界与政府官方推进绿色经济发展的主导性话语表述，绿色发展是实践战略层面上的频繁使用的措辞用法。绿色发展和可持续发展理论都是为了促进中国特色社会主义生态文明建设。

3.2.4 经济增长与发展理论

经济增长与发展理论根植于经济发展的现实，伴随着社会经济发展的历程，经济增长与发展理论也不断发展和修正。经济增长理论一直试图回答经济增长的动力以及不同国家的经济发展水平在长期来看会不会趋同。当经济增长过程中资源浪费和环境污染问题日益严重，经济增长和生态环境协同共生的经济发展理论应运而生。

1. 古典经济增长理论。古典经济增长理论起源于 17 世纪强调快速资本增加和积累的重商主义和 18 世纪认为农业是一切财富来源的重农主义思想。古典经济增长理论伴随第一次工业革命产生，以斯密（Smith）、马尔萨斯（Malthus）、李嘉图（Ricardo）等为代表人物，他们在批判重商主义的研究基础之上，斯密认为劳动分工、资本积累等是一个国家经济增长的主要动力，提出的劳动分工理论和资本积累理论，马尔萨斯关注人口因素对经济增长的作用效果，李嘉图则认为资本、劳动和土地是产出的重要影响因素。

19 世纪 70 年代，以马歇尔为代表的新古典经济学家将经济增长视为一个整体进行分析，采用边际分析方法研究经济增长的影响因素，认为一国的经济增长的影响因素有劳动力数量、劳动生产率、投资、生产要素、生产技术水平等。

古典经济增长理论和新古典经济增长理论研究视角虽不同，但本质都是研究如何促进经济增长。

2. 现代经济增长理论。20 世纪 40 年代，现代经济增长理论运用数理化、模型化的工具方法研究经济增长的规律和影响因素。

第一，技术外生与经济增长。哈罗德-多马模型被视为现代经济增长理论的开端，经济增长问题作为单独的经济问题首次被专门进行理论研究。该理论在不存在技术进步、资本折旧不变的假定下，利用具有固定系数的生产函数来研究经济增长率、储蓄率和产出之间的关系，结论是只有当实际增长率、有保证的增长率和自然增长率相等时，一个地区的经济才能实现长期均衡增长。

索洛（Solow）和斯旺（Swan）建立了一套新的动态均衡模型，假设生产函数的系数是可变的，在生产要素可以充分替代的新古典生产函数的基础上，融入凯恩斯的总量分析，由于边际收益递减规律，长期人均经济增长率将趋于零。

戴蒙德（Diamond）在家庭人员存在新老交替现象的假定下，将个人生命周期分为青年期和老年期，在家庭生命周期框架下分析储蓄、消费、产出等要素经济增长过程中的动态变化关系。

鉴于技术和创新对经济增长的重要作用，有学者将技术和创新引入模型进行探讨，阿罗（Arrow）构建了"干中学"模型，认为可以通过生产经验提高生产率。谢辛斯基（Sheshinski）认为均衡增长率取决于人口的自然增长率和学习效应。宇泽弘文（Hirofumi Uzawa）建立了一个两部门经济增长模型，加入了人力资本变量，从人力资本积累的角度解释长期经济增长。

第二，技术内生与经济增长。20世纪80年代兴起的内生增长理论探讨一国经济长期可持续增长如何被经济系统内生决定，将技术进步引入其中，经济能否实现长期稳定增长由系统内部力量决定。主要研究外部性、技术研发、人口等因素对经济增长率的高低的影响。

罗默拓展了阿罗-罗默模型，引入内生技术进步变量解决"干中学"模型的漏洞，研究发现人力资本存量、研发效率、时间贴现率和跨时替代弹性等因素影响均衡产出率。该模型拓展了外部性研究，认为知识或技术是生产的副产品，在企业发展自身生产的同时，技术溢出的外部性提高了其他厂商的生产率，进而提高整体社会生产率。

熊彼特（Schumpeter）认为物质资本和人力资本的外部性虽对长期经济增长发挥着较为重要作用，但并不是长期经济增长的根本力量，提出创造性破坏思想，强调创新在经济增长过程中的重要作用。

有学者开始研究自然资源约束创新活动的情况下经济增长的路径问题。巴比埃（1999）考虑到资源短缺因素对经济增长路径的影响，研究发现自然资源约束创新的发展，最终将影响经济增长。格罗斯和舒（2002）从不可再生资源视角构建一个内生增长模型，探讨不可再生资源约束下内生增长的路径。

第三，制度变迁与经济增长。关于制度与经济增长关系的研究包括：马克思认为资本主义制度中社会生产的分散性和政府管理无效率是资本主义经济不能稳定增长的主要原因；舒尔茨（Schultz）认为经济制度影响经济增长，经济制度随着经济的发展而产生，伴随经济发展过程不断调整，最终目的是促进经济增长；科斯（Coase）在交易费用的理论分析框架，分析了交易费用对经济增长的影响；诺斯（North）研究制度变迁与经济增长之间的关系，认为制度变迁才是引起经济增长的真正原因。

第四，结构变化与经济增长。库兹涅茨通过收集统计资料，对经济增长中三次产业结构变化进行了比较研究，发现经济发展过程中三次产业结构变化的规律：随着社会经济发展，第一产业所占比重逐渐减少，第二产业所占比重逐渐增大，第三产业所占比重稳步增长。钱纳里（Chenery）发现经济发展的动力主要来源于国内需求的增长、出口的增加和技术推动。

3. 经济发展理论。发展经济学家主要关注发展中国家的经济发展问题，认为经济发展与经济增长有明显不同，经济发展不仅要关注 GDP 的增长，还要重视经济结构的变化、农业和农村发展，经济发展需要有更宽泛的发展标准，如减少贫困、分配公平、环境保护等。不同的经济发展阶段有不同的经济发展理论指导，中国的经济发展理论经历了"硬道理"理论、科学发展观和新发展理念三个阶段。我国改革开放初期，国家整体不富裕，相当部分人群还处于贫困状态，党的十一届三中全会提出"以经济建设为中心"的重大决策，强调发展是硬道理极大的解放了生产力，促进了经济的高速发展，忽视了生态环境的保护，产生了环境污染、收入差距扩大、地区发展不平衡等问题。社会主要矛盾转化为人民对美好生活的向往和经济发展的不平衡不充分问题，能源、资源、环境的瓶颈约束经济高速增长不可持续，经济发展进入新常态，习近平在党的十八届五中全会提出了创新、协调、绿色、开放、共享的新发展理念，规定了高质量发展的核心内容。

第4章　我国乡村产业结构演进的时空特征研究

4.1　乡村产业结构演进的内涵界定

乡村产业结构演进包括产业结构的合理化与高级化两个维度。产业结构合理化是要素资源在各产业之间和产业内部流动，进行合理配置，是组合方式的变化；产业结构高级化是在原产业的基础上，不断进行产业升级和分化，新业态带动产业结构变化，是资源要素流向高效率产业的重新配置过程。在我国乡村，一是通过原有产业重组构成乡村产业结构的合理化发展，是各产业规模、增长速度和产业联系的协调发展过程，二是通过农业的不断分化，主导产业在第一、二、三产业之间的递进发展实现乡村产业结构的高级化发展，是乡村产业结构演进的推动力，两者的动态变化构成了乡村产业结构演进的全部过程。

4.2　我国乡村产业结构演进的度量

从动态上看，产业结构的演进包括合理化与高级化两个维度，本文从以上两个维度对我国乡村产业结构的演进过程进行度量。

4.2.1　乡村产业结构合理化的度量

产业结构合理化是指产业间的聚合质量，反映产业间协调程度和资源有效利用的程度。研究一般使用结构偏离度即要素投入结构和产出结构的耦合程度对产业结构合理化进行度量。本文引入干春晖等（2011）[1]和郑蕊等（2017）[2]的加权思想，在结构偏离度的基础上引入各产业的相对重要程度，构建泰尔指数（TL）计算乡村产业结构偏离度，其公式为：

$$TL = \sum_{i}^{n} \left(\frac{y_i}{y} \right) ln \left(\frac{y_i}{l_i} \Big/ y/l \right) \tag{4.1}$$

y 表示产业产值，l 表示就业人数，i 表示产业，n 表示产业部门数。y/l 表示产业的劳动生产率，当各产业的劳动生产率水平相同时，TL＝0，经济处于均衡状态，TL 越大，产业结构和就业结构偏离度越大，产业结构越不合理。y_i/y 表示各产业的相对重要程度。

4.2.2　乡村产业结构高级化的度量

已有研究多使用非农产业产值比重或第三产业与第二产业产值比重衡量产业结构高级化。产业高级化有两个方向的高级化，一是工业和服务业比重提升，呈现自农业向工业、服务业递进发展的特点，二是各行业的劳动生产率提高。非农产业产值比重增加和产业服务化水平提高，只呈现了产业高级化的一个方向，并未度量各行业内劳动生产率提高程度。因此本文借鉴匡远配等（2015）[3]的向量内积法测度产业结构的高级化，即采用三大产业劳动生产率与产值比重加权求和测度产业结构的高级化，同时度量三大产业比例关系的演进和生产效率的提高。其公式为：

$$H = \sum_{i}^{n} \frac{y_i}{y} \times \frac{y_i}{l_i} \tag{4.2}$$

其中 H 为产业结构高级化指数，H 越大，产业结构高级化处于上升状态，说明乡村产业结构在升级，i＝1，2，3，代表三大产业。y_i/y 代表产值比重，y_i/l_i 代表产业劳动生产率。

---

〔1〕　干春晖、郑若谷、余典范：《中国产业结构变迁对经济增长和波动的影响》，载《经济研究》2011年第5期。

〔2〕　郑蕊、杨光磊：《产业结构跨期演变对新型城镇化建设的影响研究》，载《工业技术经济》2017年第6期。

〔3〕　匡远配、唐文婷：《产业结构高度化评价和地区差异考察：以湖地省为例》，载《湖湘论坛》2015年第6期。

4.2.3　数据来源

本部分数据源自《中国农村统计年鉴》（1985~2013 年）、《中国乡镇企业年鉴》（1994~2006 年）、《中国乡镇企业及农产品加工业年鉴》（2007~2012 年）、《中国县域统计年鉴》（2014~2019 年）并经作者计算整理而得。

4.2.4　测算结果分析

1. 我国乡村产业产值比重和就业比重。表 4-1 和表 4-2 展示了 1985~2018 年我国乡村三次产业产值和从业人数比重的变化过程。2013 年之后乡镇企业的数据不再统计，本文借鉴梁杰等（2019）[1]利用县域产业增加值代替乡镇企业增加值的做法，因为多数乡镇企业集中在县域郊区，所以用县域产业增加值近似代替乡镇企业增加值，用县域产业就业人数近似代替乡村产业就业人数。从产业比重来看，当前我国乡村地区产业发展呈现工业化初期阶段的明显特征，即农业产业占比大幅下降，1985~2010 年下降约 40 个百分点；随着乡村工业化的快速推进，第二产业产值在三大产业中的占比达 70% 左右，2013 乡镇企业个数699.38 万个，职工人数 10 294.77 万人，营业收入达 517 834.57 亿元，成为乡村产业发展的重心，产值比重呈现"二一三"格局。2012 年以来，乡村第三产业快速发展，成为支撑乡村发展的支柱产业，产值在三大产业中的占比达 30% 以上，产值比重呈现"二三一"格局。

从就业人员比重看，农业仍是就业的第一生力军，2013 年之前平均安置就业人数比重在 70% 以上，第二产业所承载的就业人员占比在 20% 左右，而乡村第三产业在拓展就业方面作用较小，就业比重呈"一二三"格局。2013 年之后，随着农业产业链延长和产业融合深度融合，乡村第三产业快速发展，就业人口由第一产业向第三产业转移，就业比重逐渐呈"一三二"格局。

---

〔1〕 梁杰、高强、李宪宝：《农村产业结构、农村金融和农村人力资本——来自山东的经验证据》，载《农林经济管理学报》2019 年第 6 期。

表4-1　我国乡村产业产值及产值占比

（单位：亿元，%）

年份	全国农村产值	农村一产产值	农村二产产值	农村三产产值	农村一产占比	农村二产占比	农村三产占比
1985	3295.2	1881.2	1174.9	239.1	57.1	35.7	7.3
1990	5895.4	2718.0	2730.8	446.6	46.1	46.3	7.6
1995	17 556.3	4047.1	11 459.4	2049.7	23.1	65.3	11.7
2000	18 198.9	3277.5	12 030.2	2891.1	18.0	66.1	15.9
2005	20 474.9	3252.1	14 505.5	2717.3	15.9	70.8	13.3
2010	20 000.5	3343.8	14 830.4	1826.3	16.7	74.2	9.1
2011	20 933.1	3579.9	15 306.6	2046.5	17.1	73.1	9.8
2012	19 740.4	3651.7	14 191.2	1897.4	18.5	71.9	9.6
2013	22 472.5	3674.2	16 740.4	2057.9	16.3	74.5	9.2
2014	36 348.7	4959.4	18 583.9	12 805.4	13.6	51.1	35.2
2015	37 996.3	5195.0	18 651.8	14 149.6	13.7	49.1	37.2
2016	40 457.3	5422.4	19 294.6	15 740.4	13.4	47.7	38.9
2017	43 635.5	5328.1	20 603.6	17 703.8	12.2	47.2	40.6
2018	46 442.9	5483.3	21 319.3	19 640.3	11.8	45.9	42.3

表4-2　我国乡村产业就业人数及占比

（单位：万人，%）

年份	全国农村就业人数	农村一产就业人数	农村二产就业人数	农村三产就业人数	农村一产就业占比	农村二产就业占比	农村三产就业占比
1985	37 065.1	30 351.5	3871.1	896.7	81.8	10.4	2.4
1990	42 009.5	33 336.4	4751.5	1328.5	79.3	11.3	3.1
1995	45 041.8	32 334.5	6174.3	2153.4	71.7	13.7	4.7
2000	42 407.4	32 797.5	6800.3	2809.6	77.3	16	6.6
2005	44 145.2	29 975.5	9664.7	4505.0	67.9	21.8	10.2
2010	47 857.1	27 931.0	7971.1	2754.1	58.4	16.7	5.8

续表

年份	全国农村就业人数	农村一产就业人数	农村二产就业人数	农村三产就业人数	农村一产就业占比	农村二产就业占比	农村三产就业占比
2011	34 565.1	26 594.0	7164.2	1397.1	76.9	20.7	4
2012	33 744.1	25 773	7164.2	1397.1	76.4	21.2	4.1
2013	33 714.2	24 171	7999	1544.2	71.7	23.7	4.6
2014	52 817.3	22 790.0	14 804.9	15 222.4	43.1	28.0	28.8
2015	52 910.2	21 919.0	15 167.9	15 823.3	41.4	28.7	29.9
2016	52 221.9	21 496.0	14 897.0	15 828.9	41.2	28.5	30.3
2017	52 780.2	20 944.0	15 353.3	16 482.9	39.7	29.1	31.2
2018	51 873.6	20 944.0	14 699.8	16 229.8	40.4	28.3	31.3

2. 我国乡村产业结构演进过程的测算结果。根据上述数据计算求得我国乡村产业结构的合理化（TL）和高级化指数（H），描述 1985~2018 年我国乡村产业结构演进过程如图 4-1 所示。

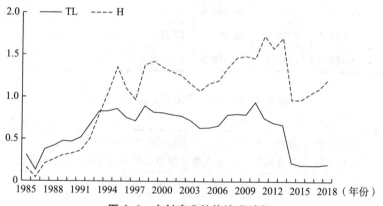

图 4-1 乡村产业结构演进过程

可见 1985~2018 年我国乡村产业结构演进过程符合不断向高级化发展的总体趋势，但随着产业结构的多样化，乡村产业结构不合理化程度提高并长期处于较高水平，2010 年之后开始下降，乡村产业结构趋于合理化。产业结构合理化指数（TL）与高级化指数（H）表现出一定的波动性，这也与乡村社会经济的发展相契合。20 世纪 80 年代，乡镇企业异军突起，为乡村第二、三产业的发展创造了条件，乡村工业给乡村劳动力提供了大量的就业机会，经过乡村工业十年的发展和劳动生产率的迅速提高，TL 曲线由 0.1 迅速提升至 1 以上并长期保持在较高的水平，总体上处于较为平稳状态，H 曲线 1991 年之前在 0.5 以下波动，1992 年之后长期在 0.6~1 之间波动，说明随着乡村第二、三产业的发展，乡村产业结构逐渐高级化，但不合理化程度也迅速提高，各产业之间资源利用程度差异较大，产业协调性不高，1992 年之后各产业发展融合度提高，产业结构合理化水平相对稳定，2009 年之后，产业结构合理化水平迅速提高，H 曲线由 1 降至 0.2。

4.3　我国乡村产业结构演进的时空特征及区域比较

中华人民共和国成立以来，我国乡村发展就处于工业化和城市化转型的背景下，整个发展过程中虽然家庭承包制和乡镇企业发展具有一定的自发性，但如果没有政府政策稳定的长期的推动，就没有乡村产业的快速发展和乡村翻天覆地的变化。本文根据我国乡村产业结构演进的工业化和城市化的现实背景，从纵向时间维度的农村发展战略的变化推动产业结构演进的过程和阶段性特征进行阐述，从横向空间维度对比分析乡村产业结构演进的区域性特征。

4.3.1　我国乡村产业结构的演进过程

我国乡村发展战略总体方向是确定、连续和稳定一致的，但中华人民共和国成立后较长的发展时期内，不同时期因不同的经济环境和技术条件，政策的具体目标和措施具有不同的内容，使得我国乡村产业结构的演进过程呈现出鲜明的时代特点。本文以农村发展战略的变化为依据，将中华人民共和国成立以来乡村产业结构的演进过程分为四个阶段：乡村农业主导期、乡村工业快速发展期、乡村产业优化期和乡村产业融合发展期。

1. 乡村农业主导期（1949~1977 年）。中华人民共和国成立后，国内处于短缺经济状态，生产力水平低下，中央的乡村发展战略是以粮为纲、解决人民吃饭问题。我国农村实行土地集体所有、集体统一经营、国家下达给农民具体的种植计划、农民按所出劳动时间记录工分并依此按劳分配。

在行政命令干预下，粮食生产成为农村主导产业，农业以单一的种植业为主体，这一时期粮食种植一直占农业产值的80%以上。农村产业结构稳定，但构成比例很不合理，以人民公社为组织形式的农业生产，粮食产量虽有所提高但生产效率低下。单一的粮食种植产业结构是当时计划经济体制、短缺经济约束和以粮为纲的发展战略作用下的结果。

2. 乡村工业快速发展期（1978~1991年）。1978年，我国开始实行农村家庭联产承包责任制改革，农民有了生产自主权，生产力得到解放，粮食生产大幅增产。同时乡镇企业（以前称社队企业）开始发展，1984~1988年乡镇企业发展迅速，乡村工业化快速推进，乡镇企业成为国家工业化的重要组成部分。此时农村产业发展模式是农村工业化和依附于工业化的欠发达地区农村剩余劳动力的转移。

在全国温饱问题基本解决之后，中央把"米袋子"和"菜篮子"工程作为这一时期的农村发展战略，即粮食、蔬菜、肉类生产和流通。林牧副渔业迅速发展，蔬菜大棚栽培技术、畜牧和渔业的人工规模化养殖技术迅速提高和普及。这一阶段第一产业产值持续增长但比重不断下降，由57%降到35%。取消了农产品统购统销制度，市场在农产品生产和价格形成过程中逐渐起主导作用，提高了农业资源配置效率，林牧副渔业的发展使得农业内部结构多样化。非农产业方面，1985~1991年，乡村二产产值由35.7%迅速提高到48.7%，从产值上看第二产业取代第一产业成为乡村的主导产业，乡村产业结构演进为"二一三"模式，符合工业化产业结构特征。从就业结构来看，农业就业比重缓慢下降，但依然是乡村就业的主要领域，农业生产解放的部分劳动力开始流入乡镇企业，形成了"离土不离乡，进厂不进城"的就业模式，第三产业就业比重持续在3%左右，占比最小，此时乡村劳动力产业间转移规模较小。

3. 乡村产业多元化发展期（1992~2003年）。1989~1991年国民经济治理整顿，乡村进入"农业和乡镇企业并举"的战略发展阶段，乡村产业多元化发展是这一时期的鲜明特征。在三年的治理整顿过程中，国家关停了一批能耗大、高污染和效益差的乡镇企业，乡镇企业发展面临许多困难。1992年邓小平南方视察后，党的十四大确立了市场经济的地位，发展乡镇企业继续作为农村发展战略,迎来第二轮发展高潮,乡村第二产业转变为支撑乡村发展的现代企业,进入规范、有序的产值增速放缓的发展阶段,涌现出一批上规模、高科技的乡镇企业,如江苏双良集团成为全国制冷行业的领先者,出现了红豆、森达等全国知名品牌,乡村工业化基础更加稳固,为农村和农业的发展提供了大量资本积累。

加入WTO要求我国对粮食流通进行市场化改革,这一时期中央政府前所未有地重视提高农民收入和进行粮食流通体制改革。1998年《中共中央关于农业和农村工作若干重大问题的决定》提出税费改革的各项减税增收的举措。这些政策利用市场的力量引导农民根据市场需求调整优化生产结构。1998年的《中共中央关于农业和农村工作若干重大问题的决定》指出发展小城镇是带动农村经济和社会发展的大战略。农村市场化的发展和城乡统筹的小城镇建设优化了农村和农业结构、优化了农产品供求关系,促进了乡村产业的多元化发展。

这一时期,第一产业产值稳步上升,但比重进一步降低,由35%降到18%,第三产业产值由7.9%增长到13.8%,乡村产业结构进一步多元化发展。乡村第二产业成为绝对主导产业,乡村产业结构依然为"二一三"模式。

4. 乡村产业优化发展期(2004~2011年)。从2004年开始,中央连续发布一号文件聚焦农民收入、新农村建设和现代农业发展问题,党的十七大提出开展社会主义新农村建设。在这一时期我国政府实施了多项调整农业产业结构的政策,包括退耕还林、还草、还牧在内的生态保护类工程。2006年公布的《中共中央、国务院关于积极发展现代农业扎实推进社会主义新农村建设的若干意见》提出"用现代科学技术改造农业,用现代产业体系提升农业,用现代经营形式推进农业……"的相关规定。这些政策要求农民逐渐适应市场化、现代化和高级化的农业结构调整过程,改变了第一产业发展中林牧渔业的弱势地位,促使农业产业结构逐渐优化,农业产业化发展是这一时期产业结构调整的鲜明特征。

2010年乡村工业产值比重依然高达70%以上,在这一时期乡村工业在保持数量优势的基础上在质量和结构上进行了调整,通过产业化经营建立分工协作关系,避免大量的重复性建设,对高消耗高排放、污染生态环境的企业进行整顿,提高工业与农林牧渔等产业的关联度等,促进了乡村工业结构优化。乡村第三产业显著落后于第一、二产业发展,发展乡村第三产业是乡村产业结构调整的重要任务。2011年的《中华人民共和国国民经济和社会发展第十二个五年规划纲要》

对健全农村农业社会化服务体系作出了明确规定，提出要有计划地建立各种专业市场、农业技术服务中心等基础设施，提供完善的公共社会服务体系，大力促进农村服务业发展。

这一时期，乡村三大产业比重相对稳定，一产比重16%左右，二产比重为73%左右，三产比重为9%左右。全国乡村产业结构整体上依然为"二一三"模式，东部部分农村发达地区，乡村产业结构发展为"二三一"模式。

5. 乡村产业融合发展期（2012年至今）。党的十九大以来，乡村建设战略由"新农村建设"转变为"乡村振兴战略"。《中共中央、国务院关于深入推进农业供给侧结构性改革 加快培育农业农村发展新动能的若干意见》（2017年中央一号文件）提出优化产品产业结构。增强农业可持续发展能力。壮大新产业新业态，拓展农业产业链价值链。加强科技创新引领……党的十九大提出"产业兴旺、生态宜居、乡风文明、治理有效、生活富裕"的乡村振兴战略。乡村振兴的关键在产业振兴，鼓励以现代农业为基础，发展各具特色的乡村旅游和农家乐等农村新业态，通过产业融合推动建立现代农业产业体系。这一时期，"乡镇企业"已较少提及，政府统计部门已不提供"乡镇企业"的经济数据，学者们提出乡村产业振兴应集中在农业及其相关产业上，建议促进乡村产业交叉融合，延长农业产业链，乡村第二产业重点关注农产品的加工，乡村第三产业关注乡村旅游和农产品的流通。

很多乡镇企业与农业产业化紧密结合，采取农工贸一体化经营，成为农业产业化发展的龙头企业，促进了农业现代化发展。2015年党的十八届五中全会提出绿色发展理念，深刻影响了乡村的产业发展。这一阶段，人民生活由"吃饱"向"吃好"转变，农业坚持优质、绿色和高效方向发展，乡村产业向高质量和高级化发展。

我国农业产值2017年达到5328.1亿元，占全国农村产值比重下降到了12.2%，农产品加工业主营业务收入达到14.9万亿元，乡村休闲旅游营业收入超过8000亿元，农业生产性服务业营业收入超过2000亿元，乡村产业深度融合发展成为支撑乡村振兴的重要力量。

4.3.2 乡村产业结构演进的阶段性特征

我国乡村产业结构的演进过程具有明显的阶段性特征，演进过程符合产业结构演进规律。1949 年中华人民共和国成立后，在"以粮为纲"的思想指导下，农村是以农业为主导的单一产业结构，20 世纪 80 年代以来，乡镇企业异军突起，实现了农村工业化，从产值上看第二产业取代第一产业成为乡村的主导产业，乡村产业结构由"一二三"发展为"二一三"模式，符合工业化产业结构特征，但落后于我国整体"三二一"的产业结构，这也是我国城乡差距的具体镜像表现。随着小城镇建设和城乡一体化发展的进程，党的十九大提出乡村振兴战略，以产业振兴为抓手，乡村产业结构转向三产融合协调发展，产业结构不断优化，部分东部发达农村地区已发展为"二三一"的产业结构模式，体现了城市化、工业化发展中期的特征。

乡村产业结构演进过程符合不断向高级化发展的总体趋势，但随着产业结构的多样化，不合理化程度也有所增强，各产业之间资源利用程度差异较大，产业协调性不高。随着乡村产业融合水平提高，乡村产业结构合理化水平也逐步改善。

4.3.3　我国乡村产业结构的区域性特征

图 4-2 和图 4-3 分别展示了 1985~2013 年我国东中西部地区的乡村产业结构高级化和合理化指数变化趋势。本文按照 1986 年《中华人民共和国国民经济和社会发展第七个五年计划》（1986~1990 年）对东中西部的划分方法，东部地区包括：北京、天津、河北、辽宁、上海、江苏、浙江、福建、山东、广东、海南。中部地区包括：山西、内蒙古、吉林、黑龙江、安徽、江西、河南、湖北、湖南、广西。西部地区包括四川、贵州、云南、西藏、陕西、甘肃、青海、宁夏、新疆。

由图 4-2 可以看出，三个地区高级化指数变化趋势大致相同，均在波动中不断上升，其中东部和中部地区产业结构高级化指数较为接近，西部地区高级化指数明显偏低。1997 年之前，东部和中部地区产业结构高级化指数曲线高度重合，1997~2005 年，中部地区产业结构高级化指数高于东部地区，2005 年之后，东部地区指数高于中部地区。西部地区产业结构高级化指数一直落后中东部地区。

乡村产业结构高级化指数反映产业比例的变化和生产效率的提高，从图 4-2 可以看出，我国西部地区乡村产业结构高级化的趋势和全国是一致的，但高级化的水平一直落后，即产业结构模式演变速度慢，生产效率低。东中部地区因为具有区位优势和资源优势，乡村产业结构高级化水平优于西部地区。

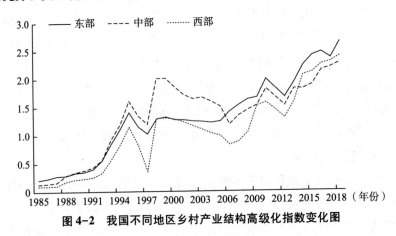

图4-2　我国不同地区乡村产业结构高级化指数变化图

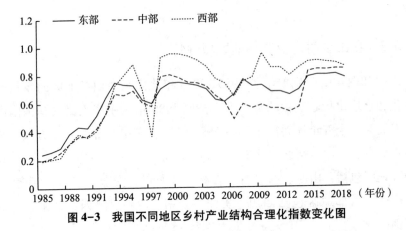

图4-3　我国不同地区乡村产业结构合理化指数变化图

　　三个地区乡村产业结构合理化指数变化趋势大致相同，同样随着乡村产业多样化的过程，产业结构不合理化程度迅速提高并一直处于较高水平。1994年之前，西部地区产业结构合理化水平最高，其次是中部地区，东部地区合理化水平最低；1994~2007年，三个地区合理化指数变化趋势相近，维持在高位波动变化，2012年之后，西部地区不合理化水平最高，其次是中部地区，东部地区不合理化水平最低。

　　产业结构合理化指数即三次产业投入产出结构偏离度，反映产业间协调程度和资源有效利用的程度。1985 年之前，东中西部地区农村产业结构合理化指数均小于 0.25，产业结构比较合理，是产业结构低水平上的合理，当时的农村主要是农业，第二、三产业比重很小，不存在产业结构之间协调和资源利用效率不同的问题，1984~1994 年，乡村产业结构不合理化程度由高到低依次为：东部、中部和西部。全国乡镇企业蓬勃发展，东部地区由于经济发展水平和区位优势，乡镇企业发展规模和速度均优于中西部地区，工业技术水平和资源利用效率远高于农业，所以东部地区乡村产业结构产生较大的结构偏离度，此时产业结构不合理程度最高，中部地区乡镇企业发展虽落后于东部，但因具有资源优势，工业发展仍优于资源贫瘠的西部地区，所以西部地区产业结构变迁最慢。2012 年之后，乡村产业结构不合理化程度由高到低依次为：西部、中部和东部。此时三个地区都处于产业结构高级化水平上的不合理，三产融合程度较低，东部和中部地区乡村产业结构合理化程度在缓慢提高，东部地区因为经济发达，乡村产业结构合理化程度最高。

结合全国和各地区产业结构高级化和合理化发展阶段及其变化趋势，发现在乡村产业结构发展的初级阶段，产业结构单一，产业偏离度低，产业结构合理化水平较高，在乡村产业多样化发展阶段，不同产业之间投入产出差异较大，产业结构不合理化水平迅速提高。在乡村产业稳定发展阶段，随着就业人口的流动和投资方向的调整，产业结构不合理化水平缓慢下降，说明虽然我国推行了土地流转、农产品市场流通体制改革和户籍制度改革等政策措施，但乡村产业间资源流动仍不完全畅通，表现在农业产值低，但就业比重仍然很高，劳动力资源流通不畅。

4.4　影响我国乡村产业结构演进的因素研究

制度创新是推动我国乡村产业结构演进的根本动力。我国农村改革四十年，主要有三大制度创新：实行家庭联产承包责任制、乡镇企业异军突起、发展农业产业化经营。制度创新的过程通过供给侧解放乡村的生产要素和需求侧提高农民消费水平和结构两方面对乡村产业结构演进产生了深远影响。

4.4.1　乡村产业结构演进的供给侧动力

从供给侧角度来看，乡村的生产要素市场化改革极大的推动了乡村的产业结构调整和升级。乡村的生产要素包括乡村劳动力、土地、资本和技术。我国的改革开放是从农村的家庭联产承包责任制开始的，家庭联产承包责任制的实施建立了农村基本经济制度和市场机制，极大的调动了农民生产积极性，农业生产效率和农民收入以超过往常数倍的速度提高，释放了大量农村劳动力。乡镇企业的异军突起，是农村改革的又一重大突破，1982 年和 1984 年的中央一号文件指出，乡镇企业是国民经济的一支重要力量，这促使乡镇企业进入快速发展时期。乡镇企业主要是工业，吸纳了大量的农村剩余劳动力，实现了农民"离土不离乡"的产业就业转移，改变了农村单一的农业产业结构。劳动力在产业间流转过程中，劳动生产率和资源配置效率也得到不断提高。

我国的农地流转制度提供了稳定有保障的市场契约，实现了农业规模化生产，提高了农业生产效率和机械化水平，农业大户利用资本替代劳动，促进劳动力向二、三产业转移，有利于提高要素配置效率。农地流转通过农业科技进步、劳动力转移和农业资本深化等生产要素的联动推动了农村产业结构调整升级（匡远配、周凌，2016）。

2011 年，农业部（现已撤销）印发了《全国休闲农业发展"十二五"规划》，标志着中国乡村旅游业进入加速发展期。乡村旅游业促进了先进农业生态技术推广和农业生态产品的生产，拓展了劳动力由第一产业向第三产业转移的流通渠道，实现劳动力的"不离土不离乡"，促进生产要素的合理配置和农村产业的高级化发展。

在农村生产要素市场化改革的推动下，乡村产业结构由"一二三"向"二一三"的模式演变，在部分发达乡村地区实现了"二三一"的乡村产业结构模式。

4.4.2　乡村产业结构演进的需求侧动力

从需求侧角度来看，乡村产业结构演进的驱动力主要是市场化改革推动居民消费水平和结构提升以及农村投资的变化。

第一，改革开放后居民消费水平快速增长，消费结构由温饱型转向小康型并向富裕型过渡，消费结构的变化直接推动乡村产业结构的变化。居民对食品消费需求由满足温饱变得多样化，导致鱼肉等制品价格升高，需求增加，农民开始由单一的粮食种植转向专门养殖、果蔬种植和手工艺等非粮作物的生产、加工、运输和销售，蔬菜大棚栽培技术和牛、羊、猪等的人工规模化养殖技术迅速提高和普及，加快了乡村工业、服务业和农业内部产业多元化发展。党的十八大以来，随着人们生活品质的提高和中央农村工作会议对乡土文化和乡愁的关注，乡村旅游业开始快速发展，形成了如浙江莫干山民宿、江西婺源等全国知名的乡村旅游胜地。可见，乡村产业结构演进的过程实际上是消费升级驱动产业升级的过程。

第二，国家政策的调整和工业化、城镇化的发展进程为乡村的产业投资创造了良好的条件，乡村产业投资的水平和方向变化推动了乡村产业结构调整和升级。农村税费改革、工业反哺农业、城市支持农村和多予少取放活等统筹城乡经济社会发展政策的实行，调整了国民收入分配关系，增加了对农村的资本投资，也使农村地区有条件承接城市产业转移，促进了农业发展和农村产业结构调整。在城镇化、工业化过程中，农民接触了先进的机械化生产方式和生产理念，更有可能增加对现代农业和新型业态的投资，推动农村产业结构向纵深发展（项光辉、毛其淋，2016）。[1]

4.5　我国乡村产业结构演进的经济效应研究

审视我国乡村产业结构演进及其经济效应问题是顺应现阶段乡村产业振兴和绿色发展的重要议题，对于指导乡村产业结构合理转型、推进乡村可持续发展具有重要的理论和现实意义。在多部门增长框架下，产业结构演进通过影响不同产业的相对市场份额对生产要素（劳动、资本和技术等）的相对需求产生不成比例的影响，进而对经济增长、收入分配、就业和环境污染等产生重要作用。本文从乡村经济增长、收入分配、就业和环境污染四个方面分析乡村产业结构演进的

---

[1]　项光辉、毛其淋：《农村城镇化如何影响农业产业结构》，载《广东财经大学学报》2016 年第 2 期。

经济效应。

4.5.1 乡村产业结构演进对乡村经济增长的影响

经济增长指人均产出或劳动生产率的不断上升过程，在多部门增长框架下，乡村产业结构演进对乡村经济增长的影响包括对劳动生产率水平、劳动生产率增长率以及技术进步三方面的影响。

1. 乡村产业结构演进对乡村劳动生产率水平的影响。不同部门的劳动生产率存在差异，差异主要是由技术进步差异或技术扩散差异引起的。而资源的跨部门转移也是影响总劳动生产率差异的重要原因，在部门劳动生产率存在差异的情况下，生产要素由低生产率部门向高生产率部门的转移将导致总劳动生产率不断上升。乡村产业结构由以农业为主导产业演变为乡镇企业为主导产业的过程中，乡村劳动生产率总体水平不断提高。

2. 乡村产业结构演进对乡村劳动生产率增长率的影响。发展经济学认为结构变迁是推动经济增长的重要力量之一，且影响存在阶段性特征。产业结构演进通过将经济资源由低生产率部门转移到高生产率部门从而有利于经济增长。工业部门劳动生产率高于农业部门，当乡村劳动力和资本等资源由农业部门转移到乡镇企业时，乡村各部门的劳动生产率增长率也快速提升。

3. 乡村产业结构演进对技术进步的影响。产业结构演进推动某产业的支出比重和产值比重的上升，意味着该产业的技术创新具有较大的市场需求，从而有利于该产业的技术创新活动和较高的生产率增长率。乡村产业结构演进的过程也是乡村技术进步的过程，在乡镇企业分工回报率高于农业的情况下，乡村工业规模扩张将会引起更多的创新活动和技术进步。

4.5.2 乡村产业结构演进对收入分配的影响

总量要素收入等于各部门要素收入份额的加权平均值，其中权重为各部门的产值比重。因此，总量要素收入份额的变化由部门要素收入份额的变化和权重系数的变化（产业结构演进）共同决定。乡村总收入受乡村各产业收入和产业结构影响，乡村产业结构向高级化演进过程中，乡村工业和服务业收入及收入比重不断提高，乡村产业总收入随之提高，农业部门的比重下降，农业部门与非农部门的工资差距不断缩小，有利于缩小城乡收入差距。

4.5.3　乡村产业结构演进对就业的影响

农业部门和非农部门劳动时间和劳动收入存在较大差异，在乡村产业结构演进过程中，农业部门的大量剩余劳动力向非农部门转移，乡村农业就业人口大幅降低，产生了大量的兼业农民和农民工，就业机会的增加带来了农民收入水平的大幅提高。

4.5.4　乡村产业结构演进对环境污染的影响

环境经济学认为地区的环境污染水平与其经济发展水平成"倒 U"型关系，即随着经济发展，地区的污染水平呈现出先上升后下降的趋势，即环境库兹涅茨曲线。经济资源跨部门转移的乡村产业结构演进过程将对乡村的环境污染产生重要影响。非农业部门的环境污染高于农业部门，乡村主导产业由农业向非农业转移的初期阶段，环境污染会因为资源由农业向高污染的非农业部门转移而增加，随着政府环境规制加强和非农业部门污染节约型技术进步，乡村的环境污染会逐渐降低，符合环境库兹涅茨曲线的变化规律。

第 5 章　乡村产业结构演进影响
绿色发展的机制研究

本部分在前面乡村产业结构演进时空特征研究的基础上，进一步分析乡村产业结构演进影响绿色发展的机制。本部分首先结合乡村绿色发展的时代背景，从根本属性、发展过程和最终目标三个方面对乡村绿色发展的内涵进行界定；其次基于乡村水资源储量、乡村化肥施用量、农业有效灌溉面积等现实数据从全国层面和省际层面对我国乡村绿色发展现状和特征进行分析；最后构建了包含政府、乡村居民和消费者等参与主体的三方博弈模型，将政府补贴在乡村绿色发展中对乡村居民和消费者的影响内生化，进而分析各参与主体基于自身利益考量的理性选择，力图从博弈视角研究政府补贴对于乡村居民激励的适用性以及最终效果。

5.1　乡村绿色发展的内涵界定

多年来，全球气候变化引起世界各国广泛关注，一场深刻的全局性能源变革已刻不容缓。在这一背景下，以习近平同志为核心的党中央彰显出中国勇于担责的大国担当，明确提出绿色发展理念，并将其提升到重大国家战略高度。绿色发展理念的能源变革不仅限于工业领域，而是一场涉及乡村、工业、服务业等所有行业的全域性变革。特别是作为整个经济发展基础的乡村领域，存在着生态环境破坏、农产品质量安全、自然资源短缺等一系列问题，亟须通过乡村产业结构的革新和再造来实现乡村绿色发展。乡村绿色发展是在绿色发展理念下，以乡村振兴为重要载体，以实现乡村环境友好、资源节约、人与自然和谐共生为主要目标，通过恰当的激励机制设计充分调动政府、乡村居民和消费者等参与主体的积极性，以乡村产业结构调整优化升级为核心将乡村产业结构的各个环节有机衔接，推动乡村全产业链的绿色化良性循环，最终实现乡村全产业链的绿色发展。

在传统意义上，乡村是在过去相当长时期内由主要从事农业生产活动的社会群体共同构成的一个独立存在的空间区域，其自身生产生活特性决定了其天然具有绿色生态可持续发展理念，进而在绿色发展方面其具有一定的先天优势。在现代工业社会中，伴随着工业和服务业的迅速发展，乡村经济在整个经济体系中所占的比重不断减少，其发展速度也要明显弱于城市经济。尽管乡村对于经济发展在绝对数量上的贡献看起来要低于城市，但是乡村是中国经济发展最坚实的基础，其能够在经济发展中起到的缓冲和压箱石作用是不可替代的。然而在现代经济社会发展进程中，由于受到城市化发展进程的影响，乡村也被动卷入到了工业发展浪潮之中，不可避免地出现了人口流失、环境污染、自然资源破坏等各种问题。从要素流动视角来看，乡村为城市的发展提供了土地、人才、自然资源等各类要素，但是城市为乡村反哺的要素却是不成比例的，最终导致乡村在过去几十年里的发展是显著落后于城市发展进程的。在城市化发展已经达到较高水平的当下，随着城市化率已经接近发达国家，城市基础设施已基本完善，乡村所蕴藏的发展潜力显然是大于城市的，乡村振兴战略正是党中央在这一时代背景之下审时度势、精准把握时代发展趋势所提出的。而绿色发展也是中国实现中国式现代化所不可或缺的必要组成部分。建设新时代中国特色社会主义，以中国式现代化推动中华民族伟大复兴，乡村绿色发展是其中应有之义。乡村绿色发展是全方位、多层次、可持续的发展，是符合人类基本发展规律的全新发展方式，既要探求乡村人居自身发展，又要考虑乡村社会整体发展，更要探索人与自然和谐相处之道，包含生态、生产和生活等各个方面。在乡村绿色发展过程中，从乡村自身内部来看，要妥善处理好人与人之间、人与社会之间、人与自然之间的关系；从社会整体来看，要妥善处理好乡村发展与城市发展、乡村发展目标与社会发展目标之间的关系。

乡村绿色发展既要考虑到乡村自身发展的特殊性，又要遵循绿色发展的基本特征和核心理念，其基本内涵可以从根本属性、发展过程和最终目标三个方面来诠释。

从根本属性来看，乡村绿色发展就是在新时代中国特色社会主义建设的大背景下，妥善协调好乡村发展和乡村环境保护之间的关系，处理好全社会要素在城市和乡村之间的配置关系，它是深入实践生态文明理念和"两山理论"（绿水青山就是金山银山）的一种新型发展方式。一是，乡村绿色发展是与中国特色社会主义建设的大背景紧密联系在一起的，乡村绿色发展不能离开这个时代背景，二是应该立足于时代背景正确认识乡村绿色发展在其中所处的地位和作用，乡村绿色发展是新时代中国特色社会主义建设不可或缺的重要组成部分，是中国式现代化的题中应有之义。三是，乡村绿色发展要在乡村发展和乡村环境保护之间寻找到合理的平衡点，既不能以乡村环境保护为目标而忽略了乡村发展，也不能因为更加注重乡村发展而忽视了乡村环境保护，两者在本质上并不是完全对立的，而是应该选择恰当的方式实现乡村发展和乡村环境保护的相互促进和动态统一。四是，要妥善处理好要素资源在城乡之间的合理配置，既要充分发挥市场在资源配置上的基础性作用，使各类要素资源能够按照其配置效率进行一定的自由流动，同时政府和社会也应该跳脱出单独经济发展目标而是从社会总体发展目标出发，在适当范围内积极主动引导优质要素资源向乡村倾斜。五是，要充分认识到，乡村绿色发展是新时代社会发展的必然趋势，是深入实践生态文明理念和"两山理论"（绿水青山就是金山银山）的一种新型发展方式，它是在乡村发展新阶段的乡村文明新形态，是乡村发展乃至人类社会发展的历史趋势。

从发展过程来看，乡村绿色发展是解决人口流失、乡村没落、文化衰落和资源环境破坏等现代乡村问题的客观要求，在充分考虑到乡村资源承载能力、生态环境自我修复能力和乡村发展可持续性的前提下，以绿色发展为核心，以乡村文化中的绿色发展理念为推动力，转变乡村产业发展方式和发展理念，全面推进乡村各项要素的合理高效利用，进而实现由传统乡村发展方式向乡村绿色发展方式的动态优化。在传统工业经济社会，由于城市和乡村在生产效率方面存在着较为明显的差距，城市化水平不断提升，城市对乡村形成了非常强的虹吸效应，使乡村优质资源不断被虹吸到城市，进而导致乡村人口（特别是乡村青壮年劳动人口）出于自身更好发展的理性考量逐渐由乡村向城市流动，乡村青壮年人口大量流失，很多村落都只剩下劳动能力相对较差的老人和没有劳动能力的儿童，这使得乡村失去了人才这一乡村发展最重要的要素资源。伴随着乡村人口流失，乡村发展活力逐渐退化，乡村在过去几十年里不可避免地出现了较大程度的没落现象。与城市相比，乡村在发展中处于总体弱势地位，资源环境是乡村发展为数不多的相对比较优势所在，进而导致在传统乡村发展进程中过度依赖资源环境，对资源环境消耗过度，这是一种不可持续的涸泽而渔式的自杀式发展方式，从长远看，并不会促进乡村长久平稳发展，反而会使乡村走向逐渐消亡的恶性循环。乡村要实现发展，更要实现绿色可持续发展，要充分考虑乡村资源承载能力和乡村生态环境的自我修复能力，以乡村资源要素使用效率的提升代替资源要素数量的增加，以增效代替增量，保持乡村生态资源的平稳性和可再生性，发展具有中国特色的高效率、低消耗的乡村绿色发展。

从最终目标来看，乡村绿色发展是要通过乡村绿色与乡村发展的良性互动，以乡村内部协同和城乡双向协同为两个重要引擎，实现乡村的低碳、减污、环保、提质、增效，扎实推进乡村产业、人才、文化、生态、组织振兴，最终实现乡村的中国式现代化。首先是实现乡村自身在生活、生产、生态等多方面的协同并进。在生活方面，乡村居民在一定的政府支持和引导下能够具备比较强烈的绿色发展意识和理念，让乡村居民能够真正意识到乡村绿色发展的重要性，特别是要充分尊重经济发展的客观规律和调动人的主观能动性，让乡村居民充分认识到乡村绿色发展不仅仅能够给其自身带来的一定的当前益处，更会给其提供具有稳定可持续的长久收益，使乡村居民在生活中能够积极主动参与到各项乡村绿色发展的生活实践活动中去，自觉维护自己的行为，保护生活环境，实现生活的绿色化。在生产方面，要充分认识到乡村原有生产方式的不可持续性和乡村绿色生产的重要性，逐渐放弃原有单纯依靠要素资源大规模投入的高污染、高能耗、低效率的粗放式生产方式，逐渐以乡村要素资源利用效率的提升替代乡村要素资源数量增加来带动乡村发展，用质量提升取代数量增加，大力发展低碳式、集约化、环保型的绿色化生产方式，充分重视生产方式全流程的绿色化，逐渐实现整个乡村生产全过程的绿色化。在生态方面，要以绿色为核心，坚决贯彻"绿水青山就是金山银山"的两山理论，摒弃原有单一经济考量指标的发展思维，充分重视不可估量的规模巨大的隐性乡村生态价值，在绿色生态环保与乡村发展之间寻找到具有逻辑一致性的契合点，在不破坏绿水青山的前提下谋求乡村绿色发展，在保护绿水青山的过程中推进乡村绿色发展，在修复绿水青山的进程中带动乡村绿色发展。同时要充分意识到乡村绿色发展在生活、生产和生态等方面的各项目标和举措不是各自为政、孤立存在的，三者之间具有非常紧密的联系，相互之间会相互影响、相互制约、相互促进，要充分认识到乡村绿色发展在生活、生产、生态等多方面的协同机制，统一规划，齐头并进发展，既要大幅度提升乡村要素的利用效率，又要切实提升乡村居民的生活水平，还要在发展的同时实现人与自然的和谐相处。其次是从整个社会层面看，充分考虑到整个社会发展的协调性和统一性，着力破除城乡二元发展结构，畅通城市和乡村之间的流通渠道，深度挖掘城市和乡村各自的比较优势，以各自发展的比较优势为依托实现要素资源在城乡之间的双向流动。考虑到过去相当长时期内，要素资源在城乡之间的流动主要是由乡村向城市的单向流动，而城市向乡村的资源流动相对较少，这也造成了城乡之间各方面差异进一步拉大，而要素资源本身的逐利性使得这种单向流动的倾向被进一步强化。要实现乡村绿色发展就必须要扭转这种城乡之间要素资源单向流动的趋势，而扭转这种趋势就需要增强乡村对于要素资源的吸引力，本质上还是要提升乡村绿色发展的综合竞争能力，这具体可以明确为两个方面，一方面是充分发挥乡村绿色资源这一无可比拟的比较优势，以乡村绿色发展要素为依托，挖掘乡村绿色资源的发展潜力，加大乡村绿色产业化、生态化，以乡村绿色产业为纽带，形成乡村对于城市资源的吸引力，增强乡村绿色发展自身的综合竞争力，积极引导城市各类要素资源向乡村流动；另一方面是在充分认识到现阶段城乡之间存在巨大的综合差距的现实前提下，逐步降低城市与乡村之间综合生产生活差异，打通城市与乡村之间各种要素流通的壁垒，不仅破解原有的要素资源从乡村流向城市而城市难回流乡村的各类显性壁垒，更要破除一些具有隐蔽性和不易观察到的但是又真实存在的隐性壁垒，构筑起可自由流动的城乡要素资源流通路径，让要素资源在城乡之间可以完全自由流通，这样也会打消掉城市资源流向乡村后难以回流的顾虑，使更多城市要素资源能够更有意愿外溢到乡村。

目前乡村绿色发展问题已经引起我国产学研各界的广泛关注，但对于如何激励乡村绿色发展各参与主体参与的积极性和主动性方面还有待进一步强化。例如，如何激励乡村居民在种植养殖过程中主动选择绿色无公害的有机肥料来代替过去高污染的无机肥料？如何从乡村全产业链绿色发展视角实现整个流通链条的绿色化？如果政府施加财政补贴、税收优惠、产业政策等外部助力，其适度边界和实施效果如何？这些问题对于乡村绿色发展具有重要的现实意义。因此，本部分首先构建了包含政府、乡村居民和消费者等参与主体的三方博弈模型，将政府补贴在乡村绿色发展中对乡村居民和消费者的影响内生化，进而分析各参与主体基于自身利益考量的理性选择，力图从博弈视角研究政府补贴对于乡村居民激励的适用性以及最终效果，并从乡村全产业链流通视角探究政府补贴对于其他市场参与主体福利的影响。

5.2 乡村绿色发展现状及特征分析

乡村绿色发展在过去十几年里取得了一定成效，这是全党全国各族人民共同努力的结果，当然更离不开党的领导，因为在中国，"中国共产党要永远做中国人民和中华民族的主心骨""只有中国共产党才能领导中国""只有中国共产党才能发展中国"。自从党的十八大以来，乡村绿色发展问题一直是党和国家所关心的中国经济与社会发展的核心问题之一，受到以习近平同志为核心的党中央的高度重视，在多个对党和国家经济社会发展影响深远的重大会议中被重复提及并给予系统阐述。在 2012 年 11 月召开的党的十八大会议上明确提出中国特色社会主义事业的总体布局是"五位一体"（经济建设、政治建设、文化建设、社会建设、生态文明建设），这是党中央第一次将生态文明建设明确为中国特色社会主义新时代的重要组成部分。在 2015 年 10 月在北京召开的党的十八届五中全会上具有前瞻性和创造性地首次提出绿色发展理念，并且将它作为指导中国未来经济与社会发展的五大理念之一，这是对党的十八大报告中所提出的"五位一体"的呼应和延续，更是对中国特色社会主义建设实践和认识的总结和深化。2017年 10 月 18 日，习近平总书记在党的十九大报告中首次提出乡村振兴战略，明确指出"农业农村农民问题是关系国计民生的根本性问题，必须始终把解决好'三农'问题作为全党工作的重中之重"。随后中国共产党中央委员会、国务院、财政部、农业农村部、国家发展和改革委员会（合原国家发展计划委员会、原国家计划委员会）等部委先后印发《中共中央、国务院关于实施乡村振兴战略的意见》《乡村振兴战略规划（2018—2022 年）》《财政部贯彻落实实施乡村振兴战略的意见》《乡村振兴科技支撑行动实施方案》《促进乡村旅游发展提质升级行动方案（2018 年—2020 年）》等一系列文件。在 2018 年初发布的《中共中央、国务院关于实施乡村振兴战略的意见》（2018 年中央一号文件）中进一步明确提出，"推进乡村绿色发展，打造人与自然和谐共生发展新格局"。2022 年党的二十大报告指出，"全面推进乡村振兴""推动绿色发展，促进人与自然和谐共生"，全面建设社会主义现代化国家，实现中国式现代化，最繁重也是最艰巨的任务还是在农村，要始终坚持农业农村优先发展，而"大自然是人类赖以生存发展的基本条件。尊重自然、顺应自然、保护自然，是全面建设社会主义现代化国家的内在要求"。通过对近十年来上述一系列重要文件学习梳理可见，乡村绿色发展是乡村振兴战略和绿色发展理念的有机统一，是中国特色社会主义现代化建设的题中应有之义，是中国式现代化的重要组成部分。只有充分认识中国现阶段乡村绿色发展的现状和所呈现出来的特征，才能够更好地制定相应的乡村绿色发展措施，实现未来更加优质、更加高效、更加全面、更加丰富的乡村绿色发展。

5.2.1 全国水资源储量波动上升，地区差异显著

近几年，特别是党的十八大以后，党中央和国务院以及各地相继出台了一系列乡村资源保护相关的文件，同时推动了净土工程、耕地保护和质量提升专项等一系列系统工程，乡村资源总体上呈现出稳步提升态势，像乡村资源中最具有代表性的指标之一乡村耕地质量得到了大幅度提高，保护性耕作的推广使乡村耕地保水保肥，进而使全国层面的水资源储量在近些年也是稳中有升。

从表5-1可见，全国总体水资源储量由2012年的29 526.88亿立方米提升到2020年的31 605亿立方米，整体增长7%，但在2012~2020年这一时间区间内并非呈现出平稳增长趋势，而是在2013年、2014年、2017年和2018年四个年份呈现出较为明显的下降趋势，2015年、2016年、2019年和2020年四个年份呈现出增长态势，区间水储量峰值并非2020年而是2016年。这一方面说明我国水资源储量的整体趋势虽呈现出较为明显的震荡增长态势，但是波动性非常大，增长趋势非常不平稳；另一方面也说明现阶段我国水资源储量还有较为广阔的增长空间，特别是伴随乡村绿色发展的推进，水资源储量将会不断增加。

尽管全国总体水资源储量在2012~2020年这段时期呈现出波动增长的趋势，但是各省的水资源储量在绝对数量方面和变动幅度方面均存在着比较大的差别。从绝对数量上来看，全国水资源储量呈现出非常明显的地区差异性，西南和南部地区的水资源储量明显要比其他地区更加丰富，西北和华北地区水资源相对匮乏；2020年西藏水资源储量最为丰富，达到4597.3亿立方米，而宁夏水资源储

量最为匮乏，仅有 11 亿立方米，两者绝对数值相差 400 多倍。从变动幅度来看，31 个省、自治区、直辖市中有 20 个省、自治区、直辖市在 2012~2020 年这段时间内水资源储量是整体增长的，水资源储量增长幅度最大的是湖南省，增长幅度达到 116%；而北京、天津、河北、内蒙古、辽宁、浙江、福建、江西、广东、海南、新疆等 11 个省、自治区、直辖市的水资源储量不增反降，水资源储量下降幅度最大的地区是天津市，下降幅度高达 60%。这些水资源储量下降的地区具有较为明显的区域集中性，大致集中在三个区域，北京、天津、河北、内蒙古、辽宁等五个省、自治区、直辖市相互毗邻属于同一个大的华北和东北南部区域，浙江、福建、江西、广东、海南五省相互毗邻同属于西南区域，而新疆幅员辽阔单独属于一个大的区域。与各省、自治区、直辖市经济发展状况相比较可以发现，各省、自治区、直辖市之间的水资源储量绝对数值差异和变化幅度差异与本地区经济发展状况的相关性并不显著，例如，无论是华北地区的北京、天津，还是西南地区的浙江、广东都属于中国经济发达地区，但是同样水资源储量减少的新疆却是经济发展相对落后的地区。水资源储量更多是取决于各省、自治区、直辖市自然资源禀赋情况和气候因素，由表 5-1 中数据明显可见，长江沿线区域是我国水资源储量最为丰富的地区。

表 5-1　2012~2020 年全国各省、自治区、直辖市水资源储量

（单位：亿立方米）

地区	2012 年	2013 年	2014 年	2015 年	2016 年	2017 年	2018 年	2019 年	2020 年
全国	29 526.88	27 957.9	27 266.9	27 962.6	32 466.4	28 761	27 463	29 041	31 605
北京	39.5	24.81	20.3	26.8	35.1	29.8	35.5	24.6	25.8
天津	32.94	14.64	11.37	12.8	18.9	13	17.6	8.1	13.3
河北	235.53	175.86	106.16	135.1	208.3	138.3	164.1	113.5	146.3
山西	106.25	126.55	111.01	94	134.1	130.2	121.9	97.3	115.2
内蒙古	510.25	959.81	537.79	537	426.5	309.9	461.5	447.9	503.9
辽宁	547.3	463.17	145.93	179	331.6	186.3	235.4	256	397.1
吉林	460.47	607.4	306.03	331.3	488.8	394.4	481.2	506.1	586.2
黑龙江	841.41	1419.58	944.34	814.1	843.7	742.5	1011.4	1511.4	1419.9

续表

地区	2012 年	2013 年	2014 年	2015 年	2016 年	2017 年	2018 年	2019 年	2020 年
上海	33.9	28.03	47.15	64.1	61	34	38.7	48.3	58.6
江苏	373.33	283.53	399.34	582.1	741.7	392.9	378.4	231.7	543.4
浙江	1444.79	931.34	1132.15	1407.1	1323.3	895.3	866.2	1321.5	1026.6
安徽	701	585.59	778.48	914.1	1245.2	784.9	835.8	539.9	1280.4
福建	1511.44	1151.9	1219.62	1325.9	2109	1055.6	778.5	1363.9	760.3
江西	2174.36	1423.99	1631.81	2001.2	2221.1	1655.1	1149.1	2051.6	1685.6
山东	274.3	291.7	148.44	168.4	220.3	225.6	343.3	195.2	375.3
河南	265.54	213.07	283.36	287.2	337.3	423.1	339.8	168.6	408.6
湖北	813.88	790.15	914.29	1015.6	1498	1248.8	857	613.7	1754.7
湖南	1988.94	1581.97	1799.43	1919.3	2196.6	1912.4	1342.9	2098.3	2118.9
广东	2026.55	2263.17	1718.45	1933.4	2458.6	1786.6	1895.1	2068.2	1626
广西	2087.4	2057.33	1990.9	2433.6	2178.6	2388	1831	2105.1	2114.8
海南	364.31	502.11	383.51	198.2	489.9	383.9	418.1	252.3	263.6
重庆	476.89	474.35	642.58	456.2	604.9	656.1	524.2	498.1	766.9
四川	2892.36	2470.27	2557.66	2220.5	2340.9	2467.1	2952.6	2748.9	3237.3
贵州	974.02	759.44	1213.12	1153.7	1066.1	1051.5	978.7	1117	1328.6
云南	1689.77	1706.69	1726.63	1871.9	2088.9	2202.6	2206.5	1533.8	1799.2
西藏	4196.35	4415.74	4416.3	3853	4642.2	4749.9	4658.2	4496.9	4597.3
陕西	390.49	353.78	351.64	333.4	271.5	449.1	371.4	495.3	419.6
甘肃	266.95	268.9	198.38	164.8	168.4	238.9	333.3	325.9	408
青海	895.22	645.61	793.86	589.3	612.7	785.7	961.9	919.3	1011.9
宁夏	10.81	11.4	10.07	9.2	9.6	10.8	14.7	12.6	11
新疆	900.63	955.99	726.93	930.3	1093.4	1018.6	858.8	870.1	801

数据来源：历年中国统计年鉴和各地区统计年鉴。

5.2.2　全国化肥施用量总体先升后降，各地区达峰时间先后有别

乡村环境改善是乡村绿色发展不可或缺的组成部分之一，而乡村土壤质量改进是乡村环境改善的重要内容之一。自土地分田到户改革以来的几十年，农民种植农产品的积极性得到了充分激发，但是在这一过程中农民基于自身利益最大化的考量，为了能够使种植的农产品产量更大、品相更好以及更好驱除农产品病虫害，逐渐用化肥取代了传统种植中使用的动物粪便等有机肥料，这确实达到了使用化肥的目的。化肥过量使用也带来了一些不容忽视的长期危害，比如，土地质量有可能会发生短期不可逆的变化，氮肥和磷肥残留过多的农产品会危害人类健康等。因此，在农产品种植过程中减少化肥施用量而多使用绿色无公害的全新种植方式方法是乡村绿色发展的题中应有之义。

自 2015 年 10 月党中央提出绿色发展理念以来，乡村绿色发展理念逐渐落实到乡村农户的具体行动中。从表 5-2 中可以明显发现，在 2012～2020 年这段时间区间内，全国化肥施用量在 2015 年达到全年施用化肥 6022.6 万吨的峰值，在 2015 年之前呈现出逐年上升的趋势，而在 2015 年之后呈现出非常明显的逐渐下降的趋势。全国化肥施用量变化的拐点与绿色发展理念提出的时间节点完全契合，2020 年，全国化肥施用量从 2015 年峰值时的 6022.6 万吨下降到 2020 年的 5250.7 万吨，下降幅度超过 10%。这也从客观数据上印证了绿色发展理念在乡村农业化肥施用量方面的具体体现，说明乡村居民在从事农产品种植时越来越注重绿色发展，逐渐减少了化肥的使用，而选择更加绿色高效可持续的农业种植方式。

在 2012～2020 年这段时间，全国各省、自治区、直辖市化肥施用量的变化情况走势和全国整体走势情况差别很大。根据 2012～2020 年化肥施用量峰值和变化趋势可以将全国各省、自治区、直辖市分为四种情况：一是有些省、自治区、直辖市化肥施用量峰值均出现在该时间段的第一年，也就是 2012 年，在这段时间内呈现出逐年下降趋势，主要有北京、天津、上海、江苏、山东、湖北、湖南、四川八个地区；二是有些省、自治区、直辖市化肥施用量峰值早于全国化肥施用量峰值年份（2015 年），主要有河北、山西、浙江、安徽四个地区；三是

有些省、自治区、直辖市化肥施用量峰值与全国化肥施用量峰值在同一年达到峰值，主要有辽宁、黑龙江、福建、江西、河南、海南、重庆、西藏、甘肃、青海十个地区；四是有些省、自治区、直辖市化肥施用量峰值晚于全国化肥施用量峰值年份，主要有内蒙古、吉林、广东、广西、贵州、云南、陕西、宁夏、新疆九个地区。从各省、自治区、直辖市化肥施用量达到峰值年份来看，根据中国地理区域分区，地域分布趋势表现得并不十分明显，像首年即达峰值的八个省、自治区、直辖市中有五个位于东部地区、两个位于中部地区、一个位于西部地区，当然东部地区（特别是华东地区）达峰年份总体上要早于中西部地区。与各省、自治区、直辖市经济发展状况相比，也可以得到与地域分布趋势类似的结论，绝大多数经济发展状况相对更好的省、自治区、直辖市比经济发展状况相对差一些的省、自治区、直辖市总体上会在化肥施用量方面率先达峰，但也存在一些例外的省、自治区、直辖市，像广东省属于中国经济最发达的省、自治区、直辖市之一，但其在 2016 年化肥施用量才达到峰值，滞后于全国总体变化趋势，这可能与广东省内地域发展的不平衡有关。

表 5-2　2012~2020 年全国各省、自治区、直辖市化肥施用量

（单位：万吨）

地区	2012 年	2013 年	2014 年	2015 年	2016 年	2017 年	2018 年	2019 年	2020 年
全国	5838.85	5911.86	5995.9	6022.6	5984.1	5859.4	5653.4	5403.6	5250.7
北京	13.67	12.78	11.6	10.53	9.7	8.5	7.3	6.2	6.1
天津	24.45	24.34	23.3	21.78	21.4	18	16.9	16.2	15.3
河北	329.33	331.04	335.6	335.49	331.8	322	312.4	297.3	285.7
山西	118.28	121.02	119.6	118.55	117.1	112	109.6	108.4	107.4
内蒙古	189.04	202.42	222.7	229.35	234.6	235	222.7	218.4	207.7
辽宁	146.9	151.76	151.6	152.09	148.1	145.5	145	139.9	137.6
吉林	206.73	216.79	226.7	231.24	233.6	231	228.3	227.1	225.3
黑龙江	240.28	244.96	251.9	255.31	252.8	251.2	245.6	223.3	224.2
上海	10.99	10.78	10.2	9.92	9.2	8.9	8.4	7.5	6.9
江苏	330.95	326.83	323.6	319.99	312.5	303.9	292.5	286.2	280.8

地区	2012 年	2013 年	2014 年	2015 年	2016 年	2017 年	2018 年	2019 年	2020 年
浙江	92.15	92.43	89.6	87.52	84.5	82.6	77.8	72.5	69.6
安徽	333.53	338.4	341.4	338.69	327	318.7	311.8	298	289.9
福建	120.87	120.57	122.6	123.8	123.8	116.3	110.7	106.3	100.8
江西	141.26	141.58	142.9	143.58	142	135	123.2	115.6	108.8
山东	476.26	472.66	468.1	463.5	456.5	440	420.3	395.3	380.9
河南	684.43	696.37	705.8	716.09	715	706.7	692.8	666.7	648
湖北	354.89	351.93	348.3	333.87	328	317.9	295.8	273.9	267.3
湖南	249.11	248.19	247.8	246.54	246.4	245.3	242.6	229	223.7
广东	245.38	243.91	249.6	256.46	261	258.3	231.3	225.8	219.8
广西	249.04	255.7	258.7	259.86	262.1	263.8	255	252	247.9
海南	45.53	47.57	49.5	51.14	50.6	51.4	48.4	46.3	42.6
重庆	96.02	96.64	97.3	97.72	96.2	95.5	93.2	91.1	89.8
四川	253.03	251.14	250.2	249.83	249	242	235.2	222.8	210.8
贵州	98.17	97.42	101.3	103.69	103.7	95.7	89.5	83.2	78.8
云南	210.21	219.02	226.9	231.87	235.6	231.9	217.4	204	196.7
西藏	4.99	5.7	5.3	6.03	5.9	5.5	5.2	4.8	4.4
陕西	239.8	241.73	230.2	231.95	233.1	232.1	229.6	202.5	201.9
甘肃	92.13	94.71	97.6	97.92	93.4	84.5	83.2	80.9	80.4
青海	9.3	9.8	9.7	10.13	8.8	8.7	8.3	6.2	5.5
宁夏	39.44	40.44	39.7	40.09	40.7	40.8	38.4	38.4	38.1
新疆	192.7	203.22	237.0	248.09	250.2	250.7	255	257.8	248.2

数据来源：历年中国统计年鉴和各地区统计年鉴。

5.2.3　全国乡村有效灌溉面积平稳增长，传统农业地区领涨全国

鉴于乡村有效灌溉面积在统计中主要是指农业有效灌溉面积，因此在分析全

国乡村有效灌溉面积时采用中国统计年鉴和各地区统计年鉴中的农业有效灌溉面积这一指标进行具体分析。根据2012~2020年中国统计年鉴中农业有效灌溉面积统计数据可以发现，全国农业有效灌溉面积从2012年的62 490.52千公顷增加到2020年的69 160.5千公顷，整体增长10.7%，增幅高于全国水资源储量同期增幅3个百分点。与全国水资源储量呈现出波动上升趋势有所不同，在2012~2020年这段时间区间内，每一年农业有效灌溉面积相对于上一年都有所增长，也就是说，全国农业有效灌溉面积一直呈现出逐年稳定增长的平稳趋势，这反映出我国乡村在积极扩大有效灌溉面积的同时也保持着比较好的平稳性和连贯性，并没有出现由于某一时期过度刺激导致数据大起大落的现象。

尽管全国农业有效灌溉面积整体上保持平稳增长趋势，但是由于中国各地在资源禀赋、发展方式、产业分布、发展目标等方面存在着巨大差异，全国各地农业有效灌溉面积并非像全国数据所呈现出来的结果那样均保持平稳增长态势，在绝对数量和增长幅度两个方面均存在着明显差异。从各地农业有效灌溉面积的绝对数量来看，农业有效灌溉面积较大的省一般都是属于我国的传统农业大省，像位列前三位的黑龙江、河南、山东均属于此类情况。而位列后三位的北京、上海、青海的情况不尽相同，北京、上海分别属于我国京津冀经济圈和长三角经济圈的核心区域，作为直辖市在土地面积方面本身就比一般省份要小，而且这两个直辖市由于土地资源稀缺而且产业发展以第二、三产业为主导，第一产业的相关需求主要依赖于其他地区的供给，主客观原因共同主导使得这两个城市农业有效灌溉面积相对较小，而且在2012~2020年这段时期农业有效灌溉面积减少幅度也是非常大，北京2020年的农业有效灌溉面积相对于2012年只剩略高于五成。与北京、上海相比，青海本身幅员辽阔，而且青海经济发展相对滞后，青海农业有效灌溉面积较少的主要原因是自身的资源禀赋，受制于该自然禀赋以及乡村开发水平，在过去相当长时间内，青海绝大多数地区属于不适宜乡村产业发展的地区，但青海在2013年、2014年农业有效灌溉面积大幅下降之后经历了连续几年的平稳增长，特别是随着乡村生产技术水平的提高，青海有望在未来实现农业有效灌溉面积的长期稳定增长。从变动幅度来看，31个省、自治区、直辖市中有21个省、自治区、直辖市在2012~2020年这段时间内农业有效灌溉面积是整体增长的，黑龙江在2012~2020年这段时间区间内增幅最大，增幅高达29%；

北京降幅最大,降幅为 43%。作为中国传统农业大省和全国最大的商品粮生产基地,黑龙江农业有效灌溉面积无论是在绝对数值还是变动幅度方面均居全国第一,这主要得益于黑龙江省近几年开展了一系列节水改造工程和大型灌区续建配套等项目,不断改造更新较多大型泵站,着力推动水利渠道防渗治理,大力发展该省水利建设工程。

表 5-3　2012~2020 年全国各省、自治区、直辖市农业有效灌溉面积

（单位：千公顷）

地区	2012 年	2013 年	2014 年	2015 年	2016 年	2017 年	2018 年	2019 年	2020 年
全国	62 490.52	63 473.3	64 539.53	65 872.64	67 140.62	67 815.57	68 271.6	68 678.6	69 160.5
北京	207.54	153.02	143.11	137.35	128.47	115.48	109.7	109.2	109.4
天津	337.04	308.87	308.87	308.87	306.62	306.62	304.7	304.8	299.1
河北	4603.07	4349.03	4404.22	4447.98	4457.64	4474.67	4492.3	4482.2	4470
山西	1319.06	1382.79	1408.17	1460.28	1487.29	1511.21	1518.7	1519.3	1517.4
内蒙古	3125.24	2957.76	3011.88	3086.9	3131.53	3174.83	3196.5	3199.2	3199.1
辽宁	1698.82	1407.84	1473.97	1520.31	1572.99	1610.55	1619.3	1629.2	1632.5
吉林	1851.87	1510.13	1628.43	1790.87	1832.17	1893.05	1893.1	1909.5	1905.4
黑龙江	4776.48	5342.12	5305.2	5530.84	5932.74	6030.97	6119.6	6177.6	6171.6
上海	199.02	184.09	184.09	188.21	189.81	190.76	190.8	190.8	165
江苏	3929.72	3785.27	3890.53	3952.5	4054.07	4131.88	4179.8	4205.4	4224.7
浙江	1471.02	1409.39	1425.37	1432.15	1446.31	1444.7	1440.8	1405.4	1415.7
安徽	3585.09	4305.53	4331.69	4400.34	4437.46	4504.14	4538.3	4580.8	4608.8
福建	968.51	1122.42	1116.12	1061.65	1055.37	1064.84	1085.2	1076.8	1110.4
江西	1907.06	1995.6	2001.57	2027.67	2036.83	2039.42	2032	2036.1	2038.5
山东	5058.11	4729.03	4901.95	4964.43	5161.16	5191.06	5236	5271.4	5293.6
河南	5205.63	4969.11	5101.15	5210.64	5242.92	5273.63	5288.7	5328.9	5463.1
湖北	2548.91	2791.41	2855.32	2899.15	2905.57	2919.17	2931.9	2969	3086
湖南	2715.78	3084.3	3101.7	3113.32	3132.37	3145.87	3164	3176.1	3192.9
广东	1874.44	1770.76	1770.99	1771.26	1771.71	1774.61	1775.2	1773.4	1776.5

地区	2012 年	2013 年	2014 年	2015 年	2016 年	2017 年	2018 年	2019 年	2020 年
广西	1541.29	1586.37	1600	1618.79	1646.07	1669.87	1706.9	1713.1	1731
海南	256.75	260.93	259.92	263.99	289.95	289.25	290.5	290.6	292.2
重庆	702.97	675.18	677.26	687.19	690.6	694.26	696.9	697.7	698.3
四川	2662.65	2616.54	2666.32	2735.09	2813.55	2873.1	2932.5	2954.1	2992.2
贵州	1214.57	926.9	981.83	1065.43	1088.07	1114.12	1132.2	1154	1165.5
云南	1677.9	1660.27	1708.97	1757.71	1809.39	1851.42	1898.1	1922.5	1978.1
西藏	251.04	239.27	244.03	247.8	251.53	261.23	264.5	275.9	282.8
陕西	1277.18	1209.94	1226.49	1236.77	1251.39	1263.09	1275	1285.2	1336.8
甘肃	1297.58	1284.08	1297.06	1306.72	1317.51	1331.43	1337.5	1328.3	1338.6
青海	251.67	186.9	182.49	196.99	202.35	206.61	214	213.3	219.2
宁夏	491.35	498.56	498.91	506.53	515.15	511.45	523.4	538.3	552.5
新疆	4029.07	4769.89	4831.89	4944.92	4982.03	4952.29	4883.5	4959.9	4893.4

数据来源：历年中国统计年鉴和各地区统计年鉴。

5.3 乡村产业结构演进影响绿色发展的博弈分析

从上述乡村绿色发展的现状分析可以发现，政府在乡村绿色发展过程中起着至关重要的作用，而且能够对乡村绿色发展产生比较大的影响。国内外学者围绕乡村绿色发展及其政府补贴激励作用进行了大量研究。早在 20 世纪 80 年代，叶谦吉等（1987）[1]就从生态乡村视角提出，生态乡村是一场乡村绿色发展变革。从总体视角看，中国乡村发展中长期存在的环境污染、能源消耗、供需矛盾等问题使得乡村发展方式转变势在必行，乡村绿色发展是一项需要兼顾生态环境、产品质量、资源利用效率等方面的内容丰富、体系完整的系统性工程，其核心内容是绿色农产品的生产和销售，主要动力是绿色农产品的市场前景和政府的财政扶持。从产业链视角看，乡村绿色发展涉及到产业结构调整、产业链的绿色化，是

---

[1] 叶谦吉、罗必良：《生态农业发展的战略问题》，载《西南农业大学学报》1987 年第 1 期。

农产品在全产业链上的绿色发展问题，应以全产业链的环境收益最大化为目标，采取恰当的治理决策和企业决策，实现环境污染成本的最小化。由于乡村绿色发展具有明显的外部性，同时具有一定的准公共物品属性，单纯采用市场机制运行必然会出现市场失灵问题，因此有必要采用政府调节和市场机制相配合的方式。政府调节的方式主要有财政补贴、融资支持、保险支持等。给予乡村绿色发展的参与主体以适当的补贴是最主要的政府调节方式，补贴标准应基于生态环境评估价值进行相应评估。

从参与主体视角来看，政府、乡村居民、消费者是乡村绿色发展最核心的参与主体。政府可以通过政策引导、制度约束等多种方式影响乡村居民对于乡村绿色生产方式的选择，这可以推动乡村居民实现收益最大化和福利最优化。与乡村发展方式的效率相比，乡村居民更倾向于选择那些符合制度约束的方式来规避合规风险。美国家庭农场在这方面体现得非常明显，尽管乡村绿色发展的经济效益更好，但为了满足合规要求仍然选择传统乡村发展方式。政府补贴的引导作用同样至关重要，它可以显著促进乡村绿色市场的发展。基于成本控制的考量，乡村居民也会倾向于过度使用化学肥料，这是乡村居民是否选择乡村绿色发展的重要影响因素之一。成本控制和收益保障是乡村居民利润最大化的根本所在，确保乡村绿色发展的成本优势和质优价廉至关重要。绿色农产品价格的保障能够显著提升乡村居民参与乡村绿色发展的参与意愿，价格保障本质上是乡村居民将农产品销售给消费者的绿色发展的最终实现阶段，因此消费者也是乡村绿色发展不可或缺的重要参与主体。

由此可见，厘清政府、乡村居民和消费者三者在乡村绿色发展之间的关系是实现乡村绿色发展的核心问题，对其良性发展具有重要的理论意义和现实指导意义。为此，本部分运用博弈理论，基于三方博弈模型研究了乡村绿色发展主体的最优策略及其动力机制。首先，构建了包含政府、乡村居民和消费者等参与主体的三方博弈模型，设定博弈环境和博弈规则；其次，分析不同博弈环境下的均衡结果，并对其进行横向比较，剖析差异性进而提炼其内生性动力机制；最后，给出相应结论和启示。本部分研究的重点问题是基于经济学中理性人的假设来分析上述三者在博弈过程中的最优化策略选择、均衡过程的形成机制以及最终的均衡结果。本部分的边际贡献主要在于以下几个方面：一是将政府作为乡村绿色发的重要参与主体内生化到三方博弈模型中，使各参与主体能够基于经济理性假设进行理性决策，得到符合各市场参与主体利益最大化的市场均衡结果；二是尝试性从乡村全产业链视角分析乡村绿色发展问题，拓展了原有绿色发展研究视角，将绿色乡村的生产、流通、交换、消费置于统一研究框架之内；三是从微观视角出发研究乡村绿色发展的微观基础，也就是将乡村绿色发展落脚到乡村绿色发展的生产、流通、交换、消费等渠道的畅通方面，一定程度上丰富乡村绿色发展的微观基础。

5.3.1　模型设定

　　绿色发展理念是将政府引入乡村绿色发展博弈模型的重要基础，鉴于党中央已经将绿色发展理念提高到重大国家战略高度，地方政府有责任参与到整个乡村绿色发展进程中，推广乡村绿色发展，助力绿色发展理念的全面落实。本部分假设政府参与乡村绿色发展的最终目标是实现乡村全产业链的绿色发展，其具体举措是直接推广绿色农产品和间接补贴生产绿色农产品的乡村居民。本部分在 Inderst 和 Ottaviani（2012）[1] 构建的博弈模型基础上进行相应扩展，原模型基于简化分析的考量假设产业链中端是零成本的，但在现实中，这一假设的适用范围非常狭窄，而本研究将产业链中的成本引入到模型中大大加强了模型的现实解释能力。

　　首先，假设消费者在两种农产品（用 n＝A，B 来表示，A 表示非绿色农产品，B 表示绿色农产品，非绿色农产品和绿色农产品可以近似看成完全替代品，仅在环保属性上有较大差别）之间选择购买最适合自己的非绿色农产品和绿色农产品，消费者是否决定购买哪种具体的农产品最终所能获得的效用取决于两个具体的状态变量 θ（用 θ＝A，B 来表示）。具体来说，在状态 A 下，非绿色农产品 A 比绿色农产品 B 更合适；在状态 B 下，绿色农产品 B 比非绿色农产品 A 更合适。同时假设如果消费者不购买任何一种农产品就不会获得任何效用。如果消费者最终所购买的那一种农产品与它的对应的状态变量是相互匹配的，那么消费者

---

〔1〕　Roman Inderst，Marco Ottaviani，"CompetitionThroughcommissionsand-kickbacks"，*AmericanEconomic Review*，Vol. 102，2012，pp. 780-809.

能够获得效用 ν_h，反过来的话消费者就只能获得一个较低的效用 ν_l（其中，$0 < \nu_l <$
ν_h）。同时，假设某个地方政府（以下简称政府）推广某种农产品的推广成本用
c_n 表示，政府提供给乡村居民的补贴用 f_n 来表示，但是政府只能通过乡村居民
将农产品销售给消费者，同时假设政府 A 比政府 B 推广成本更低，即 $c_B > c_A$。进
一步假设政府会对所有销售的农产品征收从量税，这部分费用相当于政府获得的
收益，最终将转嫁到农产品价格上。为简化模型，假定乡村居民不会从农产品销
售中获得收益而只从农产品补贴方面获得收益，进而可转化为农产品价格（等同
于税收）由政府制定并获得相应的收益。

其次，假设乡村居民提供每一种农产品都有一个概率，而他提供给消费者乡村
农产品 A 更适合消费者的概率为 q=Pr（$\theta = A$），q 具有连续的分布函数 $G(q)$，
而且它的密度函数定义为 $g(q) > 0(q \in [0, 1])$。这里沿用 Hotelling（1929）
在其经典模型中给出的基本设定，假设分布函数 $G(q)$ 是符合点对称分布特征
的，其对称点为 q=1/2，即 $G(q) = 1 - G(1 - q)$。同时为了保证政府在模型中的
目标最大化是符合类型的并且能够求解出结果，进一步假设其具有递增的危险率
$G(q)$，即

$$\frac{d}{dq} \frac{g(q)}{1 - G(q)} > 0 \tag{5.1}$$

基于 $G(q)$，其反向风险率是递减的，即

$$\frac{d}{dq} \frac{g(q)}{G(q)} < 0 \tag{5.2}$$

针对两种农产品的消费，消费者的期望效用分别用 $\nu_A(q) = q\nu_h + (1 - q)\nu_l$ 和
$\nu_B(q) = q\nu_l + (1 - q)\nu_h$ 来表示。本部分设定政府必须通过乡村居民将农产品销售
给消费者，假设消费者购买农产品的期望价格为：

$$\int_0^1 \nu_A(q) g(q) dq = \int_0^1 \nu_B(q) g(q) dq = \frac{\nu_h + \nu_l}{2} < c_A \tag{5.3}$$

同时，模型假设消费者只能通过乡村居民才能购买农产品，而且乡村居民在
给出具体的购买每种农产品的推广成本不能够超过消费者的条件期望效用，因此
假设消费者购买某一种具体的农产品所对应的条件期望价格为：

$$\int_{1/2}^1 \nu_A(q) \frac{g(q)}{1 - G(1/2)} dq = \int_0^{1/2} \nu_B \frac{g(q)}{G(1/2)} dq > c_B \tag{5.4}$$

再次，假设消费者是否能够购买到满足他们需求的农产品是乡村居民关心的问题，因为乡村居民是否能让消费者买到合适的名产品将会直接影响到他自己的声誉，乡村居民的推广成本和所获得的效用分别用 m 和 w 表示。如果消费者能够在乡村居民的建议下购买到符合他自身需求的农产品，此时乡村居民所付出的推广成本和所获得的效用分别为 m_h 和 w_h；如果消费者不能够在乡村居民的建议下购买到符合他自身需求的农产品，乡村居民所付出的推广成本和所获得的效用分别为 m_l 和 w_l；如果消费者的消费行为最终没有发生，那么乡村居民所付出的推广成本和所获得的效用分别为 m_0 和 w_0（其中，$w_h>w_l>w_0$，$m_h>m_l>m_0$）。符合消费者需求和不符合消费者需求者两种状态下乡村居民所获得效用的差额是 $w = w_h-w_l$，我们用它来反映乡村居民关心消费者能否购买到满意农产品的程度。

最后，整个博弈阶段一共分为三期（t=1，2，3）。当 t=1 时，为了确保乡村居民能够自发去生产并销售政府希望推广的某一种农产品，不同地方的政府部门会各自设定他们给乡村居民的补贴金额 $f_n(n = A，B)$ 以及相对应的农产品的推广价格 p_n；当 t=2 时，乡村居民会通过向消费者发送关于他所售卖的那些农产品的信息 I（I=A，B）来诱导消费者去选择某一种农产品进行购买；当 t=3 时，消费者基于自身利益考量做出最终的购买选择。在整个博弈中，政府制定的补贴和农产品价格会分别影响乡村居民和消费者的决策，乡村居民的建议会影响消费者决策，而消费者最终购买选择的匹配性反过来又会约束政府定价和乡村居民决策行为，三方之间存在着一定程度上的相互制约关系。

5.3.2 不同状态下的均衡结果及其对比

根据消费者对于乡村居民从政府那里获得的补贴情况是否知情乡村居民是否有成本，可以将整个模型分为四种情况：

表 5-4 博弈环境

消费者乡村居民	对补贴不知情	对补贴知情
无成本	乡村居民销售产品无成本、消费者对补贴不知情	乡村居民销售产品无成本、消费者对补贴知情
有成本	乡村居民销售产品有成本、消费者对补贴不知情	乡村居民销售产品有成本、消费者对补贴知情

接下来的我们将探讨这四种状态下的博弈均衡结果［最终的均衡结果分别用上标 $y(y=1,2,3,4)$ 标注］，并对不同博弈情况下博弈结果进行比较，进一步分析导致博弈结果差异的原因。

5.3.2.1　乡村居民销售产品无成本、消费者对补贴不知情的情况

如果乡村居民提供的购买建议是具有有效信息的，那么在均衡时每一种农产品都是可以在一个严格正的概率下销售出去的。乡村居民的最终收益取决于消费者最终的购买行为，如果乡村居民引导消费者去买非绿色农产品 A 时，那么他的期望收益为 $E_A(q)=f_A+qw_h+(1-q)w_l$；当乡村居民建议消费者购买绿色农产品 B 时，其期望收益为 $E_B(q)=f_B+(1-q)w_h+qw_l$。如果乡村居民对于消费者购买哪种商品没有明确差别，意味着 $E_A(q)=E_B(q)$，对此等式进行求解可以得到均衡概率为：

$$q^1 = \frac{1}{2} - \frac{f_A - f_B}{2w} \tag{5.5}$$

因为 $q \in [0,1]$，当 $f_A \geq f_B + w$ 时，令 $q=0$；当 $f_B \geq f_A + w$ 时，令 $q=1$。当 $q > q^1$ 时，$E_A(q) > E_B(q)$，这种情况下乡村居民会选择推荐消费者去消费非绿色农产品 A；反过来的话，乡村居民会选择推荐消费者购买绿色农产品 B。乡村居民和消费者的支付矩阵如下表所示：

表 5-5　支付矩阵

消费者乡村居民	购买非绿色农产品 A	购买绿色农产品 B
建议购买非绿色农产品 A	$E_A(q)$, $v_A(q') - p_A$	$E_A(q)$, $v_B(q') - p_B$
建议购买绿色农产品 B	$E_B(q)$, $v_A(q') - p_A$	$E_B(q)$, $v_B(q') - p_B$

对于消费者来说，他选择购买任何一种农产品花费的支出如果与他获得的效用是相同的，那么对他来说购买哪一种农产品都是一样的，即：$v_A(q') - p_A = v_B(q') - p_B$。根据该等式可得：

$$q' = \frac{1}{2} - \frac{p_B - p_A}{2(v_h - v_l)} \tag{5.6}$$

q' 意味着，在消费者不知道实际 q 值的状态下，消费者基于自己的判断对 q

值所做出的无差异购买决定的估计值。通过（5.6）式可以发现，q' 的数值由 $p_B - p_A$ 和 $v_h - v_l$ 决定，它的经济学意义是消费者购买到自己满意的农产品的概率 q 所对应的单位传递成本。

在纯策略博弈均衡中，消费者理性地通过乡村居民的期望均衡概率 q^e 和乡村居民的期望补贴 f_n^e 会让消费者去判断乡村居民传递给他们的信息。在不存在内部阈值的情况下，将 f_n^e 代入（5.5）式得到 q^e，采取与（5.5）式相同的处理方式。因为消费者的消费行为直接取决于消费者的期望值，因此政府在确定补贴费用时必须要考虑这一因素。基于这种理性判断，消费者最终选择消费那种农产品的条件期望价格分别为：

$$P_A(q^e) = \int_{q^1}^1 v_A \frac{g(q)}{1 - G(q^e)} dq \equiv E[v_A(q) \mid q \geqslant q^1] \tag{5.7}$$

$$P_B(q^e) = \int_0^{q^1} v_B \frac{g(q)}{G(q^1)} dq \equiv E[v_B(q) \mid q < q^1] \tag{5.8}$$

如果所制定的农产品的价格低于消费者意愿支付的条件期望价格显然并未达到最优；反过来如果农产品价格超过了消费者的条件期望价格，消费者也不会选择去消费这一种农产品。

在补贴既定的前提下，每个政府的期望收益取决于由实际均衡补贴 f_n^1 推导出来的实际均衡概率 q^1 会决定每个政府的期望收益。进而可以得到两家政府的期望收益分别为：

$$\pi_A = [p_A - f_A - c_A][1 - G(q^1)] \tag{5.9}$$

$$\pi_B = [p_B - f_B - c_B]G(q^1) \tag{5.10}$$

将（5.5）式中所得的 f_A 和 f_B 代到上面两个公式中，然后再进行相应的求导就可以推导出两家政府的最优反应函数为：

$$f_A = p_A - c_A - 2w \frac{1 - G(q^1)}{g(q^1)} \tag{5.11}$$

$$f_B = p_B - c_B - 2w \frac{G(q^1)}{g(q^1)} \tag{5.12}$$

在这里，类似于（5.5）式，上述两式是严格为正的；且由于 $q \in [0, 1]$，当 $f_A \geqslant f_B + w$ 时，令 $f_A = f_B + w$；当 $f_B \geqslant f_A + w$ 时，令 $f_B = f_A + w$。前面给出来

的危险率的假设条件（5.1）和（5.2）的单调性决定了公式（5.11）和（5.12）可以得到唯一的结果。根据乡村居民从两家政府那里获得的补贴的最优反应函数来看，在确定了实际均衡概率 q^1 的条件下，农产品价格 p_n 与获得的补贴 f_n 呈正相关关系，乡村居民对于消费者与农产品的匹配状态的关心程度 w 和推广成本 c_n 与获得的补贴 f_n 呈负相关关系。如果对应的推广成本 c_n 越低而相应的农产品价格 p_n 越高，政府最终获得的收益会变大，它去推广这种农产品的动力也会更强烈，相应的也会愿意支付给乡村居民更高的补贴 f_n。乡村居民对于农产品与消费者是否真正匹配的关心程度 w 是另外一个会影响到政府愿意给予乡村居民多少补贴的影响因素，假如乡村居民对于农产品与消费者是否真正匹配的关心程度 w 越低，那么政府补贴就会变得更加重要，政府也会给乡村居民更多的补贴。

根据 Inderst 和 Ottaviani 的证明，在博弈均衡时均衡不只存在而且唯一。在达到均衡状态时，消费者的实际均衡概率 q^1 和期望均衡概率 q^e 是一样的，他的实际均衡补贴 f_n^1 和期望补贴 f_n^e 相同。一旦偏离均衡状态，消费者和政府出于自身利益的考虑都会改变自己的行为，自发向均衡结果靠近

如果 $q = \dfrac{1}{2}$，把（5.7）和（5.8）式先后代进（5.11）和（5.12）式，再将得到的 f_n^1 代入（5.5）式，得到 $q^1 < \dfrac{1}{2}$，此时，$q^1 \neq q$，这显然不是均衡点。将（5.11）和（5.12）式分别对 q 求导得到：

$$f_A' = - v_A(q^1)\frac{g(q^1)}{1-G(q^1)} < 0 \tag{5.13}$$

$$f_B' = v_B(q^1)\frac{g(q^1)}{G(q^1)} > 0 \tag{5.14}$$

由上述两式可得，（5.5）式是一个与 q 相关的严格递增函数，在 $[0, 1/2]$ 区间内一定存在能够让 $q^1 = q < \dfrac{1}{2}$ 的一点，此时 $f_A > f_B$。如果均衡点 $q^1 = q > \dfrac{1}{2}$，必须保证 $f_A < f_B$，政府 B 获得更多的市场份额，但是 $c_A < c_B$，政府 A 的成本优势决定了他利润空间更大，他为了获得更多收益可以通过提高补贴水平的方式来获得更多市场份额，也就意味着这个均衡点并不稳定。均衡概率 $q^1 < \dfrac{1}{2}$，政府

A 比政府 B 获得更多的市场份额，政府 A 和政府 B 的市场份额之间的差额为 $1 - 2q^1$。

接下来我们分别把（5.11）和（5.12）式代进到（5.9）和（5.10）式，进而可以推导出来两个政府在达到均衡状态时的最大收益分别为：

$$\pi_A = 2w \frac{[1 - G(q^1)]^2}{g(q^1)} \qquad (5.15)$$

$$\pi_B = 2w \frac{[G(q^1)]^2}{g(q^1)} \qquad (5.16)$$

由均衡概率 $q^1 < \dfrac{1}{2}$ 可得：$1 - G(q^1) > G(q^1)$，$\pi_A > \pi_B$。也就是说，依靠自身的成本优势和相应获得的市场份额，更具有成本优势的政府收益更多。

5.3.2.2　乡村居民销售产品无成本、消费者对补贴知情的情况

政府支付给乡村居民的补贴有时或主动或被动的会传递给消费者。和不了解政府补贴信息时的状态有所差别，一旦消费者能够了解到相关补贴信息，他就能够计算出所对应的乡村居民的均衡概率 q^2，并且能计算出来自己购买某一种农产品的条件期望价格 $P_n(q^2)$，且 $P_n(q^2) = v_n(q^2)$（这是因为，当 $P_n(q^2) > v_n(q^2)$ 时，消费者不会选择购买该农产品；当 $P_n(q^2) < v_n(q^2)$ 时，政府可以通过提高农产品价格获得更多收益）。

令（5.9）和（5.10）式中的 $p_n = v_n(q^2)$，将（5.5）式中所得的 f_A 和 f_B 代到（5.9）和（5.10）式中去，并对它们分别进行求导，进而可以得到两家政府各自所对应的最优反应函数为：

$$f_A = v_A(q^2) - c_A - 2w \frac{1 - G(q^2)}{g(q^2)} \qquad (5.17)$$

$$f_B = v_B(q^2) - c_B - 2w \frac{G(q^2)}{g(q^2)} \qquad (5.18)$$

如果实际均衡概率 q^2 是确定的，其农产品价格 p_n 和真实均衡补贴 f_n^1 呈正相关关系，乡村居民对于农产品与消费者是否真正匹配的关心程度 w 与其推广成本 c_n 和呈负相关关系。与这个结果与（5.11）、（5.12）式得到的结果非常类似，最明显的差别是这里 $p_n = v_n(q^2)$。

类似于 $q^1 < \frac{1}{2}$ 的证明，可以求得 $q^2 < \frac{1}{2}$。在消费者不知道补贴的情况下，他的期望均衡概率和期望补贴决定他对两种不同农产品的条件期望效用，他的期望效用要比条件期望效用更低，即 $E[v_A(q)|q \geq q^1] > v_A(q^2)$、$E[v_B(q)|q < q^1] > v_B(q^2)$。如果结果反过来，政府并没有动机去隐藏他的真实补贴情况。当 $q^1 > q^2$ 时，将 (5.1) 式和 $E[v_A(q)|q \geq q^1] > v_A(q^2)$ 代入 (5.8) 和 (5.12) 式进行比较可得：$f_A^1 > f_A^2$。当 $q^1 \leq q^2$ 时，将 (5.2) 式和 $E[v_B(q)|q < q^1] > v_B(q^2)$ 对分别代入到 (5.9) 和 (5.12) 式中并进行对比可以发现：$f_B^1 > f_B^2$。这说明，一定有某一家政府可以使 $f_n^1 > f_n^2$。假设政府 A 在均衡时 $f_A^1 > f_A^2$，如果 $f_B^1 \leq f_B^2$，代入 (5.5) 式，可以得到 $q^1 < q^2$，这与前述将 (5.2) 式和 $E[v_B(q)|q < q^1] > v_B(q^2)$ 代入 (5.9) 和 (5.12) 式进行比较得到的 $f_B^1 > f_B^2$ 相矛盾。假设政府 B 在均衡时 $f_B^1 > f_B^2$，如果 $f_A^1 \leq f_A^2$，代入 (5.5) 式可以得到 $q^1 > q^2$，这与前述将 (5.1) 式和 $E[v_A(q)|q \geq q^1] > v_A(q^2)$ 代入 (5.8) 和 (5.12) 式进行比较得到的 $f_A^1 > f_A^2$ 相悖。可以明显得出如下结论：如果消费者对实际补贴情况知情，任何一家政府都会减少补贴。

将 (5.11)、(5.12) 式和 (5.17)、(5.18) 式分别代入 (5.5) 式得到：

$$\{E[v_A(q)|q \geq q^1] - c_A\} - \{E[v_B(q)|q < q^1] - c_B\} =$$
$$w\left[(1 - 2q^1) + 2\frac{1 - 2G(q^1)}{g(q^1)}\right] \quad (5.19)$$

$$[v_A(q^2) - c_A] - [v_B(q^2) - c_B] = w\left[(1 - 2q^2) + 2\frac{1 - 2G(q^2)}{g(q^2)}\right] \quad (5.20)$$

在 $q = q^1 = q^2$ 的条件下，(5.19) 和 (5.20) 式左边部分和右边部分都应该是分别相等的，对这两个式子进行变形化简后可以得到如下结果：

$$E[v_A(q)|q \geq q^1] - v_A(q^2) = E[v_B(q)|q < q^1] - v_B(q^2) \quad (5.21)$$

当 $q \in [0, \frac{1}{2}]$ 时，$E[v_A(q)|q \geq q^1]$、$v_B(q^2)$ 单调递减，$E[v_B(q)|q < q^1]$、$v_A(q^2)$ 单调递增，进而得到：$E[v_A(q)|q \geq q^1] - v_A(q^2)$ 单调递减，$E[v_B(q)|q < q^1] - v_B(q^2)$ 单调递增。前述提到 $E[v_A(q)|q \geq q^{ND}] > v_A(q^d)$、$E[v_B(q)|q < q^{ND}] > v_B(q^d)$，将 $q = \frac{1}{2}$ 代入 (5.21) 式，这个式子是一个等式而且结果是大

于零的。根据单调性假设，（5.21）式在 $q \in \left[0, \dfrac{1}{2}\right]$ 上不会有 q 能够使其成立，只会得到下面这样一种结果：$E[v_A(q) \mid q \geqslant q^1] - v_A(q^2) > E[v_B(q) \mid q < q^1] - v_B(q^2)$。在 $q \in \left[0, \dfrac{1}{2}\right]$ 上，如果（5.21）式成立，必然要求 $q^1 < q^2$。

5.3.2.3　乡村居民销售产品有成本、消费者对补贴不知情的情况

如果乡村居民是有成本的，而且乡村居民对消费者购买哪一种农产品的建议的成本也是不一样的，显然乡村居民向消费者推销不同农产品的期望收益也会不一样。如果乡村居民向消费者推销绿色农产品 A，所对应的期望收益是 $E_A(q) = f_A + q(w_h - m_h) + (1 - q)(w_l - m_l)$；当乡村居民建议消费者购买非绿色农产品 B 时，其期望收益为 $E_B(q) = f_B + (1 - q)(w_h - m_h) + q(w_l - m_h)$。如果乡村居民向消费者推销两种农产品是没有倾向性的，那么 $E_A(q) = E_B(q)$，进而可得：

$$q^3 = \frac{1}{2} - \frac{f_A - f_B}{2w'} \tag{5.22}$$

其中，$w' = (w_h - m_h) - (w_l - m_l) = w - (m_h - m_l)$；当 $f_A \geqslant f_B + w'$ 时，令 $q = 0$；如果 $f_B \geqslant f_A + w'$，令 $q = 1$。在这种条件下，消费者愿意去购买两种农产品的条件期望价格分别是：

$$P_A(q^3) = \int_{q^3}^{1} v_A \frac{g(q)}{1 - G(q^3)} dq \equiv E[v_A(q) \mid q \geqslant q^3] \tag{5.23}$$

$$P_B(q^3) = \int_{0}^{q^3} v_B \frac{g(q)}{G(q^3)} dq \equiv E[v_B(q) \mid q < q^3] \tag{5.24}$$

每个政府的期望收益分别为：

$$\pi_A = [p_A - f_A - c_A][1 - G(q^3)] \tag{5.25}$$

$$\pi_B = [p_B - f_B - c_B]G(q^3) \tag{5.26}$$

将（5.22）式中所得的 f_A 和 f_B 带入到（5.25）和（5.26）式，进一步对它们进行求导后就可以得到两家政府所对应的最优反应函数：

$$f_A = p_A - c_A - 2w' \frac{1 - G(q^3)}{g(q^3)} \tag{5.27}$$

$$f_B = p_B - c_B - 2w' \frac{G(q^3)}{g(q^3)} \tag{5.28}$$

每个政府均衡时的最大收益分别为：

$$\pi_A = 2w' \frac{\left[1 - G(q^3)\right]^2}{g(q^3)} \qquad (5.29)$$

$$\pi_B = 2w' \frac{\left[G(q^3)\right]^2}{g(q^3)} \qquad (5.30)$$

在这种情况下，均衡条件的变化会导致结果的变化，均衡补贴 f_n^3 不只由 m_h、m_l 决定，还要取决于 m_h、m_l。q^3 是 w' 的增函数，是 $m_h - m_l$ 的减函数。如果乡村居民成本 $m_h = m_l$，不会对均衡产生影响。如果 $m_h > m_l$，与乡村居民无成本、消费者不了解真实补贴的情况相比，$q^3 < q^1$，$f_A^3 > f_A^1$，$f_B^3 > f_B^1$。

与前面两种情况进行对比可以发现，在博弈过程中，博弈结果主要是受乡村居民在不同情况下的相对成本的影响，与它们的绝对成本没有关系。相对成本的差别会带来市场占有率的差别，也会导致补贴的差别。

5.3.2.4　乡村居民销售产品有成本、消费者对补贴知情的情况

因为这里假设消费者对补贴知情，乡村居民的均衡概率和前面相同情况下得出来的（5.22）式是一样的。与乡村居民在销售农产品时没有成本的情况有所差别，这种情况下每一家政府所确立的农产品价格由消费者的期望效用 $v_n(q^4)$ 决定，和消费者的条件期望价格没有关系。进而可以得到两家政府所对应的最优反应函数为：

$$f_A = p_A - c_A - 2\left[w - (m_h - m_l)\right] \frac{1 - G(q^4)}{g(q^4)} \qquad (5.31)$$

$$f_B = p_B - c_B - 2\left[w - (m_h - m_l)\right] \frac{G(q^4)}{g(q^4)} \qquad (5.32)$$

这个结果和第三种情况有相似之处，q^4 是关于变量 w' 的增函数，是关于变量 $m_h - m_l$ 的减函数。如果乡村居民的成本是一样的，那么就不会影响最终的均衡结果，这种情况下的结果和第三种情况下得到的结果就是一样的。假设 $m_h > m_l$，和第二种情况进行对比可以得到如下结果：$q^4 < q^2$，$f_A^4 > f_A^2$，$f_B^4 > f_B^2$。通过和第三种情况下的结果进行比较可以发现，在这种情况下，如果乡村居民在消费者购买任意一种农产品时的成本是一样的，那么结果和绝对成本依然没有任何关系，第三种情况与第四种情况的结果对比和第一种情况与第二种情况的结果对比

非常相似；如果 $m_h > m_l$，结合第一种情况和第二种情况下的对比结果，很容易发现：$q^4 > q^3$，$f_A^4 < f_A^3$，$f_B^4 < f_B^3$。

通过以上分析可以发现，影响最终博弈结果的主要是消费者对补贴情况是否知情以及乡村居民的相对成本。消费者对补贴情况是否知情与政府向乡村居民提供的补贴是负相关的，乡村居民的相对成本与政府向乡村居民提供的补贴是正相关的。相对成本的差异有利于具有成本优势的政府，消费者的知情情况有利于具有成本劣势的政府。

通过前面四种情况下的相互之间的对比，能够得出如下几组均衡概率和政府给予的均衡补贴之间的比较结果：$q^2 > q^1$，$f_A^2 < f_A^1$，$f_B^2 < f_B^1$；$q^3 < q^1$，$f_A^3 > f_A^1$，$f_B^3 > f_B^1$；$q^4 < q^2$，$f_A^4 > f_A^2$，$f_B^4 > f_B^2$；$q^4 > q^3$，$f_A^4 < f_A^3$，$f_B^4 < f_B^3$。

对上面的对比结果进行整合后可以得到如下几组关系：$q^2 > q^1 > q^3$，$f_A^2 < f_A^1 < f_A^3$，$f_B^2 < f_B^1 < f_B^3$；$q^2 > q^4 > q^3$，$f_A^2 < f_A^4 < f_A^3$，$f_B^2 < f_B^4 < f_B^3$。

对上述对比关系式进行分析可以发现，在第二种情况下，政府 A 的市场占有率最低，政府 B 的市场占有率是最高的，无论是哪一家政府向乡村居民所提供的补贴都是最低的；在第三种情况下，政府 A 在市场上所获得的市场占有率是最高的，政府 B 在市场上所获得的市场占有率是最低的，无论是哪一家政府向乡村居民所提供的补贴都是最高的。之所以会导致这样一种结果，主要原因有两个：一是消费者如果对补贴不知情，那么乡村居民对他的消费行为的影响就会更大，最终有可能导致他的期望效用的偏离程度更高；二是乡村居民是否真正关系消费者是否能买到真正符合他们需求的商品将直接影响均衡结果，特别是他们向消费者推销不同农产品时的相对成本之间的差额将显著影响最终的均衡结果。在第一种和第三种情况下，由于消费者对真实补贴不知情，乡村居民的销售信息会导致消费者的条件期望效用比他的真实期望效用更高，进而使政府在制定农产品价格时可以定价更高。政府的定价越高，利润空间越大，他愿意提供给乡村居民的补贴也会更多，这反过来也会激励乡村居民去更加用心地推销政府鼓励销售的农产品。具体到不同成本的政府上，很显然更具有成本优势的政府所能提供的补贴会更高，这会提高他的市场占有率。

5.3.3　结论与启示

尽管本书所设定的包含政府、乡村居民、消费者等三方的这个博弈模型在整个博弈过程中各参与主体并不是同时行动的，但是每一个行动者的行为并不是完全独立的而是会受到其他行动者行为的约束，也就是说，无论参与主体行动的顺序如何，并不会影响最后的结果。只有参与者们自身情况的差别和他们所处的博弈环境才是真正会影响到最终博弈结果的最重要的影响因素。基于前面的分析，本部分总结出以下几个方面的启示：

第一，不管是什么博弈环境，政府的成本优势都至关重要，具有成本优势的政府也更具有竞争优势，市场占有率也会更高，这也客观反映出为什么现实中非绿色农产品相较于绿色农产品市场占有率更高的部分原因。控制成本是政府在推广相应农产品时首先要考虑的问题，这能够直接提升它在市场上的竞争力。在乡村绿色发展的背景下，政府应该积极主动去降低绿色农产品的整体成本，这样才能使绿色农产品更受市场认可。成本有内部成本和外部成本，一般内部成本更容易控制，而外部成本由于受到的影响因素更多而控制起来会更加困难，这也督促政府通过提升内部的管理效率和治理能力来降低绿色农产品的整体成本。

第二，乡村居民对农产品匹配状态的关心程度直接关系到政府支付给乡村居民的补贴。乡村居民是否关心消费者能否购买到满足他们真正需求的农产品由两种情况下的相对成本和能获得的效用差值决定。两种情况下的相对成本差额越小，所获得的效用差值越大，乡村居民更关心消费者能否购买到满足他们真正需求的农产品，政府向乡村居民提供的补贴也会更低。在现实中，一种农产品的购买频次越高，乡村居民更关心消费者能否购买到满足他们真正需求的农产品，一种农产品的购买频次越低，乡村居民越会忽视消费者能否购买到满足他们真正需求的农产品。

第三，基于前一部分中第一和第二种情况、第三和第四种情况的比较可以发现，消费者对政府提供的补贴知情能够显著降低补贴金额和农产品价格，同时也能够弱化处于成本劣势地位的政府的竞争劣势，使市场占有率更加趋向均衡，市场结构也能得到一定程度上的优化。消费者和处于成本劣势地位的政府是披露补贴的受益方，他们会坚定支持披露补贴情况。披露补贴带来的补贴金额的降低会直接损害到乡村居民的利益，因此乡村居民没有主动披露补贴情况的动机。对具有成本优势的政府来说，是否愿意披露补贴情况相对复杂一点，他要对比由于披露补贴给他带来的市场占有率降低所导致的利益损失情况和补贴减少给他带来的成本节约情况之间的比较。当前，考虑到绿色生态新技术的引入会导致绿色农产品的生产成本相对于非绿色农产品更高，着力推广绿色农产品的政府对应模型中设定的处于成本劣势地位的政府。这启示政府在推广绿色农产品时，应该善于利用舆论宣传工具，营造良好的乡村绿色发展氛围，引导各市场主体积极参与到乡村绿色发展的各个环节中去，最终共同推动乡村绿色发展良性高效发展。

第四，制度和机制的设计将显著影响最终市场运行结果，因此政府做好制度和机制的顶层设计至关重要。无论是乡村领域的绿色发展，还是整个经济体系绿色发展的实现，都需要政府在尊重客观经济规律的前提下明确自身定位。政府应该以市场化思维为主导思想，坚持市场化引领的基本原则，设计恰当的市场化激励机制，激发出所有市场参与主体的活力。同时要注意制度设计的连贯性和延续性，形成具有长期性、稳定性、一致性的市场预期，这样可以显著减少政策变动风险给市场带来的不确定性，削弱非市场化阻碍因素的扰动，进一步降低市场参与主体的潜在风险。

第五，通过农业绿色流通实现乡村绿色发展需要政府不同部门之间加强配合，通过政府不同部门出台目标一致和联动性强的各项政策，一方面可以引导对应市场主体积极主动参与乡村绿色发展流通，另一方面还可以促进整个社会形成绿色发展的新思维共识，这能够从根本上降低政府的推广成本，使推广乡村绿色发展的政府由成本劣势转变为成本优势。同时也不仅能够促进乡村绿色发展还能够通过范围经济效应促进其他产业的绿色化发展，更好推动乡村绿色发展目标的实现。

本部分在整个研究中起到承前启后的作用，在前一部分乡村产业结构演进的时空特征研究基础上，进一步分析乡村产业结构研究影响绿色发展的机制，为后续乡村产业结构演进的环境效应研究、我国农业产业结构的变迁及绿色化发展研究等实证分析提供了必要的理论基础，使得后续实证研究的模型设定理论依据更加充分。通过对乡村产业结构研究影响绿色发展的机制进行系统研究，特别是通过三方博弈模型对乡村绿色发展的市场主体之间的博弈关系和博弈结果进行系统分析，能够为后续研究甄选影响因素、构建恰当的计量模型打下坚实基础，从理论层面有效规避了模型设定中的片面性和偏误性等问题。具体而言，在第五部分构建实证模型时充分考虑到本部分理论分析的研究结论，将乡村非绿色农产品的生产对应于乡村环境污染物排放这一具体指标，进一步把乡村环境污染物排放作为被解释变量，将乡村产业结构合理化指数和乡村产业结构高级化指数等作为解释变量进行研究；在第六部分结合我国农业产业结构变迁历程以及博弈模型研究结论明确提出了我国农业产业结构变迁的动力和农业产业结构演进影响绿色发展的路径分析，特别是其中的制度创新驱动和市场需求拉动两方面与本部分研究结论密切相关，农业产业结构调整引起要素流动和政策扶持的理论基础也是本部分的研究结论。

第6章　乡村产业结构演进的
环境效应研究

6.1　问题的提出

　　绿色发展是乡村振兴的内在要求。乡村产业振兴必须以绿色为底色、底线。近四十年来我国农业产值高速增长，伴随而至的是环境安全问题。土壤质量下降，化肥利用率、畜牧业禽粪便有效处理率与国际通行标准差距较大；乡村工业粗放式增长而大量排放污染物，严重冲击乡村环境。可见，产业结构与乡村环境污染息息相关。乡村产业结构从内容上涵盖产业结构高度化和合理化两个维度，二者共同构成乡村产业结构演进的整个链条。我国是一个农业大国，产业兴则乡村兴，乡村兴则国家兴，从产业结构高级化和合理化维度出发，研究其对乡村环境的影响，对于优化农村产业布局，促进"美丽乡村"具有重要现实意义。

　　学术界对于乡村产业结构演进的环境效应研究主要聚焦于产业结构与环境污染以及绿色发展关系，相关研究大体分为两个方面：一是产业结构与环境污染以及绿色发展的关系研究。Grossman 和 Krueger 于 1991 年提出环境库茨涅茨曲线，描述了经济增长和污染物排放量之间的关系。[1]已有研究文献表明，产业结构对于改善环境污染促进绿色发展具有关键作用并且存在一定的非线性关系。Shimada 等（2007）认为，污染物排放的减少，离不开产业结构升级和科技进步，产业结构调整能够提高产品质量，有利于保护环境，促进绿色发展。[2]2010 年

---

〔1〕　Grossman G. M., Krueger A. B., "Economic growth and the environment", *Quarterly Journal of Economics*, Vol. 2, 1995, p. 110.

〔2〕　Shimada K., Tanaka Y., Gomi Ket, "Developing a long-term local society design methodology towards a low-carbon economy: An application to Shiga Prefecture in Japan", *Energy Police*, Vol. 9, 2007, p. 9.

· 80 ·

时任中国人民大学环境学院院长马中教授指出："产业结构不改，环境灾难依旧"。[1]有学者指出，由于我国工业结构整体不强，产业结构升级与碳排放之间的关系还有待进一步深入研究。[2]还有一些学者认为二者之间存在双向关系，如刘金全和魏阙（2020）通过研究提出产业结构升级能够促进绿色发展，而绿色经济发展水平的提高也可以推动产业结构升级。[3]二是单一产业结构与环境污染的关系研究。①农业结构方面，国外部分研究认为经济增长与农业污染之间的可能存在 EKC 关系，其中对于农业碳排放，粮食作物占比贡献最高。国内目前的研究方向主要致力于农用化学品投入与人均 GDP 的 EKC 关系检验（廖卫东、刘淼，2020；曹俐、阮晨华、雷岁江，2021）。有学者从影响农业碳排放或农业面源污染的影响因素出发，探讨农业产业结构对环境的影响，其中多数研究结果都证实了农业经济增长是推动农业碳排放量激增的最主要因素（李波、张俊飚、李海鹏，2011；田云、尹忞昊，2022；宋常迎、郑少锋、于重阳，2023）。②工业结构方面，研究认为工业活动对环境及绿色发展的影响是至关重要的。诸多学者很早的研究就发现，工业"三废"排放量与人均 GDP 存在长期 EKC 关系（陈华文、刘康兵，2004；宋涛、郑挺国、佟连军，2007）。但是由于区域发展阶段、产业结构、技术水平和污染控制的不同，工业规模与工业污染物排放的关系也会有所不同。随着 20 世纪 90 年代传统乡镇企业的异军突起，乡村地区工业污染态势日趋恶化，特别是数量增长较快的重金属、重化工污染企业对农民健康、粮食安全和乡村可持续发展都形成了巨大的威胁。中西部乡村地区尤为严重，污染密集行业仍是乡村经济的支柱产业，工业结构亟需绿色转型。

　　已有研究对于理解乡村产业结构演进对环境以及绿色发展的影响具有重要启示，但仍有几个方面有待思考：关于产业结构环境效应的研究多集中于宏观层面，从乡村产业结构角度的考察相对来说还比较薄弱；现有研究多侧重从影响农业碳排放或者面源污染的因素着手，逆向研究产业结构因素在其中的作用，未能

〔1〕袁瑛：《"产业结构不改，环境灾难依旧"——专访中国人民大学环境学院院长马中》，载《南方周末》2010 年 8 月 5 日，第 C12 版。

〔2〕李斌、张晓冬：《中国产业结构升级对碳减排的影响研究》，载《产经评论》2017 年第 2 期。

〔3〕刘金全、魏阙：《创新、产业结构升级与绿色经济发展的关联效应研究》，载《工业技术经济》2020 年第 11 期。

对乡村产业结构对环境的作用机理和实现机制进行深入挖掘。有鉴于此，本部分试图从以下方面做出努力：其一，从乡村产业结构高级化和合理化两个维度出发，深入探讨其对环境污染的理论机制；其二，对于核心解释变量，同时涵盖乡村产业结构合理化和高级化及空间加权项，考察其对本地区及其他地区环境效应的影响，以期更加严谨地剖析我国乡村产业结构对环境污染和绿色发展的作用机理。

6.2　乡村产业结构演进影响环境与绿色发展的作用机理

产业的内部构成很大程度上会决定一个经济单位的资源消耗强度从而对污染物的排放起关键性作用。从产业结构合理化来讲，通过资源的合理配置，使生产要素在不同部门之间流动，按照流动方向筛选出产业集聚、集群形成条件及经济增长核心力量的主导产业。具体来看，乡村产业结构合理化将从以下三个方面来影响乡村环境：①乡村振兴战略下，农业结构不断优化，通过要素的重新配置，催生出如智慧农业、生物农业、订单农业等新型业态，提高了整个产业链的生产效率；②通过产业结构调整重组供应链上游和下游的投资结构和供给结构，乡村产业逐步向生态环境友好和资源友好型靠拢，提高要素生产率，推动形成农业绿色生产方式，从而促进乡村生态环境优化；③培育农业高新技术企业，利用技术溢出效应引领支撑农业、工贸、服务业转型升级和提质增效，逐步实现产业链的环境优化。此外，乡村产业结构合理化程度越高，产业之间资源配置效率越高，生产率越高，对污染物排放的抑制作用越大。

产业结构高级化的过程则表现为资源要素向技术、知识密集型产业集聚，这本身也是绿色发展的实现路径[1]。一方面，乡村产业振兴过程中，随着乡村新型业态的发展，其经济地位会逐步取代一些传统的重污染工业，另一方面，通过打造农业科技创新平台基地，面向绿色兴农重大需求，与科研机构、高校等的合作，加大绿色技术供给，推动清洁生产、污染治理技术的广泛运用，从而实现污

---

〔1〕 张治栋、秦淑悦：《产业集聚对城市绿色效率的影响——以长江经济带 108 个城市为例》，载《城市问题》2018 年第 7 期。

染防治。但是产业结构高级化的推进模式、推进速度与演进阶段对于能源节约与污染减少的作用程度也不一致，乡村产业结构高级化程度越好的地区，第三产业越发达，对传统的重污染行业的依赖就越少，越有利于环境的优化和绿色发展的实现。鉴于此，本文认为乡村产业结构合理化进程有利于环境污染物的减排，产业结构合理化程度越高，越有利于环境污染防治，更能促进绿色发展。产业结构高级化进程会抑制环境污染物的排放，产业结构高级化程度越好的地区，越有利于环境污染的防治，更好地实现绿色发展。

此外，产业结构还会产生空间外部性。早在十九世纪初期，马歇尔就提出产业集聚会在时间和空间上会产生知识扩散与互动效应，即动态外部性[1]。新古典经济学派的内生经济增长理论认为资本、知识、技术等生产要素都会产生外溢效应[2]。由于我国各个省、自治区、直辖市之间在经济资源、地理位置、文化乃至产业政策等方面的不同，产业结构存在着一定的地区差异，但是又不可避免地受到邻近地区的影响。我国是一个农业大国，约有6亿人生活在农村地区，占中国土地总面积的90%以上，各地区之间的经济活动也不可避免地受到邻近地区的影响。在生产要素能够合理流动的条件下，一个地区的产业结构优化升级会必然会产生空间溢出效应，对周边地区形成辐射，拉动其产业活动，形成正外部效应。但是由于乡村生产力发展的落后，资本、技术等生产要素的流动需要跨越某些门槛，加上地方保护等现实原因，产业结构外部性的实现可能会存在一定的障碍。

6.3　模型设定与实证分析

6.3.1　模型设定

1. 基础模型。为考察乡村产业结构对环境污染以及绿色发展的影响，先设定未考虑空间效应的面板模型。根据研究目标，本文分析的是全国29个省、自

[1] Marshall A., *Principles of economics*, London：MacMillan, 1809, pp. 203-221.

[2] Romar P. M., "Increasing Returns and Long-Run Growth", *Journal of Political Economy*, Vol. 94, 1986, pp. 1002-1037.

治区、直辖市，个体较少，因此将个体效应视为固定效应较为合适，同时借鉴 Grossman 和 Krueger（1995）的分析框架[1]，将乡村非绿色农产品的生产对应于乡村环境污染物排放这一具体指标，进一步把乡村环境污染物排放作为被解释变量，将乡村产业结构合理化指数和乡村产业结构高级化指数等作为解释变量进行研究，构建面板模型如公式（6.1）：

$$env_{it} = \beta_0 + \beta_1 tl_{it} + \beta_2 ts_{it} + \beta_3 X_{control} + \varepsilon_{it} \qquad (6.1)$$

式中，env 代表乡村环境污染物排放，tl 表示乡村产业结构合理化指数，ts 表示乡村产业高级化指数，$X_{control}$ 为一系列控制变量，包括农村人均收入水平（income）、对外开放水平（open）以及机械化水平（tech）等，ε_{it} 为独立同分布的随机误差项。

2. 空间效应模型。为了考察和测度可能的空间效应，本研究借鉴白俊红等（2017）的方法[2]，按照 SAR-SEM-SAC-SDM 这一路径对模型进行设定和检验，公式（6.2）（6.3）分别为相应的 SDM 和 SAC 模型。

$$\begin{aligned} env_{it} = &\beta_0 + \delta Wenv_{it} + \beta_1 tl_{it} + \beta_2 ts_{it} + \beta_3 X_{control} \\ &+ \theta_1 Wtl_{it} + \theta_2 Wts_{it} + \theta_3 WX_{control} + \varepsilon_{it} \end{aligned} \qquad (6.2)$$

$$env_{it} = \beta_0 + \delta Wenv_{it} + \beta_1 tl_{it} + \beta_2 ts_{it} + \beta_3 X_{control} + \mu_{it}$$

$$\mu_{it} = \lambda W\mu_{it} + \varepsilon_{it} \qquad (6.3)$$

当 $\lambda = 0$ 时，就是相应的 SAR 模型：

$$env_{it} = \beta_0 + \delta Wenv_{it} + \beta_1 tl_{it} + \beta_2 ts_{it} + \beta_3 X_{control} + \varepsilon_{it} \qquad (6.4)$$

当 $\delta = 0$ 时，则为空间 SEM 模型：

$$env_{it} = \beta_0 + \delta Wenv_{it} + \beta_1 tl_{it} + \beta_2 ts_{it} + \beta_3 X_{control} + \mu_{it}$$

$$\mu_{it} = \lambda W\mu_{it} + \varepsilon_{it} \qquad (6.5)$$

一般来说，最常用的空间权重矩阵有一阶邻接矩阵和逆距离矩阵。此外，基于经济相关性的空间权重矩阵也得到了广泛的应用。本部分采用白俊红等（2017）的方法，采用一阶邻接矩阵作为空间权重矩阵。

---

〔1〕 Grossman G. M., Krueger A. B., "Economic Growth and the Environment", *NBER Working Papers*, Vol. 110, 1995, pp. 353-387.

〔2〕 白俊红等：《研发要素流动、空间知识溢出与经济增长》，载《经济研究》2017 年第 7 期。

6.3.2 变量选取

1. 被解释变量。根据《中国环境年鉴》编制说明，从 1998 年开始，环境统计数据依据行业排污系数对乡镇工业污染进行了测算，本部分利用各地区"三废"排放量，采用熵值法来计算环境污染综合指数作为环境污染的替代变量，步骤如下：

（1）将指标无量纲化处理。对第 t 年农村工业废水、废气及固体废物排放量进行归一化处理，将不同量纲的指标无量纲化，处理公式为：

$$x'_{ij} = \frac{x_{ij} - \min\{x_{1j}, \cdots, x_{nj}\}}{\max\{x_{1j}, \cdots, x_{nj}\} - \min\{x_{1j}, \cdots, x_{nj}\}},$$
$$i = 1, \cdots, n, j = 1, \cdots, m \tag{6.6}$$

式中，x'_{ij} 为标准化后的无量纲化值；i 为年份；j 为环境污染指标；x_{ij} 为环境污染物的初始值；$\max\{x_{1j}, \cdots, x_{nj}\}$ 为第 j 项污染指标的最大值；$\min\{x_{1j}, \cdots, x_{nj}\}$ 为第 j 项污染指标的最小值。

（2）计算第 j 项指标下第 i 个地区的比重：

$$p_{ij} = \frac{x_{ij}}{\sum\limits_{i=1}^{n} x_{ij}}, \ i = 1, \cdots, n, j = 1, \cdots, m \tag{6.7}$$

（3）计算第 j 项指标的熵值：

$$e_j = -k \sum_{i=1}^{n} p_{ij} \ln(p_{ij}), \ \text{其中} \ k = 1/\ln(n) > 0 \tag{6.8}$$

（4）计算信息熵冗余度：

$$d_j = 1 - e_j \tag{6.9}$$

（5）计算第 j 项指标权重：

$$w_j = d_j \Big/ \sum_{j=1}^{m} d_j \tag{6.10}$$

（6）计算各地区环境污染指数综合得分

$$env_i = \sum_{j=1}^{m} w_j * p_{ij} * 10^3 \tag{6.11}$$

env_i 为第 i 年的环境污染综合评价指数；j 为环境污染指标；w_j 为第 j 种污染

物排放量的权重值。为便于计算，我们将其扩大10^3倍，环境污染综合评价指数越大，表示环境污染越严重。

2. 核心解释变量。乡村产业结构合理化（tl）：产业结构合理化是指产业与产业之间协调能力的加强和关联水平的提高，它是一个动态过程。本书引入干春晖等（2011）关于产业结构合理化程度的泰尔指数（tl）思想[1]，对其作如下定义：

$$tl = \sum_i^n \left(\frac{y_i}{y}\right) ln\left(\frac{y_i}{l_i} \bigg/ y/l\right) \tag{6.12}$$

y 表征三次产业的产值，l 表征三次产业的就业人数。从公式看，tl 代表了产业结构和就业结构的离散程度，tl 越大，偏离度越大，产业结构越趋于不合理。此外，本研究中乡村产业结构高级化（ts）用乡村第三产业产值占三大产业产值的比重表示。ts 越大，产业结构高级化处于上升状态，说明乡村产业结构在升级。

3. 控制变量。乡村人均收入（income）：经济增长是影响环境质量的重要因素，本研究以各地区乡村人均收入表示；

地区开放程度（open）：以各地区乡镇企业实际利用外资额来衡量；

乡村机械化水平（tech）：农业机械化的进步提高了劳动生产率，但是由此对环境造成的噪声、振动、废气和废弃物等各种污染也不容忽视，本研究中以各地区农业机械年末拥有量作为机械化水平的替代变量。

6.3.3 相关数据说明

相关数据主要来自于《中国农村统计年鉴》（1994~2017 年）、《中国乡镇企业年鉴》（1994~2006 年）、《中国乡镇企业及农产品加工业年鉴》（2007~2012 年）、《中国农产品加工业年鉴》（2014 年）以及《中国环境年鉴》（1994~2017 年）。由于乡镇年鉴近十年不再统计，只有县域年鉴，有些指标统计口径相差很大，部分乡村地区的数据存在缺失，很难估算，因此本文数据截止时间有些不统一。为了保持数据的完整性，在不改变模型分析结果的前提下为实现面板数据的平衡化，对于极个别缺失的数据采用均值法或零值填补，而对于缺失的 1997 年

---

[1] 干春晖、郑若谷、余典范：《中国产业结构变迁对经济增长和波动的影响》，载《经济研究》2011 年第 5 期。

以前重庆的少数样本数据，对其赋值为 1，以便于取对数后不改变数据原有属性。部分地区由于乡村地区数据缺失严重，包括上海、西藏、香港特别行政区、澳门特别行政区、中国台湾地区，排除在本研究范围，最终纳入分析的地区单元为 29 个。为降低异方差的影响，对控制变量取对数，数据的样本量、均值、标准差、最大值和最小值等信息如表 6-1 所示：

表 6-1　变量描述性统计

变量	样本数	平均值	标准差	最小值	最大值
env	638	34.0514	38.5568	0	241.2258
tl	638	0.472 639	0.199 563	0	1.043 939
ts	638	0.146 121	0.078 601	0	0.437 53
lnincome	638	8.125 791	0.901 167	0	9.958 213
lnopen	638	8.278 432	1.475 897	0	11.618 81
lntech	638	7.328 711	1.069 807	0	9.499 496

6.3.4　实证分析

1. 面板单位根检验。基于前述模型设定和检验思路，依次进行实证检验。本书选取样本时间为 1994~2015 年，时间跨度较长，为避免伪回归，在此之前有必要进行单位根检验。常用的单位根检验方法有 LLC、IPS、Fisher-ADF 等，检验结果如表 6-2 所示，从结果来看，除 Breitung test 外，本文的各个变量总体是平稳的。

表 6-2　面板单位根检验结果

变量	LLS test	IPS test	Fisher test
env	−7.2655***	−7.6564***	2.7012***
tl	−2.8533***	−2.9009***	5.5462***
ts	−5.3134***	−4.4737***	9.4894***
lnincome	−9.3465***	−4.9010***	115.3172***

续表

变量	LLS test	IPS test	Fisher test
lnopen	−4. 3355***	−4. 9604***	30. 9122***
lntech	−8. 1034***	−3. 5022***	56. 1082***

2. 普通面板回归。根据公式（6.1）进行面板回归，结果如表6-3所示。从控制变量看，乡村人均收入二次项与环境污染呈显著正相关，说明乡村经济的发展是以牺牲环境为代价的，乡村经济发展当时还没有达到环境库茨涅茨曲线的拐点。同样，农村机械化水平在各个模型中均在1%水平上呈显著正相关，对污染物排放起了助推作用。对外开放水平在1%水平上显著负相关，说明通过引进外资，产生技术、知识等效应的溢出，一定程度上抑制了环境污染。对于本文重点考察的产业结构变量，可以发现污染物排放与乡村产业结构演进具有极大相关性，在控制了地区效应和时间效应的情况下，各模型中的产业结构合理化系数为正，且至少在1%水平上显著，即产业结构合理化程度与环境污染排放量负相关，乡村产业结构合理化的演进能够在一定程度上对污染物排放起到抑制作用，符合预期。产业结构高级化的环境效应为负，且均在1%水平上显著，说明观察期内乡村产业结构的高级化进程抑制了环境污染物的排放，符合预期。

表6-3　普通面板回归结果

	（1）	（2）	（3）	（4）	（5）	（6）
tl	2. 155**	13. 56***	2. 813***	14. 85***		
	[0. 7517]	[0. 9134]	[0. 5997]	[0. 8453]		
ts	−9. 951***	−6. 921***			−9. 950***	−11. 04***
	[1. 7694]	[1. 6328]			[1. 7655]	[1. 1419]
lnincome	0. 365		−0. 332		0. 712	
	[1. 5850]		[1. 2644]		[1. 5870]	
lnincome2	1. 070***		1. 182***		1. 046***	
	[0. 1564]		[0. 1199]		[0. 1573]	

续表

	（1）	（2）	（3）	（4）	（5）	（6）
lnopen	-2. 908***		-3. 027***		-2. 976***	
	[0. 1790]		[0. 1554]		[0. 1828]	
lntech	4. 121***		4. 508***		4. 247***	
	[0. 5647]		[0. 5609]		[0. 5435]	
_cons	-47. 42***	9. 154***	-50. 53***	8. 437***	-48. 21***	14. 59***
	[3. 8901]	[1. 7423]	[3. 1373]	[1. 6336]	[4. 0072]	[1. 9781]
地区效应	控制	控制	控制	控制	控制	控制
时间效应	控制	控制	控制	控制	控制	控制
N	638	638	638	638	638	638

系数下方括号内为 t 值, *、**、*** 分别表示在 10%、5%、1% 的显著性水平上显著。

3. 空间计量回归分析。在进行空间回归之前，常用 Moran 指数法检验经济单位的空间相关性，通常，Moran 的 I 值越大，空间正相关越强，部分年份的全局 Moran Ⅰ 空间相关性结果如表 6-4 所示。

表 6-4　全局 Moran 指数

year	env	tl	ts
1997	0. 232***	0. 302***	0. 143*
1998	0. 193***	0. 347***	0. 136*
1999	0. 2***	0. 244***	0. 136*
2000	0. 118**	0. 183**	0. 176**
2007	0. 117**	0. 125**	0. 111**
2011	0. 191**	0. 162**	0. 094*
2012	0. 176**	0. 159**	0. 076**
2013	0. 168**	0. 076*	0. 063*
2014	0. 156**	0. 124*	0. 072*

*、**、*** 分别表示在 10%、5%、1% 的显著性水平上显著。

产业结构与环境污染的空间自相关检验表明，空间自相关显著存在。虽然环境污染的 Moran I 值表现出一定的波动，但总体保持在 0.15 左右的水平，具有较强的空间自相关。产业结构合理化和高级化的 Moran I 值虽然呈波动下降趋势，但总体表现出显著的正相关关系。为了进一步分析周边不同区域的环境污染，得到了 1994、2000 和 2015 年的 Moran I 散点图，如图 6-1 所示，大部分省、自治区、直辖市落在高-高区域（HH）和低-低区域（LL）。高-高区域（HH）位于第一象限，意味着在这个象限中，高污染物排放区域被其他高污染物排放区域包围；低-高区域（LH）位于第二象限，排放较低的区域被污染物高的地区包围；低-低区域（LL）位于第三象限，表明污染物排放较低的区域被其他排放较低的区域包围；高-低区域（HL）位于第四象限，表明污染物排放高的区域被其他排放较低的区域包围。从图 6-1 可以看到，局部空间分析与全局空间分析的结果大体一致，即我国乡村环境污染物排放呈现稳定的空间集聚效应。

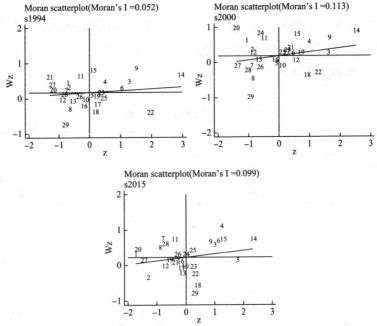

图 6-1　1994 年、2000 年、2015 年环境污染的 Moran 指数散点图

在对环境污染进行了空间自相关检验后，根据公式（6.2）-（6.5）依次对空间面板模型 SAR、SEM、SAC 和 SDM 等进行估计，Hausman 检验显示采用固

定效应，回归估计结果见表6-5。

表6-5　空间面板计量回归结果

	SAR	SEM	SAC	SDM	W_{econ}
tl	0.356*	0.239*	0.285**	0.476*	0.21*
	[0.1695]	[0.1023]	[0.0980]	[0.1048]	[0.0978]
ts	1.786***	−1.824***	−1.542***	−3.382***	−2.173***
	[0.2933]	[0.2329]	[0.2262]	[0.2246]	[0.2264]
lnincome	−0.521***	1.365***	1.246***	1.228***	1.321***
	[0.0613]	[0.0685]	[0.0673]	[0.0656]	[0.0616]
lnopen	0.490***	0.0332	0.0361	0.0596	0.0421
	[0.0444]	[0.0330]	[0.0316]	[0.0319]	[0.0310]
lntech	1.498***	0.488***	0.401***	0.526***	0.501***
	[0.0798]	[0.0584]	[0.0570]	[0.0576]	[0.0535]
W * tl				−0.0959*	0.048*
				[0.2034]	[0.2797]
W * ts				−1.406***	−1.461***
				[0.3474]	[0.4086]
ρ/λ	−0.0886***	0.917***	−0.240***	0.536***	0.639***
	[0.0258]	[0.0099]	[0.0299]	[0.0335]	[0.0468]
R²	0.7646	0.5365	0.632	0.8904	0.9097
N	638	638	638	638	638

系数下方括号内为 t 值，*、**、*** 分别表示在 10%、5%、1% 的显著性水平上显著。

从估计结果可以看到，空间项系数均非常显著，证实了产业结构的空间效应。从四类空间模型的回归效果看，SDM 较之其他三类模型的回归系数更为显著。进一步，我们进行了 Wald 检验和 LR 检验，结果表明，SDM 不能退化为 SAR 和 SEM 模型。从 SDM 模型回归结果看，各个变量的回归系数的基本方向与普通面板回归相同，不同的是 SDM 的产业结构演进指数系数的直接效应更小，这说明普通面板由于没有考虑空间效应而高估了产业结构的直接效应。此外，间接效应系数分别显著为正和负，说明其他农村地区的产业结构演进对本地区的环境污染起到了抑制作用，这与韩永辉等（2016）认为产业结构合理化和产业结构高度化在改进生态效率方面均存在空间外部性的结论存在一致性[1]。

4. 稳健性检验。通过构建经济距离空间权重矩阵来代替空间距离矩阵以检验上述结果是否平稳，如表6-5第六列所示，采用经济距离空间权重矩阵后与采用空间距离矩阵相比，回归结果总体没有发生根本性改变，这表明本部分的研究结果是稳健可靠的。

6.4 主要研究结论

实现产业兴旺与绿色乡村的内在统一是乡村振兴的重要课题。本研究在分析产业结构影响环境污染内在机制的基础上，利用1994~2015年我国29个省、自治区、直辖市的乡村地区的面板数据，采用普通面板以及SAR、SEM、SAC和SDM等空间面板模型进行检验，得到如下结论和启示：

1. 乡村环境污染存在正的空间外溢效应。生态环境好的地区应发挥好示范作用，带动落后地区的环境改善。各级政府在推动生态环境改善方面加强跨区合作，实现生态共赢。

2. 乡村产业结构演进与乡村环境污染物排放具有极大的相关性。乡村产业结构合理化、高级化进程均在一定程度上抑制了环境污染物的排放。因此应合理优化乡村产业布局，注重以本地的资源禀赋和历史文化为基础，壮大特色产业，提高产业发展的知识含量和技术含量，实现乡村产业发展与绿色发展的有机统一。

3. 本地区乡村产业结构的演进对其他省、自治区、直辖市的环境污染具有一定的抑制作用，具有正外部性。因此，地方政府在制定产业政策时，要有全国一盘棋的大局观，摒弃地方保护，注重与周边省、自治区、直辖市的协调发展，促进资源要素合理流动，不断提升我国整体的环境质量，加快各地绿色发展步伐。

---

〔1〕 韩永辉、黄亮雄、王贤彬：《产业结构优化升级改进生态效率了吗?》，载《数量经济技术经济研究》2016年第4期。

第7章 我国农业产业结构的变迁及绿色化发展研究

我国乡村产业结构中，农业结构至关重要。作为一个农业大国，农业承载了更多的历史、现实与未来重任。随着时代前行，农业产业结构也在不断变化。而今国家乡村振兴战略的实施与全力推进，为农业产业结构的调整提出了新的方向。

7.1 我国农业产业结构的变迁历程

7.1.1 农业产业结构的含义界定

关于农业产业结构的含义，学术界并未有统一的表达说法。通过查询文献发现，尽管对农业产业结构内涵界定有不同表达，但对其核心内涵的界定，学术界有比较一致的看法。

第一，农业产业结构是个系统性概念，而不仅仅指某一局部问题，它的要素包括结构整体是由哪几部分组成、组成结构的各部分之间如何相互联结以及结构整体具备的功能和性质。从世界农业发展的纵向历史来观察，组成农业产业结构的这三个要素部分并不是始终固化和不变的，受一定时空条件的影响，在不同国家农业的不同发展阶段呈现出不断变化的状态，但在一定时期也趋于相对稳定。

第二，狭义和广义之分说得到了更多的认同。学界普遍认为狭义的农业产业结构就是指农业内部各生产部门的组成及其相互间的比例关系、结合形式、地位作用和运动规律等，是一个既包括农作物栽培业（小农业）、林业、畜牧业、渔业之间的产值构成及内在关系，也包括这些产业内部各类农业品之间的关系。广义的农业产业结构包含的层次更为丰富，既包括农业在整个国民经济中的地位，也包括第一产业内部结构的变动，还包括区域间的农业产业结构问题。在不同国家，农业生产结构的各生产部门划分、各生产种类的划分都不完全相同。

农业产业结构的主要特点是产业间的相互关联性、动态性和多层次性，是农业生产资源合理配置的体现，它反映了农业生产力的合理组织形式，也是农业生产要素合理配置以及开发利用方面的一个基本问题，其合理与否对农业生产能否顺利发展起着至关重要作用。农业经济学中，农业产业结构的重要性受到学界业界高度关注和重视，成为本学科体系中一个重要组成部分和研究内容。

7.1.2 我国农业产业结构的演变历程

1. 农业产业结构演变的规律性。与经济发展相对应，产业结构也是逐步由低级向高级调整的动态演变过程。一般认为产业结构调整是由产业结构合理化和产业结构高级化两方面组成。产业结构合理化突出产业间的比例关系和相互作用关系之间的协调平衡性，避免出现某些产业部门滞后发展导致瓶颈制约，强调产业能够适应瞬息万变的市场变化，不会出现某些产业发展超出市场需求造成资源浪费，产业结构转换能力强，产生最佳效益；产业结构高级化又称为产业结构优化升级，是指产业结构系统由低技术水平、低附加值状态等较低级形式向高新技术、高附加值状态等较高级形式的提升过程。具体到农业产业结构合理化，主要是指农业内部各细分产业部门间的平衡协调度以及生产要素的合理有效利用，一般采取"结构偏离度"加以度量。农业产业结构高级化反映农业产业结构优化升级状况，表现为高附加值农业产业部门比重提升，经常以粮经作物面积比、林牧渔业产值与农林牧渔业总产值比、畜牧业与种植业产值比以及农业服务业与种植业增加值之比等指标衡量也包括农业产业部门技术水平的提高。

我国产业结构变动总体上看符合国际上产业结构演变的一般规律。如图 7-1 所示，我国 20 世纪 50 年代的产业结构处于"一二三"排序，1978 年改革开放之初三次产业比例为 27.7∶47.7∶24.6，产业结构已发生了重大转折，呈现"二一三"格局。到 20 世纪 80 年代中期，经过数年改革开放实践的推动，三次产业间的比例又有新的变化，第三产业超过第一产业，成为"二三一"排序，其中 1985 年三次产业比例为 27.9∶42.7∶29.4。根据国家统计局数据显示，2013 年，我国三次产业比重为 10∶43.9∶46.1,本年度第三产业比重首超第二产业,第三产业增加值的增速也超过了第一和第二产业,增强了对我国国民经济发展的主导作用,三次产业结构至此实现了由"二三一"向"三二一"的历史性转变[1]。党的十八大以来,我国开启新征程,经济发展进入新时代,呈现新气象,新理念新技术新业态新模式引领产业发展迈向中高端化。到 2021 年,我国三次产业比例调整为 7.3∶39.4∶53.3,第三产业的经济支撑作用进一步增强,"三二一"产业格局进一步巩固,这是我国经济发展迈向更高质量、更可持续方向、更高效益综合发展阶段的显著体现。

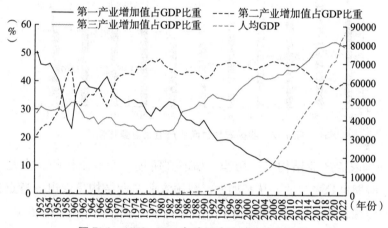

图 7-1　1952~2021 年我国产业结构演变趋势

　　农业产业内部结构也是随着生产力水平提高和经济发展变化而调整,数十年来,我国农业的基础地位不断得到巩固,农业产业结构逐步丰富化,改革开放初期是以单一种植业为主的传统农业方式,随着时代发展与社会变化,逐步转变为农林牧渔业全面发展。如图 7-2 所示,农林牧渔业总产值中,传统农业比重 1978 年为 77%,2021 年降至 53%,林、牧、渔业比重则分别由 3.4%、15% 和 1.6% 上升至 2021 年的 4.4%、27% 和 9.9%[2],表明我国农业产业结构的优化取得显著成果。

〔1〕《统计局:2013 年中国第三产业占比首超第二产业》,载 http://www.chinanews.com.cn/cj/2014/01-20/5755211.shtml,最后访问日期:2024 年 5 月 30 日。

〔2〕 数据来源:根据国家统计局数据库整理。

农业现代化不断跃上发展新水平，科技创新成果转化推广应用不断加强，引领农业迈向高质量发展，创新驱动乡村振兴取得重要进展。改革开放初科技对农业的贡献率仅为27%左右，2021年达到61%，农作物耕种收综合机械化率超过72%，主要农作物良种覆盖率稳定在96%以上，全国农产品加工转化率达到70.6%[1]。

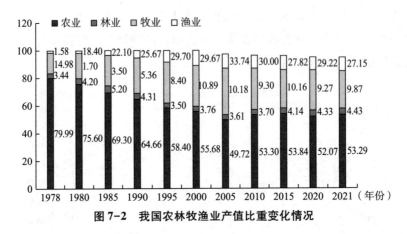

图7-2 我国农林牧渔业产值比重变化情况

2. 我国农业产业结构变迁历程。如前文所述，产业结构的特点是动态的，但在一定时期也是稳定的。从长期看，我国农业产业结构呈现出的特点亦如是。从最初的传统农业、计划体制农业到现代农业，我国农业产业结构在某一发展阶段有一定的稳定性，但会有结构方面的阶段性调整和演化。从经济发展史和农业内部结构变化的角度，本书将我国农业产业结构变迁过程划分为农业种植业为主阶段、非农产业快速增长阶段、"三高"农业发展阶段、探寻绿色安全生产阶段、全新发展阶段。

（1）农业种植业为主阶段（1949～1977年）。中华人民共和国成立之初，遭受长期战争影响，加之数千年封建小农社会传统，我国农业生产组织形式陈旧，农业生产力还很落后，农业生产效率低下，农民生产技能单一。

为改变这一旧面貌，解决农民吃饭穿衣难题，党中央开启了新时期农业革命

---

〔1〕《国家发改委：2021年农业科技进步贡献率达到61%》，载 https://finanice. sina. cn/jjxw/ 2022-09-28/doc-imqrmmtha9045622. shtml？cref=cj，最后访问日期：2024年5月30日。

运动，在全国农业合作化高潮蓬勃发展的形势下，出台《1956 年到 1967 年全国农业发展纲要》，对我国农业的长期奋斗目标作出了政策指导，对未来社会主义农村繁荣幸福的画面进行了描画。继之开展著名的深受农民欢迎的土地改革运动，为广大农民朋友变更了土地所有权。土地是农民的命根子。这一时期国家倡导大力改进农业生产技术，研制新式农业生产用具，积极推广先进农业生产技术以及优良品种。经过科学合理实际有效措施的有力推动，广大农民劳动热情空前高涨，劳动效率加速提高，劳动产出逐步丰富，为今后农业发展打下了良好的基础。

这一阶段，新生的中华人民共和国遭到以美国为首的帝国主义国家的经济封锁、政治孤立和军事包围，它们开展一系列围追堵截制裁措施。为应对西方强大敌对势力的干扰，大力发展工业加强工业生产力量成为这一时期经济发展的重点，将有限的财力物力集中于提高和改进工业技术，注重工业发展质量。当时我国综合国力尚弱，这样的选择势必会弱化农业发展的力量。但农业是国民经济的基础，尽管当时国内外大环境不利于农业发展，但在党中央正确领导下，全国各级地方政府领导群众备战备荒，逐步加强农村基础设施建设，开始兴修水利，修建道路，创造有利于农业生产活动的条件和环境，使得农业发展取得了一定程度上的阶段性胜利。

这一阶段，我国开始认识到农业科技发展的重要性，陆续成立一些农业科研机构。1950 年 2 月，华东农业科学研究所成立，这是中华人民共和国第一个综合性农业科研院所。另外，国家设立的农业科研机构中属于农业部的大区级研究所有 7 处、部直属专业所 7 个，省级试验场近二百处。农业部、林业部等均设有部属高等农业院校或者农业科研机构[1]。1957 年 3 月中央在北京成立了中国农业科学院，下属的农林牧副渔研究所逐年扩充。科研机构的完善和力量的加强更好的适应了经济发展需要，为我国农业的发展提供了较好的科技基础。

国家为适应特殊时期发展的需要，通过一系列制度变革积极推动工业化快速发展，但制度变革的外部性效应在这里有显著呈现，出发点为推动工业化进程的

---

〔1〕　农业部科技教育司编：《中国农业科学技术 50 年》中国农业出版社 1999 年版，第 55~ 57、60、128、70、72、73 页。

制度变革在某种程度上对农业经济发展产生了带动作用。

（2）非农产业快速增长阶段（1978~1991年）。1978年党的十一届三中全会的召开标志着我国进入改革开放的新历史时期。本次大会决定将党和国家工作重心转移到经济建设上来，走上了中国特色社会主义道路。改革开放从农村开启。顺应生产关系一定要适应生产力发展要求的经济规律，为改变广大乡村落后的面貌，扭转计划经济时代低下的劳动生产率，提高广大农民的积极性，在乡村开始逐渐推开家庭联产承包制。

家庭联产承包责任制是以农民一家一户为单位，采用包干到户的形式，承包集体经济土地等生产资料和生产任务，按照合约规定依法自主生产和经营。家庭联产承包责任制1978年首发于安徽农村，后因极大地调动农民积极性得以推广，成为我国农村集体经济的主要实现形式，也是我国广大农村劳动人民的伟大创造。这种农业生产责任制形式在1980年先是得到了邓小平的明确肯定，继之1982年到1984年中央连续下发的三个一号文件核心内容也是对此充分肯定，并积极给予政策上的鼓励引导。到1983年初，全国乡村就已有93%的生产队实行了这种责任制。

1978年3月全国科学大会召开，开启我国"科学的春天"，是我国科学技术事业的一次历史性转折，会上强调农业科技水平的重要性，为农业科技的创新提供了新的历史发展机遇。紧接着，1979年6月农牧渔业部就颁布了系列重要文件，就当时农业科研任务进行部署。在国家政策的倡导和鼓励下，我国农业科技工作者信心倍增，满怀豪情地投入科研工作，科技成果不断呈现，科研水平在这一阶段得到快速提升，积累了丰富而宝贵的新型农业实践经验，步入农业创新体系探索历程。

（3）"三高"农业发展阶段（1992~2001年）。至此，农村家庭联产承包责任制实施十余年，乡镇企业运行也已普及。它们在促进农村经济增长和农民收入增加的同时，因为发展理念、科技水平、短期行为、制度因素等的共同作用，也引发了土壤、种子、生态等系列环境安全问题。

为促进农业绿色可持续发展，从这一阶段开始，国家开启有关政策指导促使农业朝着可持续发展的方向迈进。1992年国务院发文倡导各地大力发展"两高一优"农业[1]。为稳定农民生产预期，改变农业生产的短期行为，促进土壤自然地力恢复和耕地可持续利用，国家此时修订土地承包政策，在第一轮土地承包期满后继续延长土地承包期 30 年，确保土地承包关系长期稳定。土地承包权的长期稳定有利于改变农业生产急功近利的短期行为，注意土壤自然地力的保护，更加科学合理的水肥使用，有助于农业生产力的提高。在这一时期，各地农村广泛利用科技手段扩种高效作物，积极开展特种养殖，选用高效品种，发展立体种养结合或者复合种植等高效模式，推广高效轻型栽培和耕作保护技术与生态减灾技术，建设高效农田，保护生态环境。

（4）探寻绿色安全生产阶段（2002～2011 年）。随着改革开放的不断推进，经济实力和人民生活水平的提升，人们的消费结构也在发生变化，对肉蛋奶类的需求急速上升，养殖业快速膨胀，由此引发的一系列环境问题逐渐加重。二十多年家庭联产承包责任制的实施，过量化肥农药使用造成土壤自然地力破坏，塑料薄膜的大量使用使土壤硬化严重，各地开发区蓬勃兴起，圈占耕地开而不发并不鲜闻。到新世纪之初，我国农业的生态环境所面临的挑战前所未有，已难以承受长期粗放式生产带来的资源、生态和环境压力。主要表现在：一是耕地资源紧缺，后备土地资源不足，耕地保护红线和粮食安全底线的守护面临重重困难；二是乡村生态破坏非常严重。轰轰烈烈的城镇化推进过程中，一些地方存在肆意毁林开荒、乱采滥挖、乱砍滥伐现象。同时，在 GDP 挂帅引领下，全国都是热火朝天的工地，在修路、建厂等过程中突出效率优先，各地经济建设忽视了生态保护和生态效益，导致全国各地生态破坏面日益增多，水土流失不断加剧，农田、草地等土壤退化沙化硬化严重、河流断流、湖库干涸等，严重影响了农业的可持续发展；三是乡村环境污染日益严重。每公顷土地使用的化肥是世界平均的 4 倍以上，70%的农药挥发在空中地上，每年百万吨以上的塑料薄膜被遗弃在土壤里，水源短缺，土壤和水体污染都不断在加剧，不仅空气污染指数超标，生存环境恶化，而且直接造成农产品污染，引发严重的食品安全问题，也使得我国进入了高成本时代。2006 年 6 月在《中国的环境保护（1996—2005）》白皮书发布

---

〔1〕《国务院关于发展高产优质高效农业的决定》，载 https://www.gov.cn/zhengce/zhengcelcu/2010-12/19/content_3274.htm，最后访问日期：2024 年 5 月 30 日。

会上，原国家环保总局副局长祝光耀指出我国一些地区环境污染和生态恶化还相当严重。我国的环境污染带来的经济损失可能占到国内生产总值的10%左右[1]。如图7-3所示，在2002~2006年五年间环境污染事件频发，造成直接经济损失近6亿。若从对生态环境破坏的角度来计算，我国每年因生态环境破坏造成的经济损失高达2.6万亿元[2]。由于农产品污染引发的食品污染和食物中毒事件频见报端。据卢良恕研究[3]，当时我国食品质量安全问题主要是因为卫生指标超标，过量使用化肥、农药等化学投入品，超量使用食品添加剂等，还有不良商家以次充好弄虚作假，坑害民众。据卫生部公布的数据，2007年一年内全国收到506起食物中毒事件报告，当年有13 280人中毒，258人死亡，这其中报告起数和死亡人数最多的是因为有毒动植物引起的食物中毒[4]。

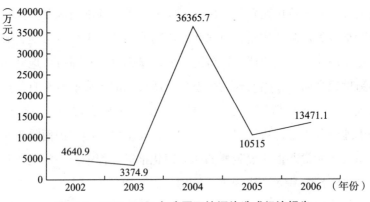

图7-3 2002~2006年我国环境污染造成经济损失

至此，加快农业可持续发展被提上重要日程。尤其是2001年11月我国正式加入WTO，这标志着我国的改革开放进入了适应国际化要求的新发展阶段。很显然，之前粗放的生产方式不能适应农业国际化要求，必须快速发展高效高产优

〔1〕《国家环保总局副局长祝光耀在国务院新闻办公室新闻发布会上的讲话》，载 www.scio.gov.cn/xwfb/gwyxwbgsxwfbh/fbh/202307/t20230704_722414_m.html，最后访问日期：2024年6月7日。

〔2〕《"中国进入高成本时代"系列分析之四 环境污染造成损失占我国GDP10%》，载《领导决策信息》2008年第50期。

〔3〕卢良恕：《建设现代农业，确保新时期国家食物安全》，载《中国农业信息》2008年第3期。

〔4〕《卫生部通报2007年全国食物中毒报告情况》，载 www.nhc.gov.cn/wsb/pwsyw/200804/25799.shtml，最后访问日期：2024年6月20日。

质生态农业。《中共中央、国务院关于促进农民增加收入若干政策的意见》(2004年中央一号文件)全面分析了农业新阶段的内涵和特征,指出,当前农村和农业发展中存在诸多问题,但最迫切最突出的是农民收入增长缓慢,农业发展困难。改变这一状况,需要从深化调整农业产业结构入手,积极推动粮食主产区产业化发展,改善贫困地区农民生存状况,全面挖掘农业增收潜力。农业部认为我国加快发展现代农业具有重大意义,明确"高产、优质、高效、生态、安全"是发展的方向。在这一时期,我国按照"3R"即"减量化(Reduction)、再利用(Reuse)、资源化(Resources)"的原则开展循环农业。通过农业产前、产中、产后多个环节标准体系的建设和实施,加快促进先进农业科技成果和经验推广运用。"无公害食品行动计划"以全面提高我国农产品质量安全水平为核心,实施以来有效地强化了农产品质量安全工作。健全食品安全法律法规,依法保障群众食品安全。国家推出的一系列政策措施,极大的保障了我国农业安全、农产品质量安全以及整个农业生态系统的发展态势,逐步朝着良性循环的方向发展。

(5)全新发展阶段(2012年至今)。2012年党的十八大胜利召开,开启了新的历史发展征程,农业产业结构也迎来新的优化调整机遇期。

这一阶段,党中央根据我国经济转型期农业农村经济发展面临的新问题和新挑战,针对性持续性增大惠农富农强农政策力度,农业农村改革力度超前,在诸多领域都取得历史性重大突破。从2014年开始探索农村土地经营权有序流转发展农业适度规模经营。针对我国农业发展严重的结构性问题,2015年1月农业部(已撤销)发布《关于进一步调整优化农业结构的指导意见》,就农业结构优化调整的方向进行了部署,要求实现"两稳两增两提"目标[1]。同年2月"农业供给侧结构性改革"这一新鲜提法通过中央农村工作会议首度进入公众视野。"十三五"(2016~2020年)期间,系统而深入的农业农村改革不断加强,2016年10月公布施行的《全国农业现代化规划(2016—2020年)》清晰地规划了未来五年农业现代化建设的战略方向和实施路径。党的十九大提出实施乡村振兴战

---

〔1〕"两提",即提高农业市场竞争力和可持续发展能力,使农业发展由数量增长为主真正转到数量质量效益并重上来,由依靠资源和物质投入真正转到依靠科技进步和提高劳动者素质上来。"两增",即农业增效、农民增收,实现农业整体素质提升和农民收入持续较快增长。"两稳",即稳定粮食产量和粮食产能,实现谷物基本自给、口粮绝对安全。

略，总要求是"产业兴旺、生态宜居、乡风文明、治理有效、生活富裕"，这成为新时代做好"三农"工作全面激活农村农业发展新活力的重要遵循。乡村振兴要有国家战略规划引领，2018 年公布施行的《中共中央、国务院关于实施乡村振兴战略的意见》《乡村振兴战略规划（2018—2022 年）》《农村人居环境整治三年行动方案》《中共中央、国务院关于打赢脱贫攻坚战三年行动的指导意见》等文件，比较系统地对乡村振兴战略进行了顶层设计，为乡村振兴战略具体实施提供了重要制度支持和有力政策保障。

随着农业农村改革深入和乡村振兴战略的持续推进，我国农业产业结构也作出了顺势调整。基于广大人民群众对食物消费需求呈现多元化品质化的趋势以及顺应经济规律发展要求，农林牧渔产业结构不断优化，发展更加均衡协调。2021年，农业产值占农林牧渔业总产值的 53.3%，林业、牧业、渔业产值分别占4.4%、27.1%、9.9%[1]。种植业结构上，畜禽、水产品、油料、牛奶、蔬菜等重要农产品提升，蔬菜产量首次超过粮食成为第一大农产品。这一阶段农业产业结构通过不断调整，农业产业结构继续优化，农业区域结构更趋合理，粮食生产能力登上新台阶（图 7-4），乡村经济不断发展壮大。

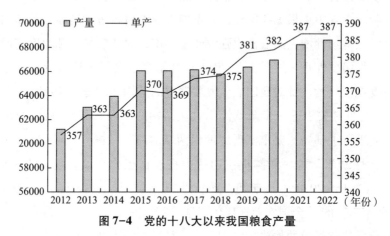

图 7-4　党的十八大以来我国粮食产量

---

〔1〕《农村发展新成就　乡村美丽宜业宜居——党的十八大以来经济社会发展成就系列报告之二》，载 http://www.stats.gov.cn/it_18555/ztfx/sbdesd/fzcj/202302/t20230222_ 1918212.html，最后访问日期：2024年 6 月 21 日。

7.1.3　我国农业产业结构的现状特征分析

随着时代变迁和社会发展，我国农业产业结构经历了数十年的不断调整，呈现出以下表现特征。

1. 农业产业结构总体趋于优化，内部结构相互关联协调性不断增强，产业链条逐渐延伸汇聚发展新动能。从前文研究可以发现，我国农业产业结构经过数十年的变迁调整，结构上的优化调整主要从三个方面得到体现：一是农、林、牧、副、渔"五业"全面发展，也就是大农业结构优化。数十年来，在"五业"中，种植业产值占农林牧渔业产值的比重下降，而林、牧、副、渔业比重不断上升，1978 年占比为 20%，2008 年占比 48.1%，2020 年占比为 42.8%[1]。二是种植业结构优化。改革开放以前，在"以粮为纲"指引下，我国各地农业单一地追求粮食作物产量，忽视了经济作物、绿肥作物、饲料作物、蔬菜、水果以及特种作物、特色产品等的生产，造成种植业结构非协调不平衡发展。改革开放以来，从不同时期经济发展水平和农业生产实际出发，我国先后进行了数次大的农业结构调整。在中央"决不放松粮食生产，积极发展多种经营""牢牢守住保障国家粮食安全和不发生规模性返贫两条底线"方针指引下，首先确保粮食供给，肉类、蔬菜、水果、水产品等各类食物也得到有效供给，优化了全国粮食作物、经济作物、饲料作物的种植结构。三是粮食作物内部结构优化。改革开放以来，我国南北方粮食作物内部结构得到适时调整。南方粮食作物由水稻占绝对优势，逐步过渡到种植谷子、高粱、薯类（甘薯、马铃薯）、玉米等各种粮食作物。北方粮食作物由以小麦为主扩展到玉米、大豆、薯类等领域。南北方粮食作物多样化，内部结构不断改善。此外粮经饲品种结构、品质结构、上市时间结构和区域布局结构等均逐步优化。

总之，经过数十年的改革发展，我国农业产业结构内涵不断丰富，农业经济实力逐渐壮大，农业的多功能性日益拓展，观光农业、休闲农业、体验农业、功能农业等迅速发展，农村产业融合加快，农村发展新动能在增强。农林牧渔业结构转化符合产业结构演变的一般规律，这充分说明我国逐步实现了以种植业为主

---

[1]　乔金亮：《大食物观引领林牧渔业变革》，载《经济日报》2022 年 9 月 8 日，第 6 版。

的传统农业向农林牧渔业全面发展的现代农业转变。

新型农业经营主体充分发挥了区域产业链条延伸、农业功能拓展等方面的优势和示范带动引领作用，创意农业、循环农业、设施农业和休闲农业等田园综合体农业新形态催生乡村产业新动能。设施农业跨越了从生产到消费的传统范畴，党的十八大以来发展明显加快，不仅推动了农民增收，也推动了农业企业生产的更新换代。根据中国农业科学院杨其长的调研发现，"截至2021年底，我国设施农业面积已达286万公顷，总产值超过1.4万亿元"[1]，同时产业链条不断延伸，在栽培技术、装备技术、温室工程技术等领域取得重大进展，冷链运输、产后加工、线上线下流通等功能逐步完善与加强，设施农业成为农业多功能拓展的重要载体，也产生了显著的社会经济效益。设施农业产值9800亿元，创造了4000多万个就业岗位[2]；2019年全国休闲农业、乡村旅游营业收入达8500亿元，乡村休闲旅游吸纳就业人数1100万，带动受益农户800多万户，产业带农增收作用显著，农村生产性服务业营业收入超过2000亿元[3]。从农业产业链条纵向延伸来看，产前、产中、产后环节联系日渐紧密。2012年国家首次实施农产品产地初加工补助项目，补助金额为5亿元，到2016年资金投入达到9亿元。2018年我国规模以上农产品加工企业7.9万家、营业收入14.9万亿元。乡村产业融合渐成趋势，农业产业化龙头企业8.7万家，其中国家重点龙头企业1243家[4]。2019~2022年间，休闲乡村旅游、农产品加工等营业收入同比增长率均不同程度的受到新冠疫情影响有所下降。

2. 农业生产区域布局在调整中不断优化，主产区优势逐渐彰显[5]。改革开放以来，我国农业生产逐渐向市场化方向转变，根据市场需求和变化适时调整生产结构。国家出台有关文件开展农产品主体功能区划分和优势农产品布局，促进

---

〔1〕 杨其长：《设施农业现状与发展评说》，载《中国农村科技》2023年第2期。

〔2〕 梁宝忠：《我国设施农业年产值达9800亿元》，载《中国食品》2019年第18期。

〔3〕《我国乡村旅游营收达8500亿元》，载 https://www.chinairn.com/hyzx/20210303/11363214.shtml，最后访问日期：2024年6月7日。

〔4〕《2018年规模以上农产品加工企业营收14.9万亿元》，载 https://baijiahao.baidu.com/s?id=1631428279089888686&wfr=spider&for=pc，最后访问日期：2024年6月7日。

〔5〕《农业生产跃上新台阶现代农业擘画新蓝图——新中国成立70周年农村经济社会发展成就报告》，载 https://www.stats.gov.cn/sj/zxfb/202302/t20230203_1900405.html，最后访问日期：2024年6月7日。

农业结构调整，农业生产区域布局日趋合理优化，主产区优势日渐凸显。就全国粮食生产分析，如图 7-5、7-6 所示，我国共有 13 个粮食主产区，稳产增产能力增强，确保国家粮食安全的作用增大。2021 年，全国粮食总产量又创新高，达到 68 285 万吨（13 657 亿斤），比 2020 年增加 1336 万吨（267 亿斤），增长 2.0%。2021 年北方 7 个粮食主产区，2021 年粮食总产量达到 6831.18 亿斤，占全国 50% 左右，堪称半壁江山[1]。在主要粮食品种中，2021 年，我国小麦种植面积为 23.57 百万公顷，产量为 136.94 百万吨，在全球比重约 17.6%，位列全球第一；单位面积产量也在全球范围内具有一定的领先优势。就经济作物生产区域来看，广西、云南、新疆等是我国糖料、棉花优势生产区域。糖料集中于广西、云南和广东三地。2021 年全国成品糖产量位居前三位。其中广西排名第一位，2021 年产量为 692.74 万吨，位居全国榜首[2]。2014 年我国在新疆实施棉花目标价格改革，本次改革吸取了东北大豆改革以及其他棉区改革的教训，经数年探索获得了成功经验，完善了棉花价格形成机制，促进了新疆棉花提质增效，

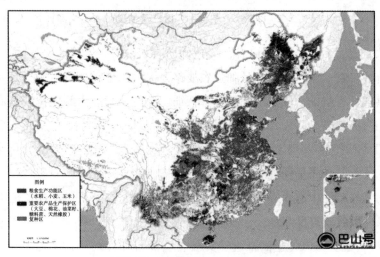

图 7-5　我国粮食生产区域分布

---

〔1〕《谁是产粮第一大省？这 7 个大省襄助了半个中国》，载 https://www.163.com/dy/article/HC890Q 5191CVN.html，最后访问日期：2024 年 6 月 7 日。

〔2〕《2021 年全国各地成品糖产量排名：广西排名第一》，载 https://www.askci.com/news/chanye/ 20220211/0901541744943.html. 最后访问日期：2024 年 6 月 11 日。

提升了我国棉花价格国际竞争力。据国家统计局核定，2021 年新疆棉花全区棉花种植面积 2506.1 千公顷，同比增加 4.2 千公顷，总产量 512.9 万吨，占全国棉花产量近九成；新疆棉花产量连续四年稳定在 500 万吨以上，占全国的比重连续五年超过 80%[1]。水果、蔬菜、花卉、苗木、烟叶、茶叶、中药材等作物产品生产，经常年实践，在全国范围内都已形成各自的优势区域和区域品牌。

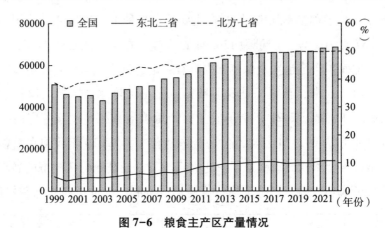

图 7-6　粮食主产区产量情况

3. 农产品品种结构优化提升，绿色优质有机农产品供给持续增加。国家积极推进质量兴农、绿色兴农、品牌强农战略，促使越来越多的乡村立足实际，以当地资源禀赋为基础，依据不同的生态特征、环境承载能力等优化调整农产品品种结构，构建"安全标、绿色标、优质标、营养标"为梯次的标准体系，实施"籼改粳""精提优"，不断改善提升农业绿色优质有机化、特色品牌化水平，加快加大了农业向高质量发展迈进的步伐。据农业农村部数据，2022 年全国水稻、玉米、大豆等品种中有 3 成实现了优质专用[2]。优质强筋小麦种植范围不断扩大。在绿色优质农产品认证上，随着《绿色食品标志管理办法》《原产地域产品保护规定》（已失效）《全面推进"无公害食品行动计划"的实施意见》《有机产品认证管理办法》的陆续出台，无公害农产品、绿色食品、有机农产品和农产

---

〔1〕　高峰：《2021 年新疆棉花产量占全国产量近九成》，载《新疆日报》2021 年 12 月 17 日，第 A01 版。

〔2〕　《优化品种结构 促进粮食丰产农民增收》，载 https://www.moa.gov.cn/ztzl/ymksn/spbd/xwzbj/202209/t20220913_6409186.htm，最后访问日期：2024 年 6 月 21 日。

品地理标志（简称"三品一标"）认证制度体系逐渐完善。2018 年启动无公害农产品认证制度改革，合并产地认定与产品认证，并下放至省级农业农村部门负责。截至 2021 年底，农作物良种覆盖率超过 96%，自主选育品种占 95%，良种对粮食增产贡献率已超过 45%。畜禽、水产种源自给率分别超过 75% 和 85%[1]。累计创建认定特色农产品优势区 308 个，优势特色产业集群 100 个，省级农业农村部门纳入目录重点培育创建的农产品公用品牌 3000 个，企业品牌约 5100 个，产品品牌 6400 个[2]。农业生产"三品一标"水平稳步提升。2021 年 3 月，农业农村部办公厅印发《农业生产"三品一标"提升行动实施方案》。传统的"三品一标"侧重于对产品的要求，新"三品一标"即品种培优、品质提升、品牌打造和标准化生产，是适应农业进入高质量发展阶段的内在要求，是对传统"三品一标"的拓展和深入，从单纯侧重产品向农业生产的全过程、全产业链延伸[3]。截至 2021 年底，认定全国绿色、有机和地理标志农产品超过 5.9 万个[4]。因为坚持绿色兴农、质量兴农引领，我国积极探索绿色低碳生态高产高效技术模式，扎实推进化肥、农药减量增效，大力推广节水农业，节本增效成果明显，农业绿色可持续发展得以不断推进。据测算，化肥利用率提高 2.6 个百分点，相当于减少尿素用量 130 万吨（实物量），减少生产投入约 26 亿元。农药利用率提高 2.2 个百分点，相当于减少农药使用量 3 万吨（实物量），减少生产投入约 12 亿元[5]；数十年来，我国农业绿色生产化能力与水平不断取得新突破，"十三五"以来成效卓著，如图 7-7 所示。综合农业农村部和重要媒体报道，2020 年，我国水稻、小麦、玉米三大粮食作物平均化肥利用率从 2015 年的 35% 提高到 40.2%，农药利用率从 2015 年的 36% 提高到 40.6%[6]；全国农田灌溉水有效利

〔1〕《我国农作物良种覆盖率超过 96%》，载《南方农村报》2021 年 10 月 12 日，第 4 版。

〔2〕高文、赵宇恒：《以品牌引领农业高质量发展——写在第六个"中国品牌日"》，载《农民日报》2022 年 5 月 10 日，第 1 版。

〔3〕牛坤玉、金书秦：《提升农业生产"三品一标"实现农业高质量发展》，载《农民日报》2021 年 4 月 24 日，第 3 版。

〔4〕高文、赵宇恒：《以品牌引领农业高质量发展——写在第六个"中国品牌日"》，载《农民日报》2022 年 5 月 10 日，第 1 版。

〔5〕刘慧：《化肥农药减量增效促绿色发展》，载《经济日报》2017 年 12 月 22 日，第 3 版。

〔6〕《我国三大粮食作物化肥农药利用率双双超 40%》，载 www.kjs.moa.cn/gzdt/20210111t20210119_6360102.htm，最后访问日期：2024 年 6 月 21 日。

用系数从原来的 0.3~0.4 提高到 0.559；2021 年我国农作物秸秆综合利用率达 88.1%[1]；畜禽粪污综合利用率达 75%，比 2015 年提高了 10%；甘肃等地膜使用重点地区废旧地膜当季回收率 80%[2]。

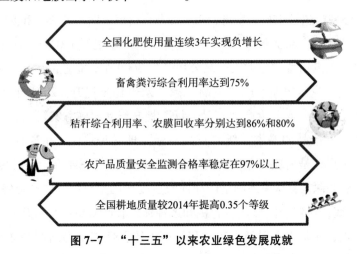

全国化肥使用量连续3年实现负增长

畜禽粪污综合利用率达到75%

秸秆综合利用率、农膜回收率分别达到86%和80%

农产品质量安全监测合格率稳定在97%以上

全国耕地质量较2014年提高0.35个等级

图 7-7　"十三五"以来农业绿色发展成就

4. 现阶段农业产业结构中仍存在亟待调整改善的空间。主要包括：低档次、低附加值农产品比重仍然很大，优质绿色高效的农产品比重小；农产品雷同化和单一化现象严重，各地区域优势未能充分发挥；与农业有关的龙头企业数量少、辐射带动作用面小，农业产业化链条有待进一步延伸。

7.1.4　我国农业产业结构变迁的动力

中华人民共和国成立特别是 1978 年改革开放以来，我国不断深化政治体制和经济体制改革，市场化进程持续推进，充分调动各类农业生产要素，农业产业结构在调整中不断优化，农业经济增速喜人，农民收入增加显著。据国家统计局数据，2021 年第一产业 GDP 为 83 085.5 亿元，占比 7.3%，是 1978 年 1027.5 亿元的八十多倍；农村居民人均可支配收入 18 000 多元，与 1978 年的 133.6 元相

〔1〕《农业农村部：2021 年我国农作物秸秆综合利用率达 88.1%》，载 finance. people. com. cn/nl/ 2022/1011/clcc4-32542945. html，最后访问日期：2024 年 6 月 15 日。

〔2〕《"十三五"以来全国秸秆综合利用率达 86%，畜禽粪污综合利用率达 75%》，载 http:// www. gov. cn/xinwen/2020-11/20/content_5562821. htm，最后访问日期：2024 年 6 月 21 日。

比整整翻了 140 多倍,农民生产生活水平迈上新的台阶。

从经济学角度来看,供给与需求是最基本的分析工具,一般经济学推理都会用到这样那样的供给和需求分析。从农业生产结构转变的动力看,也离不开供给与需求两个方面。其中,从需求方面分析,是随着经济增长和人均国民收入水平提高而不断产生的新的消费需求,消费者选择呈现出多层次、个性化、品质化的特点,这就为农业结构调整提供了必要性;供给方面,则伴随着农业技术的快速发展与进步,农产品生产能力得以不断提高,这就为农业生产结构调整提供了可能性。供需相互结合则为农业生产结构调整提供了强大动力并最终使之成为现实[1]。具体到我国农业产业结构的演变,驱动因素是多方面的,在不同阶段起主要作用的因素也有所差异。从第 5 章博弈分析结果发现,政府、农户和消费者在乡村产业结构变迁中均会起到至关重要的作用,政府可以在制度层面起到相应影响,而农户和消费者会对市场需求产生直接影响。总体分析,我国农业产业结构演变驱动力主要表现在以下几点:

1. 制度创新驱动。在我国乡村经济发展的数十年历程中,通过制度创新,不断建立符合不同时期农村社会经济发展实际情况的制度安排,成为推进乡村经济发展的重要推动力,也成为推动乡村产业结构变迁的直接原因。

制度经济学领军人物诺斯在关于制度变迁研究中,提出了著名的诱致性制度变迁理论,该理论指出利益诱致是制度变迁的根本动因。如果在现存制度下各方利益均能达到帕累托最优,人们对于这种制度变革的欲望就会减少或者消失,否则针对现存制度的不满,人们为争取更多的获利机会就会出现强烈的制度变革的诉求。从人类历史的发展过程分析,随着历史的不断推进、时代的更迭变迁、生产力的逐步提高和社会的发展进步,没有任何一种制度能够长盛不衰地满足人们利益最大化,因此,制度生生不息的变迁就成为一种常态。我国广大乡村改革发展的过程其实就是一系列制度变迁与制度创新的过程。2008 年全国政协常委、政协经济委员会副主任,中央农村工作领导小组原副组长兼办公室主任陈锡文接受新华社记者采访,认为我国农村改革 30 多年,主要是迈出了三大步:第一步是以家庭承包经营为核心,建立农村基本经济制度和市场机制,保障农民生产经

---

〔1〕 李成贵:《农业生产结构及其变革的国际比较》,载《世界农业》1996 年第 8 期。

营自主权；第二步是以农村税费改革为核心，统筹城乡发展，调整国民收入分配关系；第三步是以促进农村上层建筑变革为核心，实行农村综合改革，解决农村上层建筑与经济基础不相适应的一些深层次问题[1]。

改革开放以来我国农民的三个伟大创举包括实行家庭联产承包责任制、乡镇企业异军突起、发展农业产业化经营既是农民解放思想、转变观念的体现，也是乡村产业结构调整的契机。

20世纪80年初农村家庭联产责任制的实施实则是穷则思变的实践。它一改过去多年集体劳作出工不出力的状态，扭转了农民吃"大锅饭"观念，多劳多得成为现实。引领着亿万农户在中国农村大地上掀起了一场声势浩大、影响深远的历史性变革，同时也开启了中国农村经济发展的一个崭新时代。

乡镇企业的异军突起带动了乡村产业结构变革。改革开放后，乡镇企业异军突起，带动农村产业结构、就业结构变革和小城镇发展，开创了一条有中国特色的农村现代化道路[2]。自从改革开放以来，乡镇企业发展势头迅猛，带动了小城镇的发展，并促进了农村产业以及就业结构的变革，打造了一条专属于农村的现代化道路。

近些年实行的农地制度创新，更加转变了农民过去单打独斗的个体劳作模式，树立合作共赢理念，促使农村经济规模运行，农业产业化程度不断加深；加强农村交通建设，物流业得以发展，延伸了农民生存空间，等等。

2. 市场需求拉动。农业产业结构调整要以市场需求为导向。随着我国农业生产力水平的提高，农产品供求关系也在变化，粮食产量经过多年丰产后库存居于高位，而牧业、渔业等市场需求量大、价格高、需求弹性大的农产品生产提上重要日程。市场需求推动农业生产从满足人们的生存需求逐渐向追求优质化、品种化、多样化的消费需求转变。

从20世纪90年代中后期开始，伴随着我国工业化、城市化的快速推进和经济发展水平的提高，城乡居民人均纯收入增加，人们生活水平得到极大改善，消

---

〔1〕《尊重农民权利——30年中央农村工作文件制定访谈录》，载 https://www.gov.cn/jrzg/2008-10/08/content_1114632.htm，最后访问日期：2024年6月15日。

〔2〕《中共中央关于农业和农村工作若干重大问题的决定》，载 www.reformdata.org/1998/1014/4577.shtml，最后访问日期：2024年6月21日。

费者消费行为、消费结构发生较大变化，不管是城镇居民还是农村居民，食品支出占总支出的比重（即恩格尔系数）持续下降，如图7-8、7-9所示。消费者从要求吃饱向吃好转变，催生了对生态绿色有机农产品的需求。

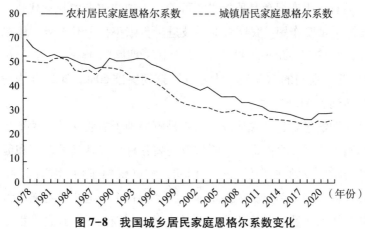

图7-8　我国城乡居民家庭恩格尔系数变化

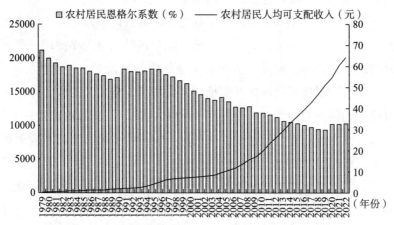

图7-9　我国农村居民人均可支配收入与恩格尔系数

加入WTO后，《农业协定》要求各国农产品进入国际市场必须遵守WTO的市场规则，这对我国农产品生产和贸易都具有深远的影响。国内市场就是国际市场，与发达国家农产品质优价廉、国外农业巨头公司实力雄厚相比，我国农产品生产的市场竞争力难以匹敌。新的激烈的竞争环境迫使我国必须积极调整农业产业结构，提高农业生产的效率，提升农产品质量。

3. 科技赋能农业绿色优质高效。科学技术是第一生产力，科技创新是推进农业产业结构绿色化发展的根本动力。中华人民共和国成立特别是改革开放以来，我国农业科学技术取得显著成果，为农业产业结构优化调整、提高农业生产效率、农产品有机生态绿色品质提供了可能，为加快农业农村现代化，促进农业绿色发展发挥了重要作用。我国农业科技进步贡献率呈上升态势，从"八五"期间的34.8%、"九五"期间的40.7%、"十五"期间的48%、"十一五"期间的53%、"十二五"期间的56%到"十三五"期间突破60%，2021年农业科技进步贡献率更是达到了61.5%[1]。

科技创新助农惠农，首先从源头上就是解决种子品质问题。种子是现代农业的芯片，是国家粮食安全的命脉，强农首先要强种。优良品种培育和诞生离不开生物科技的力量。我国在"十三五"期间，实施藏粮于地、藏粮于技战略，这也凸显了我国粮食安全新路径。在全国十三个粮食主产地全面实施"粮食丰产增效科技创新"重大工程，粮食主产区开始大量使用新品种，粮食作物增产新技术不断创新，为支撑粮食总产连年提增作出了巨大贡献。其次，科技创新助力耕地保护和土壤改良利用。土壤是农产品生存之本，只有优质健康的土壤才能保障作物的高产优质。近四十年来，农药、化肥、除草剂的大量无序使用，严重破坏了土壤与环境的物理指标。此外，多年来土地休耕翻耕缺乏，土壤板结硬化严重，其透气性、温度、湿度等物理指标很难适合植物的正常生长需求。党的十八大以来，通过微生物菌剂的使用，广泛使用生物有机肥，土壤的物理指标有所好转，真正开启可持续发展路程。通过减少对肥料、农药的使用，降低了农业种植对于环境的破坏，践行了"绿水青山就是金山银山"的发展理念。再次，科学技术转化为生产力，引起生产工具的改善，使农业生产经营从粗放转向精准，集成示范绿色高效生产技术如智能工厂化育苗、绿色防控、测土配方施肥、植保无人机等技术的推广和应用效果显著。原来由效率低成本高的人工播撒农药转为无人机快速播撒，提升了农业种植的效率。绿色栽培技术模式得以推广，技术创新改变了市场、观念和传统农业生态圈。

---

[1] 连荷：《我国农业科技整体实力进入世界前列》，载《中国食品报》2021年11月24日，第4版。

科技支撑引领农业逐步从"数量型"向"质量型"转变[1]。据《"十三五"中国农业农村科技发展报告》结果显示，目前我国主要农作物良种基本实现了全覆盖，畜禽种业自主创新水平和种源保障能力持续提升，种核心种源自给率超过75%，这为农畜牧业健康发展提供了有力支撑；农机装备水平和农机作业水平以及农机安全生产技术保障能力不断提升和增强，全国农田灌溉水有效利用系数从0.53提高到0.57。民以食为天，食以安为先。农产品质量安全事关人民群众身体健康和生命安全，科技助力农业产业健康发展，持续提升农产品质量安全水平。据农业农村部监测结果，全国农产品质量安全例行检测合格率逐年提高，近几年已达到95%以上，农产品质量安全水平处于稳定向好的趋势。

科技支撑农业逐步从"资源消耗型"向"内涵式"转变。"十三五"时期，立足我国当时化肥农药减施增效的战略需求，科技部设立"化学肥料和农药减施增效综合技术研发"重点研发计划项目，科研经费财政投入23.29亿元，该项目围绕化肥农药减施增效的理论基础、产品装备、技术研发、技术集成、示范应用等环节对专项一体化设计，配合农业部印发的《到2020年农药使用量零增长行动方案》《到2020年化肥使用量零增长行动方案》，取得良好实施效果。据农业农村部发布的消息，2020年我国化肥农药减量增效已顺利实现预期目标，小麦、水稻、玉米三大粮食作物的化肥和农药使用量连续数年下降，利用率均超过40%；农作物秸秆综合利用率达到86.7%，土壤有机质改善、农业增产等秸秆还田生态效益开始显现；畜禽粪污综合利用水平稳步提升；喷灌、滴灌等农业高效节水技术的推广使用，提高了全国农田灌溉水有效利用系数，有力支撑了资源节约、环境友好的现代农业可持续发展和绿色发展之路。

4. 全球可持续绿色发展力量的驱使。全球气候变化关乎我们人类命运。2022年5月18日世界气象组织发布了《2021年全球气候状况》报告[2]。报告显示，全球平均气温继续升高，海洋持续升温已达新纪录，海洋酸化现象也不断加剧。海冰范围达历史低点，融化速度翻番。气候形势恶化导致全球极端天气频发。一些生态系统正在以前所未有的速度退化。气温上升增加了海洋和沿海生态

---

〔1〕《"十三五"中国农业农村科技发展报告》，载 http://www.nsfc.gov.cn/csc/20340/20289/58874/index.html，最后访问日期：2024年6月21日。

〔2〕《世界气象组织发布〈2021年全球气候状况〉》，载《中国气象报》2022年5月23日，第3版。

系统不可逆转的风险。干旱高温威胁粮食安全。日益恶化的气候变化正在从未来的长期挑战变成现实的紧迫危机,威胁全人类的生存、发展与子孙后代的福祉。应对气候变化新征程已成为全人类的共同使命和共同责任,任何国家都不能独善其身,绿色低碳转型是各国发展的必由之路。为应对全球气候变化对人类活动带来的影响,全球各国积极开展行动。在全球范围内展开了关于绿色化发展的竞争。美国提出绿色新政,出台《美国清洁能源安全法案》;日本已制定"绿色增长战略"总体规划;欧盟发布"2020发展战略",将绿色增长作为提高欧盟国家竞争力的核心战略[1]。多国首脑多次召开联合国世界气候大会商讨应对之策,并结合各自经济发展实际情况科学谋划,制定减少碳排放的目标。在2009年哥本哈根会议上,我国提出到2020年单位GDP二氧化碳排放比2005年下降40%~45%的目标。根据生态环境部发布的有关数据显示,在碳排放强度和非化石能源占能源消费比重上我国都已超额完成向国际社会承诺的2020年度目标。2020年9月党中央经过深思熟虑作出事关中华民族永续发展和构建人类命运共同体的重大战略决策,承诺将力争2030年前实现碳达峰、2060年前实现碳中和。从现在开始,到2030年前实现二氧化碳排放达到峰值,还有七年时间,但我国能源消费总量仍然处于上升通道。根据OECD数据显示,不同国家和地区农业碳排放总量与结构占比存在较大差异。从总量的横向对比来看,中国作为第一农业大国,农业碳排量始终高于欧美,但由于本世纪初,我国碳排总量陡峭爬升,农业碳排放占全国总排放的比例出现了明显下降,随后一直保持在7%~8%的水平上[2],如图7-10所示。我国农业的减排至少还面临着畜牧业导致的大量有害温室气体排放,我国人口基数庞大导致消耗的农副产品较多,化肥替代技术尚不成熟等问题,因此农业带来的碳排放量仍然值得关注。可见如期实现碳达峰、碳中和是一场硬仗。要真正认识到降碳工作的长期性、复杂性和严峻艰巨性,切实增强责任感使命感紧迫感,切实抓好绿色低碳发展的突破口和实施路径。

---

〔1〕 余竹:《以绿色化发展提升经济社会整体质量》,载《上海证券报》2015年4月8日,第A3版。
〔2〕《农业碳中和,将带来百亿级生态价值和碳汇市场》,载 www.tanpafang.com/tanguwen/2022/1008/91135_6html,最后访问日期:2024年6月15日。

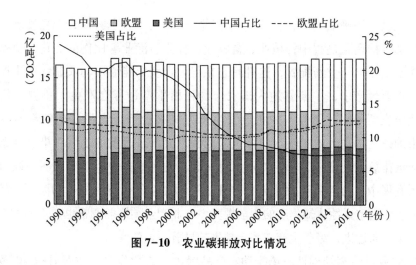

图 7-10　农业碳排放对比情况

7.2　我国农业产业结构演进对绿色发展的影响

关于绿色发展的定义，目前来源出处较多。前文文献综述中已进行了归纳概括。世界银行与我国国务院发展研究中心研究成果将绿色发展的含义定义为至少要包含以下三方面：经济增长与环境退化脱钩；形成一个绿色市场带来经济增长；绿色与发展形成良性互动。根据 OECD 的定义，在某一时期，当环境压力的增长，比它的经济驱动因素（如 GDP）的增长慢时，就是环境退化与经济增长的脱钩[1]。

7.2.1　农业产业结构演进影响绿色发展的路径分析

推进农业绿色发展，是事关农业结构和生产方式调整的经济变革，更是农业发展观的一场深刻革命[2]。农业产业结构演进影响绿色发展的路径可从以下四个方面进行阐述。

1. 农业产业结构调整引起要素流动进而影响农业绿色生产。如前文所述，农业产业结构是动态变化的，那么劳动、技术、资本等生产要素也会在不同产业之间流动，并且生产要素是从低效率或低收益部门转移到高效率或高收益部门。

---

〔1〕　何传启：《中国生态现代化路径图》，载《中国科学院院刊》2007 年第 3 期。
〔2〕　南埂：《农业发展观的一场深刻革命》，载《人民日报》2017 年 10 月 1 日，第 3 版。

根据陈卫洪、漆雁斌（2010）[1]、于彬彬（2015）[2]等学者的研究发现，农业产业内部结构调整过程中种植业、畜牧业、林业、渔业等比例的变化，也就是说要素在不断流动与重新配置，这种状态在很大程度上能够推动农业绿色生产率的变化。农业生产中，主要露地大田农作物种植生产过程会产生大量温室气体排放，化肥农药薄膜过量投入的粗放式生产方式又会造成大量农药塑料残留和挥发，未加处理的畜牧养殖粪水直接进入土壤，会带来严重的土壤污染、生态破坏与农业碳排放量的增加，影响农业绿色发展。前述博弈分析结果表明，政府在农业绿色发展中也会起到至关重要的作用。在国家政策指导和制度约束下，随着人们对生态环境重要性认知程度的逐渐提高，农业产业结构的调整也在不断朝着合理化绿色化方向迈进，绿色生产效率会越来越显著[3]。

2. 农业供给侧结构性改革推动农产品绿色生态化发展。改革开放40多年的持续快速发展，我国农业农村发生了翻天覆地的变化，农产品供给不断丰富，总量不足的矛盾得以解决，逐步实现了由"吃不饱"到"吃得饱"再向"吃得更好、吃得更健康、吃得更安全"转变，这对农业供给侧提出了新要求。2015年12月24日至25日在北京召开的中央农村工作会议强调要着力加强农业供给侧结构性改革。"农业供给侧结构性改革"这一新鲜表述，通过我国最高级别的"三农"会议，首度进入公众视野，并在2017年中央一号文件即《中共中央、国务院关于深入推进农业供给侧结构性改革 加快培育农业农村发展新动能的若干意见》中被作为新历史阶段我国农业农村工作的主线进行发布。如表7-1所示：

表7-1　2017年中央一号文件

2017年中央一号文件公布
新世纪以来指导"三农"工作的第14个中央一号文件

---

〔1〕　陈卫洪、漆雁斌：《农业产业结构调整对发展低碳农业的影响分析——以畜牧业与种植业为例》，载《农村经济》2010年第8期。

〔2〕　于斌斌：《产业结构调整与生产率提升的经济增长效应——基于中国城市动态空间面板模型的分析》，载《中国工业经济》2015年第12期。

〔3〕　黎孔清、陈俭军、马豆豆：《基于STIRPA和GM（1,1）模型的湖南省农地投入碳排放增长机理及趋势预测》，载《长江流域资源与环境》2018年第2期。

续表

《中共中央、国务院关于深入推进农业供给侧结构性改革 加快培育农业农村发展新动能的若干意见》	
全文约 13 000 字， 共分为 6 个部分 33 条， 包括	优化产品产业结构，着力推进农业提质增效
	推行绿色生产方式，增强农业可持续发展能力
	壮大新产业新业态，拓展农业产业链价值链
	强化科技创新驱动，引领现代农业加快发展
	补齐农业农村短板，夯实农村共享发展基础
	加大农村改革力度，激活农业农村内生发展动力

我国进入发展的新时代新阶段，人们的消费核心理念也转向有机生态、绿色环保、节能减排等，这为农业供给侧结构性改革提出了主攻方向，就是不断增加绿色优质农产品供给和生态产品供给，满足居民消费和市场需求。在产品结构上，大宗农产品进一步优质化，区域农产品供给凸显出各地特色和优势，同时强化具有公信力和影响力的农产品品牌建设。生产方式上推崇绿色清洁生产，探索种养结合低碳循环发展模式，推动农业生产逐步向绿色可持续发展转型。产业是农村政治、经济、社会、文化、生态等健康可持续发展的保障，产业兴旺是乡村振兴的关键和基础，乡村产业振兴适逢其时，乡村产业体系上要突出"新"，着力发展农产品深加工、休闲观光体验农业、乡村电子商务等农村新产业新模式新业态，以县域为载体，推进乡村第一、二、三产业深度融合，实现农业接二连三或隔二连三，促进产业链相加价值链提升，构建能突出当地优势特色、业态丰富且具活力的现代农业产业体系、生产体系和经营体系，不断推进农业由增产导向转向追求绿色生态可持续、更加注重满足质的需求转变。

3. 农业产业升级推动农业生产方式绿色化发展。农业产业转型升级也就是意味着农业产业结构的高级化，它是一个综合性的过程，包括产业在结构、组织和技术等多方面的转型升级。农业产业转型升级主要表现在：一是农业产业化发展，实现农业的基地化生产、规模化经营和市场化运作；二是产业发展层次提升，培育具有明显比较优势的主导产业，增强产业竞争力；三是培育并壮大具有规模效益的龙头企业；四是提升农产品品质，着力增加优质安全绿色有机农产品供给；五是"互联网+"现代农业、数字化农业助推农业全产业链升级换代。

农业产业转型升级有助于推动节约集约型农业发展，基地化规模化生产能有效地使用节能型农业机械，普及高效节水灌溉技术，从而推进生产方式绿色化。农业产业转型升级有助于农业清洁生产的推广，专业化服务能够提升施肥用药效率，秸秆、废旧农膜、畜禽粪污等农业废弃物得以综合利用，提高生产绿色化程度。农业产业转型升级能够延伸农业产业链，形成农林牧渔多业共生、三次产业联动发展的循环经济发展模式。

4. 农业产业结构通过影响农业分工程度进而影响农业绿色生产。经济学开山鼻祖亚当·斯密研究指出，分工与专业化的发展是经济增长的源泉，能够有助于提高生产力发展水平和生产效率。经济社会实践证明，社会分工越深化，生产迂回程度就越高，产品的价值链也相应越长。长期以来，受农业生产季节性、农产品不易储存性、农产品市场需求缺乏弹性等特征抑制，我国农业分工深化程度有限，阻碍了农业发展。近四十多年来，随着社会的发展和农业科学技术的不断进步以及城镇化与工业化的持续深入推进，我国农业分工出现新的变化，细化程度逐渐提高。农业分工会引致生产结构比例上的变化与细化，专业化分工意味着劳动生产效率的提高和农业生产精细化以及生产设备专业化趋势显著。农业分工逐步深化和细化，催生生产新技术、新模式、新业态，发展现代农业节能减排，促进农业循环低碳绿色发展。

7.2.2 农业产业结构演进影响绿色发展的现实观察

绿色发展是农业发展观的深刻革命。中华人民共和国成立至今，我国农业产业结构的动态演进过程是阶段性的，绿色化水平在逐渐提高，但也存在需要持续改进的空间。

1. 农业产业结构绿色化水平呈阶段式上升。绿水青山就是金山银山。产业结构升级绿色化能够创造新的经济增长点。产业结构绿色化是指以产业的社会福祉为基准评价产业结构的状况，主要由产业的 GDP 绿色水平、产业结构自我调整能力、产业发展的可持续性、产业发展对生态环境改善的有机功能等。一般认为，产业结构绿色化能够实现经济增长与环境退化脱钩，形成一个由绿色技术、绿色投入品、绿色投资和消费市场推动的经济增长，绿色与发展之间良性互动。

表 7-2　历年中央一号文件中的农业领域绿色发展要点归纳

年份	文件名称	农业绿色发展相关要点归纳
1982	《全国农村工作会议纪要》	保护和合理利用耕地，提高劳动生产率
1983	《当前农村经济政策的若干问题》	资源保护
1984	《中共中央关于一九八四年农村工作的通知》	改善生态环境
1985	《中共中央、国务院关于进一步活跃农村经济的十项政策》	促进农村产业结构的合理化
1986	《中共中央、国务院关于一九八六年农村工作的部署》	农业转向持续稳定的发展
2004	《中共中央、国务院关于促进农民增加收入若干政策的意见》	全面提高农产品质量安全水平
2005	《中共中央、国务院关于进一步加强农村工作提高农业综合生产能力若干政策的意见》	实行最严格的耕地保护制度，提高耕地质量
2006	《中共中央、国务院关于推进社会主义新农村建设的若干意见》	发展循环农业，防治农业面源污染
2007	《中共中央、国务院关于积极发展现代农业扎实推进社会主义新农村建设的若干意见》	鼓励发展循环农业、生态农业、有机农业，提高农业可持续发展能力
2008	《中共中央、国务院关于切实加强农业基础建设进一步促进农业发展农民增收的若干意见》	实施无公害农产品行动，加强耕地保护和土壤改良
2009	《中共中央、国务院关于2009年促进农业稳定发展农民持续增收的若干意见》	严格农产品质量安全全程监控，推进生态重点工程建设
2010	《中共中央、国务院关于加大统筹城乡发展力度进一步夯实农业农村发展基础的若干意见》	加快农产品质量安全监管体系和检验检测体系建设，发展无公害农产品、绿色食品、有机农产品
2011	《中共中央、国务院关于加快水利改革发展的决定》	搞好水土保持和水生态保护
2012	《中共中央、国务院关于加快推进农业科技创新持续增强农产品供给保障能力的若干意见》	推广高效安全肥料、低毒低残留农药，加快农业面源污染治理

年份	文件名称	农业绿色发展相关要点归纳
2013	《中共中央、国务院关于加快发展现代农业进一步增强农村发展活力的若干意见》	推进农村生态文明建设
2014	《关于全面深化农村改革加快推进农业现代化的若干意见》	建立农业可持续发展长效机制，促进生态友好型农业发展
2015	《中共中央、国务院关于加大改革创新力度加快农业现代化建设的若干意见》	加强农业生态治理
2016	《中共中央、国务院关于落实发展新理念加快农业现代化实现全面小康目标的若干意见》	推动农业绿色发展
2017	《中共中央、国务院关于深入推进农业供给侧结构性改革　加快培育农业农村发展新动能的若干意见》	推行绿色生产方式
2018	《中共中央、国务院关于实施乡村振兴战略的意见》	加强农业面源污染防治，开展农业绿色发展行动
2019	《中共中央、国务院关于坚持农业农村优先发展做好"三农"工作的若干意见》	推动农业农村绿色发展，创建农业绿色发展先行区
2020	《中共中央、国务院关于抓好"三农"领域重点工作确保如期实现全面小康的意见》	治理农村生态环境突出问题，增加优质绿色农产品供给
2021	《中共中央、国务院关于全面推进乡村振兴加快农业农村现代化的意见》	推进农业绿色发展。农村生产生活方式绿色转型取得积极进展，化肥农药使用量持续减少，农村生态环境得到明显改善
2022	《中共中央 国务院关于做好 2022 年全面推进乡村振兴重点工作的意见》	推进农业农村绿色发展。出台推进乡村生态振兴的指导意见
2023	《中共中央 国务院关于做好 2023 年全面推进乡村振兴重点工作的意见》	推进农业绿色发展。建设宜居宜业和美乡村

关于农业绿色发展演变过程的研究，有学者从不同视角作出了自己的思考，如赵大伟（2012）从中国绿色农业发展的动力机制及制度变迁视角出发，将绿色农业发展的制度变迁选择归纳为产业萌芽期、产业发展期、产业优化升级期，但

各阶段没有给出时间范围[1]。韩冬梅等（2019）研究了我国农业农村环境保护政策演变阶段[2]。

基于前文分析可以明显发现，政策扶持是我国农业绿色发展的重要推力，因此本书结合历年中央一号文件及相关内容文件，如表7-2所示，主要依据相关政策法规的制定完善程度，借鉴学界已有相关研究成果，将农业绿色发展划分为起步探索阶段、加强推进阶段、战略提升与普及阶段。

（1）起步探索阶段（改革开放至20世纪末）。改革开放初期，我国农业生产力水平还非常低下，土地是第一生产要素，农民生产经营活动单一，环境承载能力尚未成为关注的问题。到20世纪80年代，一方面随着工业化、城市化快速推进，另一方面乡镇企业遍地开花，加之土地承包期内为追求效益最大化而过量使用农药化肥，农村的生态环境开始遭到破坏，也危及农产品的质量安全。对此国家出台相关政策法规和措施进行指导和修正，在1982~1986年连续发布5个中央一号文件，其中对土地利用率、生态环境等做出了明确指示，这说明农业农村生态环境问题已引起政府部门关注。1993年《中华人民共和国农业法》公布，其中单列"第八章农业资源与农业环境保护"彰显了国家探索农村农业绿色生产的起步。1999年公布施行的《国家环境保护总局关于加强农村生态环境保护工作的若干意见》是我国第一个关于农村环境保护的政策，这意味着国家对农村生态环境工作的重视，也同时标志着农业农村环境保护意识初步形成。

（2）加强推进阶段（21世纪初至2015年）。21世纪以来伴随我国农村经济巨大的变化，生态环境问题也更为严峻，农业面源污染等问题凸显。面源污染相较于点源污染，其时空范围更广，具有隐蔽性，分散性和不确定性更大，也更加难以控制。2000年我国化肥使用量为4146.4万吨，2015年达到了历史最高值6022.6万吨。滥用剧毒高毒农药、生产地膜遗弃、过量施肥、露天秸秆焚烧、禽畜粪便以及生活垃圾不做无公害处理等都是重要的环境污染源。

农业面源污染的危害是多方面的，它不仅严重侵蚀土壤，造成土壤肥力下

〔1〕赵大伟：《中国绿色农业发展的动力机制及制度变迁研究》，载《农业经济问题》2012年第11期。
〔2〕韩冬梅、刘静、金书秦：《中国农业农村环境保护政策四十年回顾与展望》，载《环境与可持续发展》2019年第2期。

降，导致农产品质量下降，而且污染水体，使得水体的氮和磷富营养化，破坏水生生态系统和水功能，空气中的残留农药又通过空气流动扩散，污染大气环境，导致安全事件频繁发生。农业污染问题引起社会各界的普遍关注。

为积极应对农业污染，转变农业发展方式，加快整治步伐，这一阶段国家相关政策紧锣密鼓地出台。2002 年和 2012 年分别对《中华人民共和国农业法》进行修订和修正，其中第八章为农业资源与农业环境保护，明确了生态保护目标以及各级政府在耕地保护、预防和治理水土流失等的责任，倡导积极发展生态农业；2004~2015 年的中央一号文件主题也多集中于农业现代化建设、防治农业面源污染、农业生态治理等领域。这一阶段，绿色生态、循环农业的理念开始深入人心，绿色食品、生态产品等受到居民青睐，农业的食物安全功能和生态功能逐步得到重视。

生态文明建设事关全人类生存大计，我国高度重视生态文明建设。党的十八大以来，生态文明建设不仅纳入经济建设、政治建设、文化建设、社会建设、生态建设"五位一体"的国家战略高度，建设美丽中国成为生态文明建设的宏伟目标，而且在党章修订中，将中国共产党领导人民建设社会主义生态文明明确写入，从而成为世界上第一个将生态文明建设纳入行动纲领的政党[1]。为破解新时代面临的发展难题，积极发挥优势，补齐短板，党的十八届五中全会首次提出"创新、协调、绿色、开放、共享"的新发展理念，其中绿色发展位列新发展理念之一，就是基于我国资源约束趋紧、环境污染严重、可持续发展任务艰巨的现实提出的，强调绿色是永续发展的必要条件，也是人们对美好生活追求的体现。为控制农业污染引发农产品质量安全问题，促进畜禽养殖业转型升级和高水平发展，2013 年公布次年施行的《畜禽规模养殖污染防治条例》标志着我国农村环保领域法治建设取得里程碑式突破。2014 年修订《中华人民共和国环境保护法》，本次修订在立法理念上进一步创新，提出了生态文明的理念，同时为保障其具体实施明确规定了相关的法律制度、机制和责任。

2015 年农业绿色发展相关政策集中发布，说明党中央对乡村绿色可持续发展的高度重视。这一年，公布《中共中央、国务院关于加快推进生态文明建设的

---

〔1〕 杨舒：《生态文明建设：和谐共生美丽中国》，载《光明日报》2018 年 3 月 4 日，第 9 版。

意见》，这是党中央就生态文明建设作出专题部署的第一个纲领性文件，继之公布《生态文明体制改革总体方案》，就生态文明建设的措施与任务制定了数十条改革方案，确保党的十八大以来关于生态文明建设作出的顶层设计和总体部署能有效落实落地。国务院印发的《全国农业现代化规划（2016—2020 年）》确定了五方面发展任务，其中之一就是绿色兴农，着力提升农业可持续发展水平。

为应对严重的农业面源污染治理，切实提高农业资源环境对农业可持续发展的支撑能力，2015 年《农业部关于打好农业面源污染防治攻坚战的实施意见》发布，提出了"一控两减三基本"的农业面源污染防治攻坚目标[1]。各地陆续出台相关规定，着力于农业面源污染的防治。同年，《全国农业可持续发展规划（2015—2030 年）》发布，规划围绕农业生产布局优化、耕地资源保护、高效节水、环境污染治理和农业生态修复等五个方面部署了未来一个时期推进我国农业可持续发展的重点任务。同年农业部陆续下发《到 2020 年农药使用量零增长行动方案》《到 2020 年化肥使用量零增长行动方案》，着力有序推动农药化肥零增长行动开展，确保农产品质量安全和生态环境安全。

至此，在制度建设方面，农业绿色发展的四梁八柱已经基本形成，农业绿色发展的顶层设计已初步完成。这一阶段，针对污染面源防治为重点，全国各地积极探索资源节约、产出高效、产品安全、环境友好的农业可持续发展路径。

（3）战略深化实施阶段（2016 年至今）。2016 年，"农业绿色发展"一词首次出现在中央一号文件中，最大的亮点之一在于强调绿色农业、绿色发展和可持续发展理念以及注重农业生态修复、改善农业生产环境、倡导并鼓励推广高效生态循环农业模式等。从此，农业绿色发展进入新的阶段。2017 年中央一号文件明确提出，绿色是农业的本色，绿色发展是农业供给侧结构性改革的基本要求。要推行绿色生产方式，增强农业可持续发展能力。这一年初，农业部印发《2017年农业面源污染防治攻坚战重点工作安排》，要求围绕"一控两减三基本"目标，加强农业面源污染突出问题治理。后又围绕畜禽粪污资源化利用、果菜茶有机肥替代化肥、东北地区秸秆处理、农膜回收、以长江为重点的水生生物保护公

---

〔1〕《农业部关于打好农业面源污染防治攻坚战的实施意见》，载 https://www.gov.cn/xinwen/2015-04/13/content_2845996.htm，最后访问日期：2024 年 6 月 15 日。

布了《农业部关于实施农业绿色发展五大行动的通知》[1]。针对我国农业农村领域发展的现实，2017年中央深化改革议程内容的一个重要议题就是加快推进农业绿色发展。农业绿色发展关系重大，不仅事关国家食物安全、资源安全和生态安全，而且还关系到我国美丽中国建设以及当代人福祉和子孙后代的永续发展。这年9月党中央出台了第一个针对农业绿色发展的纲领性文件，即中共中央办公厅、国务院办公厅联合印发的《关于创新体制机制推进农业绿色发展的意见》，这对于深化农业农村领域改革以及推动农业绿色发展意义非凡。首次全面提出农业绿色发展总体目标；首次明确提出农业绿色发展四方面任务；首次系统提出推进农业绿色发展的体制机制安排；首次大力倡导开展农业绿色发展的全民行动，全面描绘农业绿色发展"路线图"[2]。2018年《中华人民共和国宪法修正案》中将生态文明写入宪法。党的十九大提出要打好污染防治攻坚战，将"乡村振兴战略""绿水青山就是金山银山"首次写进党章。要求加强农业供给侧结构性改革，特别强调要增加绿色优质农产品供给。

为切实推进农业绿色发展进程，2017年12月，原农业部等八部门联合发文，鼓励先行先试、积极探索创新、完善机制、创造更多可复制推广成功经验，启动第一批国家农业可持续发展试验示范区建设开展农业绿色发展先行先试工作，遴选40个作为国家农业可持续发展试验示范区同时也是农业绿色发展试点先行区[3]。2018年中央一号文件即《中共中央、国务院关于实施乡村振兴战略的意见》，为新时期乡村振兴战略全面实施作出方向、任务及政策上的谋划，强调要注重提升农业发展质量、推进乡村绿色发展。为此，农业部（已撤销）出台了《农业部关于大力实施乡村振兴战略加快推进农业转型升级的意见》，要求坚持绿色导向，提高农业可持续发展水平。同年《乡村振兴战略规划2018—2022年》发布，强调要推动乡村生态振兴，以绿色发展引领乡村振兴。2019年中央一号文件提出创建农业绿色发展先行区引领农业绿色发展转型升级。第二批

---

〔1〕《农业绿色发展五大行动全面展开》，载 www. kjs. moa. gov. cn/hbny/hbny/201904/t20190418_618 5477. htm，最后访问日期：2024年6月15日。

〔2〕《努力让农业更绿、农村更美、农民更富——农业部部长韩长赋就〈关于创新体制机制推进农业绿色发展的意见〉答记者问》，载《农民日报》2017年10月16日，第3版。

〔3〕《关于启动第一批国家农业可持续发展试验示范区建设开展农业绿色发展先行先试工作的通知》，载《中华人民共和国农业农村部公报》2018年第1期。

41 个国家农业绿色发展先行区名单也于同年发布。2020 年中央一号文件提出要确保重要农产品有效供给，突出优质农产品和品牌农业在乡村振兴中的重要作用，提出进一步保障绿色食品的供给。2021 年中央一号文件专门提出要充分发挥农业产品供给、生态屏障等功能，积极推进农业绿色发展。这一年，中共中央办公厅、国务院办公厅印发《关于建立健全生态产品价值实现机制的意见》，这是贯彻落实绿水青山就是金山银山理念的引领性关键文件，主旨就是推动生态产品价值有效转化，切实沿着以生态优先、绿色发展为导向的高质量发展新路跨步前进。从纵向横向来看，我国农业绿色发展取得了显著进步，但从总体上看仍处于起步阶段。为加快农业绿色发展步伐，农业农村部等六部门联合印发《"十四五"全国农业绿色发展规划》，这是我国首部具有标志性意义的农业绿色发展专项规划[1]。这一年，生态环境部办公厅与农业农村部办公厅联合印发《农业面源污染治理与监督指导实施方案（试行）》。2022 年中央一号文件里再次专门强调要推进农业农村绿色发展，首次将目光延伸至减碳增汇型农业技术，提出研发应用减碳增汇型农业技术，探索建立碳汇产品价值实现机制。为响应国家碳达峰碳中和重大决策，推进农业农村绿色低碳发展，2022 年 5 月，农业农村部、国家发展改革委联合印发《农业农村减排固碳实施方案》，提出农业农村减排固碳"十大行动"[2]。2022 年 9 月为进一步推动农业绿色发展，农业农村部办公厅等五部门联合印发《建设国家农业绿色发展先行区，促进农业现代化示范区全面绿色转型实施方案》。

2. 农业产业结构绿色转型的动力逐渐增强。"五位一体"是党的十八大报告的新提法之一，"五位一体"总体布局是中国共产党对"实现什么样的发展、怎样发展"这一重大战略问题的科学回答。党的十八大报告中首次将生态文明建设纳入"五位一体"的总体布局，充分反映出党在治国理念上对生态环境保护的高度重视。在此基础上，次年发布的 2013 年中央一号文件中，就将农村生态建设、环境保护和建设美丽乡村上升到农村生态文明建设的高度。我国农业农村绿

---

〔1〕《农业农村部等 6 部门联合印发〈"十四五"全国农业绿色发展规划〉》，载 https://www.gov.cn/xinwen/2021-09/09/content_5636345.htm，最后访问日期：2024 年 6 月 15 日。

〔2〕《农业农村部　国家发展改革委联合印发〈农业农村减排固碳实施方案〉》，载 https://www.moa.gov.cn/govpublic/KJJYS/202206/+20220630_6403715.htm，最后访问日期：2024 年 6 月 15 日。

色发展总体上看刚刚起步，农业产业的绿色转型任务艰巨而紧迫。

（1）国家经济社会绿色可持续发展战略引领。走绿色可持续发展之路已成全球共识，我国早已坚定走绿色、低碳、可持续发展之路的决心，绿色发展成为国家战略。我国自第十一个五年计划开始，已明确要求将主要污染物减排列为国民经济发展规划的约束性目标，当时工业领域是污染减排的主战场。"十二五"时期，伴随城镇化以及工业化的大规模推进，主要污染物减排的任务也更为艰巨，农村农业领域的减排形势格外严峻。《中华人民共和国国民经济和社会发展第十二个五年规划纲要》中将治理农药、化肥和农膜等面源污染，全面推进畜禽养殖污染防治作为推进农村环境综合整治的首要内容。国家陆续公布的《节能减排"十二五"规划》《"十二五"节能减排综合性工作方案》《国家环境保护"十二五"规划》中均明确了农业 COD 和氨氮排放以及规模化畜禽养殖污染防治要求。2011 年公布的《农业部关于进一步加强农业和农村节能减排工作的意见》，将农业面源污染、种植领域等减排目标进行了具体量化。2012 年由环境保护部（已撤销）、农业部（已撤销）共同公布的《全国畜禽养殖污染防治"十二五"规划》，对"十二五"时期畜禽养殖污染防治工作目标、主要任务和保障措施作出了细致规划部署[1]。国家环境保护政策不断丰富与完善，2013 年 10 月 8 日国务院第 26 次常务会议通过公布《畜禽规模养殖污染防治条例》，该条例填补了我国乡村面源污染领域政策缺失的空白。2015 年 4 月《中共中央、国务院关于加快推进生态文明建设的意见》公布，首次把绿色化纳入现代化推进战略中。同年 9 月，中共中央、国务院公布《生态文明体制改革总体方案》。该方案规划了生态文明的制度体系，是生态文明领域改革的顶层设计和部署[2]。国家"十三五"规划专门布局生态文明建设，将主要污染物排放、地表水质量等列为约束性指标。2016 年 11 月 24 日，《"十三五"生态环境保护规划》（以下简称《规划》）正式公布，《规划》中提出 10 项约束性指标，其中涉及环境质量的 4 项指标，是第一次进入五年规划的约束性指标。《中共中央关于制定国民经济和社会发展第十四个五年规划和二〇三五年远景目标的建议》中对 2035 年美丽中国

---

〔1〕《环保部发布全国畜禽养殖污染防治十二五规划》，载《中国农业信息》2013 年第 1 期。
〔2〕《绘一幅生态文明的蓝图——解读〈生态文明体制改革总体方案〉》，载《科技日报》2015 年 9 月 24 日，第 6 版。

建设预期愿景进行了描绘。为巩固环境保护和绿色经济发展成果，深入打好污染防治攻坚战，2021 年 11 月中共中央、国务院公布施行《中共中央、国务院关于深入打好污染防治攻坚战的意见》，要求以更高标准打好蓝天、碧水、净土保卫战，实现人与自然和谐共生。基于我国目前土壤、地下水和农业农村污染防治与美丽中国目标要求存在的巨大差距，生态环境部等七部门组织编制并发布《"十四五"土壤、地下水和农村生态环境保护规划》。对"十四五"时期土壤、地下水和农业农村生态环境保护的目标指标、重点任务和保障措施进行了统筹谋划[1]。

（2）农业自身向绿色转型可持续发展的迫切要求。中华人民共和国成立特别是近数十年来，我国农业现代化建设取得了举世瞩目的巨大成就，但同时也付出了巨大的资源环境代价。资源短缺、成本上涨、环境污染和生态退化等问题已经成为农业稳定发展的重要制约。受社会生产力发展水平制约，加之长期小农生产的影响，我国农业生产过程的粗放式经营普遍存在，短期化行为严重、过量施用化肥农药等急功近利的做法屡见不鲜。有的农户出于自身短期利益的考虑还在不同程度地使用着违禁投入品。农业废弃物如秸秆、畜禽粪便等污染尚需进一步治理。畜禽养殖集中地区，因缺乏配套的畜禽粪尿治理设施，导致大量畜禽粪尿污水随意流失，污染当地水源，被污染的水源又通过灌溉进入粮食、蔬菜、水果等种植区域，产生食品安全隐患。环境污染已经广泛渗透到土壤和地下水，造成大面积农田板结和土壤肥力下降以及生物多样性减少，草原等生态系统退化。生态环境的优与劣直接影响着农业经济的可持续发展，恶化的生态环境会严重影响农业生产力的持续提高，成为制约农业可持续发展的重要因素。实现农业绿色发展迫在眉睫、刻不容缓。

（3）绿色消费需求推动农业向绿色发展转型。随着经济发展不断进步和人们生活水平提高以及全球环保意识的增强，人们的消费理念和消费行为发生了转变，人们在的健康安全意识逐渐增强，关注环保、崇尚自然、注重安全、追求健康的思想日益影响着人们的消费行为。绿色消费热成为国际消费新趋势。健康卫生、营养、无污染的高质量、优品种的绿色农产品成为人们的推崇。据调查，在

---

〔1〕《7 部门联合印发〈"十四五"土壤、地下水和农村生态环境保护规划〉》，载 finonce. people. com. cn/nl/2022/0104/clcc4-32323765. html，最后访问日期：2024 年 6 月 15 日。

欧美发达国家，半数以上的消费者在购买产品时愿意多支付 30%～100% 的费用考虑绿色产品。在发达国家 75% 以上的消费者在购物时会考虑消费安全。随着我国居民消费从主要解决"有没有"向实现"好不好"转化，消费品质化、多元化、个性化特征日益凸显，绿色消费理念逐步地深入人心。我国北京、上海等大中城市越来越多的消费者愿意接受绿色食品。绿色消费的兴起，消费者对绿色食品日趋青睐，正在农业等产业领域积聚全新的发展动能，促使农业绿色经济快速发展。

（4）国际绿色标准压力下农业必须走绿色发展之路。我国是一个农业大国，农产品资源非常丰富，也是农产品出口大国。国际上贸易壁垒早已有之，在 WTO 框架下，欧美等地的发达国家以保护环境和人类健康为名形成的非关税农产品贸易壁垒，主要是来自于进口国的绿色检测标准形成的绿色贸易壁垒，其主要表现形式有绿色关税制度、绿色环境标志制度、绿色技术标准制度等。欧盟、美国等发达国家建立起了适应市场经济发展要求的农产品质量管理体系，对进口农产品品质标准有非常严格的规定，农产品质量标准要求越来越高，对农产品中化学物质限量更加苛刻。环境标准已经成为国际竞争力的新要素。绿色壁垒增高了农产品国际贸易的门槛，加大了农产品国际市场开拓的难度，若出口国在农产品及其加工生产过程中不符合进口国要求的标准，产品出口将受阻。加入 WTO 以来，我国农产品在质量安全、环境保护和资源节约利用上取得显著成就，但仍存在诸多难以达到发达国家标准要求的农产品，经常发生被禁止出口、退货和索赔事件。相关技术、质量和绿色贸易壁垒已经成为我国农产品出口的重要障碍。国际绿色标准压力和绿色贸易壁垒障碍，可促使我国对现有农业进行革新，积极探索绿色农业发展道路，切实提高农产品中的绿色科技含量，积极探索行之有效的打破绿色贸易壁垒的方法和措施，是扩大我国农产品出口创汇和提高国际竞争力的必然选择。

3. 农业的生态功能日益凸显。与城市相比，风光多彩的乡村自然景观、悠久灿烂的农耕文化、独特丰富的人文景观，使得乡村的具有非常强的比较优势，也是乡村振兴实现共同富裕的禀赋逻辑。农业曾经仅仅被当作衣食之源，只强调其经济功能。随着人类对自然界和人类社会发展的认知，农业的非经济功能在现代社会日益凸显，其中，农业的生态功能更为显著。农业具有生态功能，最初是由法国人于 1999 年提出来的[1]。法国在 20 世纪 90 年代制定开启了生态农业发展计划，为进一步提高生态农业产量，于 2008 年再次颁布生态农业 2012 年规划。《农业指导法》倡导在法国建设一个经济、生态和社会效益并重的可持续发展的多功能农业。欧盟农业文件里认同这一理念。日本、韩国也将多功能农业问题上升到法律支持地位。在我国，随着绿色发展理念的深入人心，把农业作为生态系统的主体来建设也成为人们越来越自觉的行动，2018 年中央一号文件中专门强调要拓展农业的生态功能。高效生态农业示范区的发展，在转变农业发展方式、保护资源生态环境和实现农业绿色发展方面起到了引领示范作用。三北防护林工程作为世界最大的生态建设工程，实施数十年来，数亿亩防护林生态保护成效卓著。同时 18 亿亩天然林纳入国家保护范围，通过严格保护和科学培育提升了天然林生态功能。种养结合等紧密衔接的绿色生态循环农业发展模式使得种植业、畜牧业的生态效益显著。

4. 农业绿色发展管理体制不断完善。经多年探索和试点，我国农业绿色发展组织机构不断创新，法律法规体系不断完善。一是管理机构分工逐步厘清。比如，2014 年施行的《畜禽规模养殖污染防治条例》提出，县级以上人民政府环境保护部门负责畜禽养殖污染防治的统一监督管理，农牧主管部门负责畜禽养殖废弃物综合利用的指导和服务，循环经济发展综合管理部门负责畜禽养殖循环经济工作的组织协调。2015 年，《水污染防治行动计划》明确分工，防治畜禽养殖污染由原农业部牵头，原环境保护部参与；控制农业面源污染由原农业部牵头，发展改革委、工业和信息化部、原国土资源部、原环境保护部、水利部、原质检总局等参与；调整种植业结构与布局由原农业部、水利部牵头，发展改革委、原国土资源部等参与；2018 年机构改革，将原农业部的监督指导农业面源污染治理的职能划给新组建的生态环境部，使农业面源污染由农业干、农业管，转为农业干、环保管，有利于职责分清。2021 年生态环境部办公厅、农业农村部办公厅联合印发《农业面源污染治理与监督指导实施方案（试行）》，要求完善中央统筹、省负总责、市县抓落实的工作推进机制，强化队伍建设，明确县乡镇承担

〔1〕 姜亦华：《发挥农业的生态功能》，载 https://news.schu.com/88153/news213395388.shtml，最后访问日期：2024 年 6 月 15 日。

监督指导农业面源污染治理工作的机构和人员。一是财政支持力度不断加大，补贴制度向绿色生态转型。2016年我国财政部、农业部联合印发《建立以绿色生态为导向的农业补贴制度改革方案》（简称《方案》）《关于划定并严守生态保护红线的若干意见》等12项改革方案。在农业补贴制度中首次提出"绿色生态为导向"。《方案》以"绿色生态为导向"，意在农业补贴制度中引入绿色生态的理念，通过补贴的方式引导农业向绿色生态农业方向发展，让农业为生态文明做出新的贡献，并提出了绿色生态为导向的农业补贴制度"改革路径图"。二是评价与考核机制不断完善。在评价方面，2016年国家发改委、国家统计局、环境保护部、中央组织部印发《绿色发展指标体系》《生态文明建设考核目标体系》，为开展生态文明建设评价考核提供依据，同年底发布了《2016年生态文明建设年度评价结果公报》。2022年中央一号文件明确提出开展农业绿色发展评价。在考核方面，目前化肥减量、农业废弃物处理已纳入对省级农业农村部门的延伸绩效考核，依托畜禽规模养殖场直联直报信息系统数据，农业农村部对各省畜禽废物资源化利用工作进行考核评价。为加强地膜新国家标准宣贯，规范地膜企业生产行为，地膜已列入全国农资打假和监管范围。耕地土壤环境质量类别划分及土壤与农产品协同监测纳入粮食安全省长责任制考核。2021年，《农业面源污染治理与监督指导实施方案（试行）》提出，强化监督工作，推动地方各级政府将农业面源污染工作纳入绩效评估，突出问题纳入中央环境生态保护督察范畴。

5. 我国农业产业结构绿色化道路任重道远。党的十八大以来，绿色发展理念已高度融入国家发展规划并深入人心，同时，中央政府及各地陆续出台多项政策措施积极推动农业领域的绿色发展，农业绿色发展取得积极成效，但总体来看，我国农业产业结构绿色化道路任重道远。众所周知，我国用占全球9%的耕地、6%的淡水资源，养活了近20%的人口，实现了从饥饿到温饱再到小康的历史性巨变[1]。但是，巨大成就的获得是以付出巨大资源环境成本为代价的，长期的超强度开发利用，农业资源长期透支和过度开发，化肥、农药等投入品过量使用，农业面源污染严重，土壤污染、地下水污染和农业农村污染防治距离美丽

---

〔1〕《中国用9%的耕地 6%的淡水资源 养活了近20%的人口》，载 www.scio.gov.cn/gxzt/dtzt/2020/2019gxbxwfbh/loy/gxsp_20972/202208/t20220802_287541.html，最后访问日期：2024年6月15日。

中国目标要求差距很远，乡村生态环境保护根源性压力仍然存在。以往的粗放式发展道路已经难以为继，未来的农业面临巨大挑战。我国现代化的薄弱环节仍然是在乡村，大国小农人多地少还是基本事实。党的十九大报告提出，中国特色社会主义进入新时代，我国社会主要矛盾已经转化为人民日益增长的美好生活需要和不平衡不充分的发展之间的矛盾。从我国发展的现实状况看，因为长期二元体制制约以及政策影响，城乡之间的差距越拉远大，乡村发展远远落后于城市，乡村成为共同富裕的最短板，城乡之间的不平衡成为我国发展中最大的不平衡，乡村也成为发展最不充分的地方。

（1）农业面源污染尚未得到根本遏制。农业面源污染，是指农业生产过程中种植行业由于化肥、农药、地膜等不合理使用，以及养殖行业（畜牧、水产）畜禽水产养殖废弃物、农作物秸秆等处理不及时或不当，经过农田地表径流与渗漏，对江河湖泊等生态系统产生的污染。农业是温室气体和碳的重要排放源之一。我国化肥、农药年用量常年均位居世界第一，但利用率均低于发达国家的水平，造成农业内源性污染严重。秸秆废弃物、畜禽粪污、生活垃圾等成为农业面源污染的主要源头。草场退化，种养结合的农户比例下降。我国草地面积因过度放牧超过了草场的承载能力，导致草地植物产出率减少，土壤沙化，目前有 90%天然草地发生了不同程度的退化，其中 60%以上为中度或重度退化[1]。生物多样性利用不足，农业生物多样性保护亟待加强。耕地质量下降，土壤镉、汞、砷等重金属超标。以第三次全国土地调查结果为准，我国耕地最新数据为 19.18 亿亩来计算，中重度污染的耕地面积占 2.9%，达到 5562 万亩。中国土壤学专家，南京农业大学教授潘根兴说"现在我国土壤污染较为严重，日益加剧的污染趋势可能还要持续 30 年。"[2]。华北地区地下水超采累计亏空 1800 亿立方米左右，超采的面积达到了 18 万平方公里，约占平原区面积的 10%[3]。农业面源污染不仅造成资源浪费，而且破坏农业生态环境，影响人们身心健康。生态环境约束趋紧，化学品高投入、资源高消耗的农业生产方式使耕地资源持续被消耗、乡村生

〔1〕《以低碳带动农业绿色转型》，载《经济日报》2021 年 11 月 3 日，第 11 版。
〔2〕《我国 10%耕地遭重金属污染?》，载《新华每日电讯》2012 年 6 月 15 日，第 9 版。
〔3〕彭超、刘合光：《"十四五"时期的农业农村现代化：形势、问题与对策》，载《改革》2020 年第 2 期。

态环境被污染，制约了农业农村的进一步发展。

（2）食品安全仍有风险隐患。我国食品安全问题引发在 2008 年三聚氰胺事件，此后系列食品安全事件发生。通过政府加大治理力度，纵向看食品安全问题稳中向好，但我国食品监管体制中仍然存在缺陷，食品安全基础依然薄弱，违法案件总量偏大，仍处于食品安全风险隐患凸显和食品安全事件高发期。长期以来乡村地区生态退化和环境污染导致农产品安全问题事件频发，对消费者的身体健康构成了威胁。主要表现在四个方面[1]：第一，引发食品安全问题的主要因素是食源性病原微生物和生物毒素。食源性病原微生物毒素种类繁多、来源广泛，可通过接触土壤、物表面、水、排泄物或者食物污染"从农场到餐桌"的食物链任何环节，严重危害人类健康，病原微生物污染是造成食品中毒死亡的主要原因；第二，当前我国食品安全源头污染的主要来源是农兽药化学污染物。我国农兽药应用普遍，养殖环节存在滥用抗生素类药物的现象。兽药的大量广泛使用与滥用甚至违禁使用，造成其在动物性食品中残留，直接影响人类的身体健康；第三，重金属、真菌毒素等污染物构成粮食食品安全长远隐患。粮食中的重金属问题已经是我国面临的一个重要问题。根据《典型区域土壤环境质量状况探查研究》调查显示，我国部分典型区域镉、汞、砷、铜、镍重金属超标珠严重，重金属污染问题已经威胁到人们的主要粮食食物来源；第四，非法添加、掺杂使假和欺诈威胁民众舌尖上的安全。尽管国家三令五申严厉打击掺杂使假违法行为，但利益驱使下各种非法添加、掺杂使假和欺诈行为屡见不鲜，各种"科技狠活"粉墨登场，目前仍是我国现阶段突出的食品安全问题。

（3）农林牧副渔产品供给尚不能满足消费升级需求。居民消费结构在一定时期有稳定性，从长期看，也是动态演进的。改革开放特别是进入 21 世纪以来，随着经济发展水平的提高，人们收入增加，居民消费结构逐渐改善，消费需求也在调整，人们开始追逐高品质、个性化的商品。居民消费需求的升级改变了人们的消费观念和消费行为，居民由吃得饱向吃得好、吃得放心、吃得健康、吃得愉快转变，注重舌尖上的安全，偏好于绿色、智能商品和健康养老消费。但农林牧

---

〔1〕《报告称农药化学污染物　是我国食品污染主要源头》，载《经济参考报》2016 年 1 月 28 日，第 A03 版。

副渔产品供给端尚不能满足消费升级需求。主要表现在：高质量的农产品和生态需求与落后的市场意识产生了矛盾。根据国家统计局发布的数据显示，2021 年粮食产量再创新高，全国粮食总产量达 13 657 亿斤，已连续 7 年超过 1.3 万亿斤以上[1]，重要农产品供给已由总量短缺转变为品种丰富、总量有余。但是，在农业高产出的背后，是城乡居民消费理念的转变和农产品消费结构的升级。城乡居民对生存居住生活的环境有新的更高要求，希望家乡绿水青山常在。农业的功能发生了根本性变化，不再是单纯满足于种出来、养出来，再卖出去，而是要适应民众日益多样化和个性丰富化的消费需求。农业生产经营主体的市场意识相对来说仍然比较落后，农户受种植经验所限，农业供给侧在满足市场需求升级方面滞后。尽管为适应居民消费升级需求，国家多年来积极倡导鼓励生产绿色生态有机农产品，但是供给量总体上还较少。黑龙江省是我国产粮生产大省，也是全国最大优质粳稻主产区，近些年在五常、桦川、富锦等地积极发展绿色有机种植，成为我国有机农产品种植较多的省份，即使如此，有机稻谷产量也仅占稻谷总产量的 2.3%，有机玉米仅占 1.4%[2]。

（4）宜居宜业和美乡村建设刚刚起步。中国要美，乡村必须美。党的二十大报告指出，统筹乡村基础设施和公共服务布局，建设宜居宜业和美乡村[3]。这一重大部署，是对乡村生态价值的重新认识和灵活运用，是对新时代乡村建设的高度重视，指明了新时代我国乡村现代化的方向。习近平总书记在《求是》杂志发文指出，"农村现代化是建设农业强国的内在要求和必要条件，建设宜居宜业和美乡村是农业强国的应有之义。"[4]党的十八大以来，我国农村基础设施全面提档升级，农村公共服务能力显著提高，大力推进农村突出环境问题的综合整治，自然环境和人居环境更加美丽宜居，最美乡村、美丽庭院的比例不断提高。但是与快速推进的工业化、城镇化相比，我国农业农村现代化仍然是我国现代化版图中的短板。从世界百年未有之大变局看，农业农村现代化是中国式现代

---

〔1〕《国家统计局：2021 年全国粮食总产量 13657 亿斤，连续 7 年保持在 1.3 万亿斤》，载 https://www.guancha.cn/economy/2021_12_06_617395.shtml? s=sywglbt，最后访问日期：2024 年 6 月 24 日。

〔2〕彭超、刘合光：《"十四五"时期的农业农村现代化：形势、问题与对策》，载《改革》2020 年第 2 期。

〔3〕杨春华：《扎实推进宜居宜业和美乡村建设》，载《红旗文稿》2023 年第 3 期。

〔4〕习近平：《加快建设农业强国　推进农业农村现代化》，载《求是》2023 年第 6 期。

化的"压舱石"[1]。农业农村现代化建设事关整个国家现代化进程。我国人口基数大，即使将来城镇化率达到70%以上，也有数亿人生活在乡村。建设宜居宜业和美乡村，意义重大，但任务艰巨。目前宜居宜业和美乡村的基础设施建设尚未完备，公共服务未得到普惠，数千万村民刚刚脱贫，距离生活富足有很大差距，受经济发展水平制约，要实现人与自然和谐共生更是难度很大。可见，我国乡村生态环境保护和人居环境整治是一项长期复杂的系统工程，仍要久久为功、因地制宜、精准施策。

（5）农业自然资源长期透支，资源约束趋紧。我国达到的农业产能中相当部分是以牺牲生态环境为代价换取的[2]，其中之一是以过量施用化肥、农药等现代投入品为代价换取的产能。我国农业化肥施用量过大，亩均20千克，世界平均水平为8千克。我国每公顷农作物化肥施用量为英国的2.05倍、美国的3.69倍，远高于世界发达国家水平[3]。农药使用存在用量大、剧毒农药多、使用不规范、利用率偏低等问题，畜禽粪污排放量大，每年约7.32亿吨未被利用。每年秸秆约一亿吨未得到有效利用，地膜残留造成土壤质量下降，农田生态系统退化，生物多样性减少；存在严重超采地下水为代价换取产能状况，其中华北地区地下水严重超采，河北超采量和超采区面积均为全国的1/3，是全国最大的地下水漏斗区，并造成了大面积地面沉降，河湖生态环境遭到严重损害。过度捕捞造成渔业资源减少，水域生态恶化，致使水域生产力下降，水体污染。长期以来草原超载过牧，沙化退化严重，草原生态总体恶化局面尚未根本扭转。60亿亩天然草原90%出现不同程度的沙化退化，而且每年还在增加。由于过量化肥的农药不合理施用以及高强度、粗放式生产方式，严重恶化土壤状况，不仅抗旱抗涝能力差、保水保肥能力弱，而且养分失衡、酸化板结加重等，导生态系统退化，生态保育型农业发展面临诸多挑战。

---

〔1〕 曲福田：《夯实中国式现代化的农业农村基础》，载《人民日报》2022年11月10日，第9版。

〔2〕 叶兴庆：《"健康产能"的增长如何跑赢"有毒产能"的退出》，载《中国发展观察》2014年第2期。

〔3〕《全球及中国农作物化肥施用量、农药使用量对比情况》，载 https://data.chinabaogao.com/huagong/2021/0335342/22021.html，最后访问日期：2024年6月16日。

7.3 我国农业产业结构绿色化水平的影响因素

7.3.1 农业农村环境保护一直是我国环境保护领域的薄弱环节

我国环境保护工作范围广责任大任务重，相比较而言，过去数十年来，主要关注对象更多的是在城市和工业领域，这也是我国多年来优先推进工业化、城市化的伴生物，关于农业农村的环境保护无论在机构设置、政策安排还是在环境保护资金投入、基础设施上都比较薄弱且存在不到位状况。在城乡环境保护建设中，长期存在着城乡获取财政资源以及责任不协调问题，污染防治资金更多地投入了城市与工业领域，有限的资金投入也被分散到诸多部门各自为政的使用，效果不佳。对乡村环境保护的重视也仅仅开始于"九五"时期，城市污染逐渐向乡村扩散渗透，缺乏对违规排污现象的管制。出于地方利益的考虑，政府对工厂违规排污现象的监督检查不够严格，即使查出来惩罚力度也不大，造成违规排污现象得不到根本治理；乡村环保基础设施薄弱，很多乡村没有垃圾桶，更无环保工人清理打扫。也没有固定的垃圾处理站；乡村环境保护政策扶持力度偏弱，乡村环保法治建设保障需强化。虽然我国在过去的建设过程中认识到农业和农村经济法律和制度建设的重要性，并陆续出台以《中华人民共和国农业法》为核心的相关法律法规。但与欧盟等发达国家比较，作为一个发展中国家，我国农业政策和法规体系建设还有很长的路要走，目前国家级专门的农村环保法律法规尚属空白，只有针对畜禽养殖污染的部门规章，化肥、农药、农膜等还没有具体的专门制度[1]。出台的有关乡村环境保护的文件多以指导性政策形式出现，缺乏具体的保护实施措施。而且农业绿色发展涉及环境监测、农业生产、农产品销售等多环节多领域，分属于不同部门管理，目前协同管理模式和体系尚未形成，缺乏配套体制机制，权责不清，无疑进一步增加了农业绿色发展的难度和工作量。由于发展阶段限制，总体上乡村环保意识比较贫乏，环保意识薄弱，缺乏保护环境的动力，这都是导致乡村生态环境问题的原因。

---

〔1〕 魏颖芳：《新时代农业绿色发展面临的问题及解决路径》，载《延边党校学报》2022 年第 1 期。

7.3.2　农业绿色技术体系尚不完善，农业绿色技术开发与推广亟待加强

　　绿色技术体系是支撑农业绿色发展的第一生产力，农业绿色技术的开发与推广是推动农业绿色发展的重要保障与支撑。目前我国科技支持农业绿色发展领域尚存在薄弱环节。主要表现在：第一，绿色科技投入不足导致绿色科技产出难以满足农业生产实际需求。我国是一个农业大国，农业是第一产业，数亿农民在农村，而且农业农村发展又相对落后，对农业科技需求量大，市场广阔，同时我国幅员辽阔，自然地理环境复杂多样，各具特色，农业生态环境地域差异较大，对于农业科技的需求差异很大，这无疑增加了农业技术投入与开发的工作量和难度。绿色农业产业需要进行大量且有差异的科学研究以及生产实践，是以大量资金的投入作为保障的。研发实验推广全过程既需要长期以来技术的逐渐积累，更需要长期源源不断的资金投入。而农业绿色发展过程具有投资多、风险高、回报周期既长又慢的特点，这就决定了非政府组织和企业对此缺乏投资欲望。因而现阶段，我国绿色农业技术研发实验推广全过程大部分都是由政府买单的。但在这方面，国家的投入力度还难以满足产业发展的需求。自 20 世纪 80 年代以来，发达国家农业科技研发和推广应用的经费占农业总产值的比例已达到 1.0%，很多发展中国家也有 0.5% 左右，我国仅为 0.17%~0.27%，投入明显不足[1]。农业科技基础研究和应用研究力量总体上较为薄弱，在农林生态系统保育、生态功能多元化开发与科学利用、绿色发展与增值服务、区域尺度农田土壤污染治理等方面绿色生产技术存在短板[2]，绿色农业先进技术的落后不仅直接影响了我国农业绿色生产，而且也波及农产品加工、运输、销售等各环节绿色化程度的提升。第二，农业绿色发展的科技人才支撑力量不足。科技人才是创新现代农业、发展绿色农业、繁荣乡村经济的重要支撑，农业绿色发展的关键是人，人才强、科技强，才能带动产业强、经济强、国家强。人是生产力中最主动的要素。农业科技人才的引入与培养能够为农业绿色技术的开发与推广提供重要的智力支持。目前我国农业绿色发展的最大瓶颈之一是对农业绿色生产带来实际效果的实用性人

---

〔1〕 焦翔：《我国农业绿色发展现状、问题及对策》，载《农业经济》2019 年第 7 期。

〔2〕 王农、刘宝存、孙约兵：《我国农业生态环境领域突出问题与未来科技创新的思考》，载《农业资源与环境学报》2020 年第 1 期。

才。农业科技人才队伍年龄结构老龄化、知识老化问题突出；总体受教育程度学历结构偏低；农业科技高层次人才的培养与实际需求有脱节状况。长期以来城乡二元体制的阻隔以及城市对乡村的吸引，造成乡村考取高校的学生更愿意留在城市发展，农科类高校招生普遍不受欢迎，大量青壮年外出务工，农村留守人员年龄偏大，农业绿色技术开发与推广人才后备队伍储备不足，阻碍了传统农业向现代农业的跨越以及农业技术和绿色农业的发展。第三，农业绿色科技成果转化应用率有待提高。有学者研究发现，我国农业科技成果转化率在 30%～40% 之间，还不及欧美发达国家的一半[1]。2022 年农业科技进步贡献率为 61.5%。目前许多发达国家农业科技进步贡献率在 90% 左右，荷兰更是高达 97%[2]。但需要注意的是过去相当长的一个时期，我国取得的农业科技成果更多的是为产量提升目标服务，在科技赋能产量上投入大，但在农业绿色发展方面的科技创新和推广较少。

7.3.3　农业产业结构相对初级，经营模式单一，绿色产品比较效益待提升

农业产业受自然条件影响最大，农产品生产周期长，适应市场的灵活性较差，我国农业又一直是弱势产业和弱质产业，农业比较效益低下。美国、荷兰等作为世界先进的农业发达国家，产业结构丰富而高级，而我国农业产业结构相对简单和初级，初级农产品、粗加工的产品销售占比最大，精深加工、系列加工延伸产品不足，我国农产品加工转化和增值率还比较低。欧美发达国家水果产品深加工率平均达到 35% 以上，商品化处理率达到 80% 以上，产品损耗率仅有 5%。我国水果的商品化处理率仅为 10% 左右，产品损耗率却高达 30%[3]；当前我国农产品加工率约为 67.5%[4]，但是相关产业仍存在关键技术"卡脖子"、发展受制于人等问题。发达国家农产品保鲜产业化早已在 20 世纪 70 年代就普及，膜

〔1〕　陈辉、赵晓峰：《农业技术推广的"低水平均衡"现象研究——以陕西省 P 县为例》，载《农业经济》2016 年第 9 期。

〔2〕　《两江观察｜山地、特色、智慧！重庆农业要抓住 3 个关键词》，载 https://www.cqcb.com/hot/2021-06-08/4195862_pc.html，最后访问日期：2024 年 6 月 16 日。

〔3〕　《云南打造精品云果——138 张有机水果认证　187 张绿色水果认证》，载《春城晚报》2018 年12 月 13 日，第 A05 版。

〔4〕　瞿剑：《我国农产品加工营收近农业产值的 2.4 倍　关键技术"卡脖子"现象仍存在》，载 http://m.stdaily.com/index/kejixinwen/2021-03/24/content_1096102.shtml，最后访问日期：2024 年 6 月 16 日。

分离技术、计算机视觉识别与分级技术、超临界萃取技术等农产品深加工技术应用广泛。与发达国家相比，我国农产品高新加工技术不仅落后，而且应用区域较小，导致资源浪费严重，制约产业持续良性健康发展。

我国农业经营模式经历了不同时期的重要演变，目前有逐渐多元化的趋势，在坚持家庭承包责任制不变的前提下，实行农户自主经营为主，部分地区试行土地流转制度，以改变分散生产与社会化大生产之间的矛盾，由此形成的现代农业适度规模化经营模式总体上看还处于探索积累经验之中。乡村村民对绿色经营模式的认知不系统不到位，专门的知识培训和具体技术支撑也未跟上。相对于传统农业生产，绿色生产需要的投入更高，相应的价格也高，从全国范围看，尚未形成统一有序运转良好的绿色农产品市场。绿色有机原生态生产在许多地方还处于探索阶段，龙头企业带动辐射作用有限，缺乏规模经济，这在一定程度上影响了绿色农业比较效益的提高，也削弱了农民从事绿色生产的主动性积极性。

7.3.4　农业数字化基础较薄弱，产业升级需加强

农业数字化是指利用计算机、人工智能、大数据、区块链、物联网、5G 等现代信息技术和装备对农业全产业链的信息感知、定量决策、智能控制、精准投入、个性化服务的全新农业生产方式。农业数字化的应用和推广具有促使农业生产更高效、精准农业促进资源合理利用、助推农业高质量发展、智慧农业大发展的特点，有助于改造传统农业转变农业生产方式。近年来，发展数字农业已是全球共识，从国际上来看，欧美发达国家和地区为持续巩固加强其农业竞争力，构筑新一轮产业革命新优势，都将数字农业作为战略重点和优先发展方向，在农业农村领域加快应用 5G、卫星遥感、物联网、智联网、大数据、区块链等数字技术，"大数据研究和发展计划""农业技术战略"和"农业发展 4.0 框架"等战略相继出台，并围绕智慧农业展开布局，分别出台产业战略白皮书、农业创新2025、数字农业等政策。根据国际咨询机构研究与市场预测，2025 年全球智慧农业市值将接近 300 亿美元[1]。我国农业生产数字化建设经过近十年发展取得

---

〔1〕顾雷：《农业农村数字化基础薄弱，五大抓手可补齐短板》，载 https://www.chinazhikujie.com/2020/04/08/195/.html，最后访问日期：2024 年 6 月 16 日。

了显著进步，但与发达国家与地区相比，起步较晚，发展水平明显落后于欧美等发达国家，数字农业农村发展面临着诸多挑战。无论是基础条件建设还是科技创新以及体制机制上都需要加强和创新突破。就国内各产业领域来说，也是落后于工业和服务业等领域，农业大数据建设基础薄弱，数字农业领域专业人才匮乏，数字化配套设施不完善，数字资源分散，数字技术与农业农村融合不够充分，数据资源开发不足，分散的小农户难以认知数字农业技术应用等。《"十四五"数字经济发展规划》明确提出数字经济是继农业经济、工业经济之后的主要经济形态。数字农业是数字经济的重要组成部分，农业农村是数字中国建设亟须补齐的短板。数字化发展与绿色发展之间并非孤立存在，而是存在必然的相互依托助力关系。数字化必然带来精准化，精准化实现数字化。数字化作为经济发展的新引擎，是当前减少碳排放推进绿色化的重要手段，因此，充分利用物联网、大数据、人工智能等数字技术实现农业的精准管理，将有助于实现农业的绿色发展。

第8章 我国乡村工业结构的演进及
其绿色效应研究

改革开放四十余年来，我国乡村工业搭乘改革开放的东风，走上了迅猛发展车道，为我国经济增长和社会发展作出了巨大贡献，乡村工业结构也伴随着经济发展和社会进步适时地做出调整，特别是党的十八大以来，与国家重大发展战略一致，乡村工业结构的绿色化和高级化程度越来越显著。在党的十九大报告中第一次明确提出实施乡村振兴战略。要积极推动乡村产业振兴、人才振兴、文化振兴、生态振兴和组织振兴。乡村振兴战略是习近平总书记"三农"思想的集中体现，是新时代我国"三农"工作的总抓手，是促进我国农业农村现代化的总战略，实施乡村振兴战略具有重大意义。五大振兴中，产业兴旺是基础，生态宜居是关键。绿色发展成为构建现代乡村第一、二、三产业融合发展体系的引领性原则[1]。纵览我国乡村工业的发展历程，可以清晰地发现，乡村工业迅猛发展的背后，有着严重的生态环境忧患。不可持续的发展模式一次次敲响生存的警钟，需要谋求产业的转型升级。新兴产业必须在推动经济健康发展的同时要注意保护环境，转变污染工业朝绿色生态可持续方向发展，实现经济效益环境效益同步。

8.1 乡村工业结构内涵与演进特点

8.1.1 乡村工业及乡村工业结构概念界定

1. 乡村工业。关于乡村工业的概念界定，一般是指乡镇、村以及村以下所

---

[1] 王学渊、张志坚、赵连阁：《乡村工业绿色发展的地区差异与利益困厄——基于污染红利分割视角》，载《产业经济评论》2019年第1期。

办工业，也包括乡村个体工业，它是由无数的乡镇、村组、农民联户或农户个体所兴办的乡村企业组成的。根据统计任务的不同要求，乡村工业有不同的分类方式。总体来说，乡村工业有两个最显著的特征：一是在产业结构上呈现轻型化。从行业结构来看，建材及非金属制品业产值比重占到了 60% 以上，这属于乡村工业的支柱产业。受到生产规模和技术水平限制，乡村工业多以初级简单的加工生产为主，与城市工业之间存在较大的差距。而且乡村工业产品结构也相对落后，市场竞争力总体上是较弱的，能够拥有较大市场份额的产品种类屈指可数。生产的产品基本属于资源开采及初级加工产品和劳动密集型产品领域，资本密集型产品领域较少。二是投资主体多元化，产权结构多样化。乡村工业的缘起多是出于比较利益的选择，从事乡村工业生产能够获取非农产业就业机会和高于农业收益的非农收入。于是，投资总量少、短期见效快就成为乡村工业投资的普遍表现。与城市相比，乡村在人口密度、乡村空间聚集度以及农民的人均收入水平等方面都具有明显的先天不足因素，这也使得乡村资金的集聚能力较弱，投资主体呈多元化，零散的重复性小规模投资居多，规模效益低下，乡村工业表现出同质化严重、企业平均规模较小、集约化程度低，资金装备水平较低、资金积累循环能力较弱等特点。

区域乡村工业的选择取决于多种因素。我国乡村地区广袤，自然地理传统风俗有天壤之别，决定区域乡村工业选择的因素主要有以下方面。

自然资源禀赋。区域内产业的构成主要取决于当地的自然资源禀赋结构，因而区域乡村资源禀赋也就成为影响乡村工业模式选择的最重要因素之一。不同区域自然资源禀赋不同，乡村工业选择和发展路径各有不同。各地初始条件的差异以及自然资源禀赋的不同，在很大程度上决定了乡村工业模式的选择。

地理优势与地区差距。好的地理位置意味着更容易获得市场渠道、市场信息和外部资本的进驻。一般而言，位于经济发达地区的乡村工业可能发展得快些；反之，位于偏远落后地区，经济基础本就薄弱，信息相对闭塞，观念落后，乡村工业发展速度也会较慢。

要素禀赋。资金、人力资本、技术、交通、信息条件等要素禀赋较好的乡村地区，乡村工业发展较快，反之则较慢。某地若拥有更多的是土地和更小的资本劳动比，则乡村工业发展规模偏小。

城市发展和城乡经济联系状况。一般地说，某省经济越发达，城市发育程度越高，人口密度越大，收入水平越高，交通设施越便利，则对附近地区乡村工业的影响也越大。反之则是另一种结果。

制度优势与创新精神。在市场经济条件下，区域产业选择与发展不仅仅是取决于位置优越或者资源的丰富，更多的是要具有适应市场经济发展要求的制度安排、激励机制和开拓创新精神。

2. 乡村工业结构。乡村工业结构是指乡村地区工业部门构成以及它们在生产过程中所形成的技术经济联系。它可以体现为乡村工业生产结构、产品结构、地区结构等。影响产业结构的因素也是影响区域乡村工业结构的因素。与城市工业结构相比，乡村工业结构具有轻型化、区域性、时序性、层次性的特征。

8.1.2　我国乡村工业的发展历程

我国乡村工业的发展历史是曲折漫长的。中华人民共和国成立之前，乡村工业基本上是空白的。长期的战乱频仍使得民不聊生，为数不多的乡村工业也是围绕军事需要和民用需求展开。1949 年中华人民共和国成立后，乡村亿万农民获得解放和新生，乡村工业化也开启了新的征程。关于工业化阶段的划分，发展经济学家钱纳里工业发展阶段划分理论是工业阶段划分的重要方法，即基于人均 GDP、城市化水平、工业在国民经济中的比例等因素进行划分。另外，罗斯托、库兹涅茨、霍夫曼、江小娟等国内外学者都对工业化阶段划分作出了研究和贡献。本书依据已有工业发展阶段划分理论和我国乡村工业发展实际，归纳学界已有研究成果（祖伟等，2005；于秋华，2009；李先军、杨梅，2021），将中华人民共和国成立以来乡村工业的发展划分为以下阶段：

1. 萌芽与探索起步阶段（1949~1977 年）。中华人民共和国成立之时，我国经受了常年战争摧残和破坏，国民经济基础薄弱。当时我国现代工业规模和水平都非常低下，分散的小农经济和手工业经济在国民经济总量中占到了 90%[1]。从 20 世纪 50 年代初开始，中共中央围绕乡村工业发展陆续作出决策，先是于 1951 年鼓励农业生产互助合作实行农业和副业互助结合，后于 1955 年开启人民

---

〔1〕　汪海波主编：《新中国工业经济史》，经济管理出版社 1986 年版，第 56 页。

公社化运动,并指出人民公社必须大办工业,发生了"大跃进运动",全国范围内各人民公社均将部分劳动力用于工业领域,利用土钢铁、土原料、土设备,兴办小煤窑、小铁矿、小高炉、小水电等。到 1958 年底,全国社办工业企业达 602 万个,总产值 62.5 亿元,约占全国工业总产值的 5.8%。1959 年末,全国工业企业达到 31.8 万个,其中国营企业 11.9 万个,增加的企业主要是地方小工业企业[1]。全国范围的"大跃进"和人民公社化运动时期,一涌而出的小煤窑、小铁矿、小高炉等社办企业,缺乏相应的科学技术,违背了客观经济规律,效益差,资源浪费严重,造成国民经济结构比例失调。1960 年 9 月,中央决定对国民经济进行调整,公社企业也进行了调整、收缩、清理、限制,着手对工业企业"关、停、并、转",其中一条就是停办社办工业企业。乡村工业又回归到附属于农业社的副业地位和范围。1970 年,为加快实现农业机械化进程,在国务院召开的北方地区农业会议上再次强调要加快发展小水泥、小钢铁、小化肥、小煤窑、小钢铁等地方"五小"企业,社队企业因为人力物力的投入又得到进一步发展。社队企业的产量从 1970 年的 92.5 亿元提高到了 1976 年的 272 亿元,年增长率达到了 25.7%。按照 1970 年不变价,1978 年社队企业的产量为 493 亿元,从业劳动力数量为 2830 万人[2]。

2. 崛起与治理阶段(1978~1991 年)。我国的改革开放从农村开启,土地承包制的实施,将长期被束缚于土地的农村劳动力极大地解放出来,过去十个劳动力种的地现在只需要一两个人就足够,于是大量剩余劳动力出现。为了吸收消化农村剩余劳动力,乡镇企业得以兴起并不断壮大。1984 年 3 月 1 日中共中央、国务院转发农牧渔业部和部党组《关于开创社队企业新局面的报告》的通知,第一次以正式文件形式把社队办企业、部分社员(村民)合作企业、其他形式合作和个体企业这四个"轮子"称为"乡镇企业"。1984 年中共中央一号文件指出乡镇企业是国民经济的一支重要力量,有利于实现农民离土不离乡,避免农民涌进城市,这优化了乡镇企业的发展环境,促使乡镇企业进入快速发展时期。乡镇企业最繁盛的阶段,甚至在某些省份出现了"村村点火、乡乡冒烟"的工业景

〔1〕 李先军、杨梅:《中国乡村工业百年发展历程:成就、经验与未来》,载《齐鲁学刊》2021 年第 6 期。

〔2〕 祖伟等:《中国农村工业化的发展阶段及特征》,载《学术交流》2005 年第 10 期。

观。1984年，乡镇企业总数达到606.5万户，是1983年的4.5倍。1985年增加到1222万个，总产值1709.9亿元，吸纳就业人数5000多万。1988年乡镇企业数量增加到1888.2万个，企业从业人员达到9545万人，企业总产值增加到6495.7亿元[1]。

1988年9月，为及时应对经济加速发展过程中出现的通货膨胀加剧、经济秩序混乱等不平衡不协调局面，中共十三届三中全会提出了"治理经济环境，整顿经济秩序，全面深化改革"的经济政策。在这一政策指导下，我国乡镇企业开启了三年"调整、整顿、改造、提高"历程。信贷收紧，财政投入减少，有些企业被关停，乡镇企业发展速度放慢。1991年乡镇企业的增长速度仅为14%，远低于1984~1988年间的平均水平[2]。

3. 调整与平稳发展阶段（1992~2001年）。20世纪80年代乡镇企业的崛起为乡村经济发展注入了新的活力，成为吸纳乡村剩余劳动力就业、繁荣丰富乡村经济活力、增加农民收入来源、促进农业农村现代化建设的重要路径。邓小平在1992年初著名的南方谈话中，对乡镇企业的发展地位给予了高度评价，认为乡镇企业是建设有中国特色社会主义的优势之一。中共十四大确立了建立社会主义市场经济体制，在报告里肯定了乡镇企业在国民经济中的支柱性地位和中小工业企业的主体地位[3]。借此东风，乡镇企业迎来了新一轮发展高潮。到1996年，乡镇企业职工人数增加到1.4亿人，增加值近1.8万亿元，出口产品交货值6008亿元，利税总额达6253亿元。1997年的利润总额比1996年增长17.4%[4]。

但是，乡镇企业普遍存在政企不分、产权界定模糊、产品结构同构化等制约企业可持续发展的问题，在新时期遇到了因投资结构以及经营管理体制缺陷带来的诸多困难和挑战，导致资源耗用过度和竞争激烈，规模效益递减，乡镇企业产权改革如箭在弦上势在必行。

乡镇企业改革的形式包括完善承包制、实行股份合作制、进行要素重组等方

---

〔1〕 于秋华：《改革开放三十年中国乡村工业发展的经验与启示》，载《经济纵横》2009年第4期。
〔2〕 刘建荣、邱正文：《农村工业化过程的问题与对策》，载《学术论坛》2005年第4期。
〔3〕 农业部乡镇企业局组编：《中国乡镇企业统计资料：1978—2002》，中国农业出版社2003年版，第56页。
〔4〕 祖伟等：《中国农村工业化的发展阶段及特征》，载《学术交流》2005年第10期。

式，其中最引人注目的是股份合作制[1]。我国在这一时期开始建立现代企业制度的探索，作为异军突起的乡镇企业组织形式同期也发生了重要变化，其中，以"温州模式"为典型的家庭或家族企业通过产权制度改革实现了企业集团化和股份制，而以"苏南模式"为典型的乡镇企业也走上了改制之路。1998 年底，乡镇企业改组和新组建的股份合作制企业总共有 350 万个，占乡镇企业总数的 17.4%[2]。

为规范乡镇企业经营行为，扶持和引导乡镇企业持续健康发展，保护乡镇企业的合法权益，激发乡镇企业发展活力，针对 1995 年乡镇企业发展出现萎缩现实，1996 年全国人大常委会制定了《中华人民共和国乡镇企业法》。本法的出台极具时效性，为乡镇企业发展提供了法律保障，确保了乡镇企业步入平稳发展的轨道。2001 年全国乡镇企业建成和在建中的工业区 9149 个，数百万乡镇企业聚集在各类工业小区和小城镇中，从而使乡镇企业的整体素质有了明显提高，加速了农村城镇化的进程[3]。

4. 城乡工业化交融共生阶段（2002~2011 年）。这一阶段，无论是国际环境还是国内舆论氛围上均为乡村工业提供了良好的发展空间。2001 年我国加入世界贸易组织，为乡村工业发展空间的扩大创造了良好机遇，不仅可以在更大范围和更深程度上积极参与国际经济分工合作，而且密切了与城市大工业配套关联。2001 年 7 月 1 日，江泽民在庆祝中国共产党成立 80 周年大会上的讲话中，第一次把私营企业主定位为"有中国特色社会主义事业的建设者"。2002 年党的十六大报告中关于民营经济的理论创新实现了重大突破，社会主义市场经济体制进一步完善。党的十六大报告还提出了推进农业产业化，改造传统产业，培育新的经济增长点，加快工业化和城镇化进程。胡锦涛在党的十六届四中全会提出"两个趋向论"，即：在工业化初始阶段，农业支持工业、为工业提供积累是带有普遍性的倾向；但在工业化达到相当程度后，工业反哺农业、城市支持农村，实现工业与农业、城市与农村协调发展，也是带有普遍性的倾向[4]。"两个趋向"的

〔1〕　汪海波等：《新中国工业经济史》，经济管理出版社 2016 年版，第 429 页。
〔2〕　何康主编：《中国的乡镇企业》，中国农业出版社 2003 年版，第 55 页。
〔3〕　刘建荣、邱正文：《农村工业化过程的问题与对策》，载《学术论坛》2005 年第 4 期。
〔4〕　《破解"三农"问题的一把钥匙》，载《光明日报》2005 年 8 月 22 日，第 3 版。

重要论断，是党中央在新形势下对工农关系、城乡关系在思想认识和政策取向上的进一步升华。2004年中央经济工作会议上又进一步明确提出，中国现在总体上已到了以工促农、以城带乡的发展阶段。我国工农关系和城乡关系进入了一个新的时期，乡村工业的发展也更密切地与城市关联，城乡工业化呈现出交融共生的状态。

2002年到2011年，我国经历了历史上最快速度的城市化，城市化率从39.1%增长至51.3%。2011年城镇人口数为69 079万人，乡村人口数为65 656万人，城镇人口在历史上首次超过了农村人口，城市化率年均提高1.35个百分点，如图8-1所示。

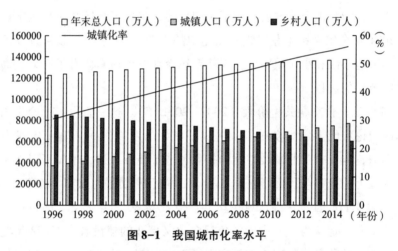

图8-1 我国城市化率水平

随着城市化的不断推进，全国范围内涌动起设立经济开发区的热潮。各级政府以惊人的速度推动着开发区的建设，除了上百个由中央政府建立的国家级开发区外，还成立了数以千计的省级开发区，并且尚有许多新的开发区在不断地审批与建设当中。据国家发展和改革委员会披露的数据显示，截至2002年底，我国有各类开发区6866个，规划面积3.86万平方公里[1]。因开发区投入建设由此带来的大量产业在特定区域内进行集聚，也成为这一阶段我国工业发展的新特征，"离土不离乡、进厂不进城"也成为城乡不断融合的新模式。

---

〔1〕 资料来源：国家发改委网站，载http://www.gov.cn/gzdt/2007-04/21/content_590648.htm，最后访问日期：2024年6月25日。

这一阶段适逢社会主义新农村建设紧锣密鼓展开,乡村工业发展与此紧密相连。党的十六届五中全会提出要按照"生产发展、生活宽裕、乡风文明、村容整洁、管理民主"的要求建设社会主义新农村。2006 年中央一号文件《中共中央、国务院关于推进社会主义新农村建设的若干意见》(中发〔2006〕1 号)明确提出"加快建立以工促农、以城带乡的长效机制",我国乡村发展也进入了新的阶段。这一时期,农业税全面取消,减轻了农民负担,有助于工业反哺农业,促进农业发展,为乡村工业发展创造了更好的基础设施、资本、市场、劳动力和人才供应等条件。到 2008 年 8 月,全国乡村规模以上工业企业达 23.8 万家,规模以上工业增加值占乡镇工业增加值的比重达 74.2%[1]。

5. 乡村新型工业化阶段(2012 年至今)。党的十八大以来,农业农村发展取得历史性成就,乡村发展也迎来了从全面脱贫到乡村振兴的新阶段。同时党的十八大明确提出,城乡发展一体化是解决"三农"问题的根本途径。城乡一体化的本质是城乡融合。党的十九大报告指出,农业农村农民问题是关系国计民生的根本性问题,必须始终把解决好"三农"问题作为全党工作重中之重。实施乡村振兴战略。乡村振兴的基本内涵是产业兴旺、生态宜居、乡风文明、治理有效、生活富裕。其中在实施产业振兴中鼓励发展乡村工业成为产业扶贫的重要内容,这为乡村新产业、新业态的发展提供了巨大空间,为企业家提供了新的更广阔的施展平台。为加快乡村产业协调发展和现代化进程,2018 年,《农业农村部关于实施农村一二三产业融合发展推进行动的通知》(农加发〔2018〕5 号),2020 年农业农村部印发《全国乡村产业发展规划(2020—2025 年)》。在乡村振兴战略号召下,全国涌现出一批全产业链企业集群、"农字号"特色小镇,全国百强县的产业支撑多来自乡村工业发展。新时代我国乡村工业发展呈现出新的特征。

首先,乡村工业正逐步成为县域经济发展的核心力量。党的十八大以来,以"飞地经济"模式推进区域协调发展的地方实践得到了党和国家层面的充分肯定。2017 年,国家发展改革委、国土资源部等八部门联合发布《国家发展改革委、国土资源部、环境保护部等关于支持"飞地经济"发展的指导意见》力挺

---

[1] 于秋华:《改革开放三十年中国乡村工业发展的经验与启示》,载《经济纵横》2009 年第 4 期。

"飞地经济"这个在过去模棱两可的新事物。我国在推进城市工业化过程中，城市发展面临的资源紧张压力越来越大，为破解工业用地瓶颈，降低生产成本，加快优势互补，实现产业集约化经营，以"工业下乡"和产业转移为显征的区域工业化新模式——飞地工业成为新时代背景下工业发展的新趋势。这一新态势正是适应园区可持续发展的需求，随着经济发展阶段的变化，中心园区企业的土地租金压力日渐昂贵，使得生产成本大幅增加，而偏远的城郊地区地价便宜，当地政府引资力度也大，于是城中园区开始向城郊园区、大园区逐步探索"飞地园区"、共建园区发展，这推动了工业从城市向乡村的延伸，生产链条逐步延长。这些新的产业集聚区主要集中在县及以下行政区域内，正好覆盖乡村，飞地工业逐步成为促进县域经济发展的重要力量。

其次，鼓励农民、离退休人员返乡创业或兼职，为推进乡村工业发展积累了重要的人力资本。农民工是产业工人的重要组成部分，是推动现代化建设的重要力量。农民工返乡创业在带动扩大乡村劳动力就业、提高农民收入、促进乡村脱困脱贫等方面具有重要的影响和作用。在国家推进大众创业、农民工返乡创业的制度改革、政策支持下，各地陆续出台吸引当地外出务工人员返乡创业的政策，营造优良的创业生态环境，形成了以返乡创业为主要模式的乡村工业发展新方式。2019 年，各类返乡入乡创新创业人员累计超过 850 万人，"田秀才""土专家""乡创客"等在乡创业创新人员达 3100 万人。创办农村产业融合项目的占到 80%，利用"互联网+"创新创业的超过 50%。乡村工匠、文化能人、手工艺人等能工巧匠层出不穷。农民创业形式灵活，有的是原来在发达地区劳动密集企业打工，回乡创办类似企业；有的在打工地已经创业，转移到家乡；有的是引领自己打工的企业到家乡办分厂，自己做经理。农村创业载体不断增多，截止到 2018 年底认定农村创新创业园区和实训孵化基地 1096 个，益农信息社覆盖 1/3 以上行政村[1]。多年来，国家一直在鼓励城市离退休人员返乡为乡村振兴贡献力量。2023 年 8 月，农业农村部、国家发展改革委等九部门又联合公布施行《"我的家乡我建设"活动实施方案》，提出"鼓励引导退休干部、退休教师、退

---

〔1〕 本刊编辑部：《我国乡村产业发展势头良好》，载《乡村科技》2019 年第 12 期。

休医生、退休技术人员、退役军人等回乡定居,当好产业发展指导员、村级事务监督员、社情民意信息员、村庄建设智囊员"。据农业农村部发布的数据,截至 2022 年 4 月,我国各类返乡入乡创业人员超过 1100 万人[1]。离退休人员返乡既可以带来相关技术和知识信息,缓解乡村人才空心化问题,也可以改变传统乡村文化认同感流失问题。

最后,诸多企业家出于深厚的社会责任感回到家乡建厂开业,成为新时代乡村工业发展的一支重要生力军。为实现城乡融合发展,缩小地区差距,国家实施乡村振兴战略,积极推动精准扶贫。在此背景下,一大批本就出身于乡村的成功企业家,致富不忘报桑梓,回馈家乡,建设家乡,尤其是通过在乡村地区的投资成为驱动乡村工业新发展的新方式。此外,随着乡村内需潜力的不断释放,对经济发展拉动作用不断增强,乡村市场成长潜力有很大空间,这也吸引了一些企业通过投资乡村来深挖国内市场、开辟投资蓝海领域。

8.2　乡村工业结构测度及演进特点

自中华人民共和国成立至今,我国的工业化之路走过了 70 多个春秋,工业建设取得了举世瞩目的成就。2018 年工业增加值是 1952 年的 2500 余倍,年均增长速度高达 12.6%,占 GDP 的比重为 33.9%,工业化进程总体上从初期阶段发展到工业化后期阶段[2]。2018 年习近平总书记在庆祝改革开放 40 周年大会上的讲话上指出:"我们用几十年时间走完了发达国家几百年走过的工业化历程。""建立了全世界最完整的现代工业体系。""现在,我国是世界第二大经济体、制造业第一大国。"今天,在联合国工业大类目录中,中国是拥有所有工业门类制造能力的国家,成为具备完整工业体系的国家,现在我国 500 种主要工业品中有 220 多种产量位居全球第一[3]。

乡村工业是中国工业的重要组成部分。多年来,乡村工业主动适应国内国际

---

〔1〕《九部门发文鼓励退休干部回乡定居 有何深意》,载 news. china. com. cn/2023-08/29/content_109251010. shtml,最后访问日期:2024 年 6 月 26 日。

〔2〕 邓洲、于畅:《新中国 70 年工业经济的结构变迁》,载《China Economist》2019 年第 4 期。

〔3〕《工信部:我国工业实现了历史性跨越》,载《上海证券报》2019 年 9 月 21 日,第 2 版。

变化，历经千山万水，冲破城乡阻隔，加入市场经济化大潮中，加入我国工业化、信息化、城镇化和农业乡村现代化进程之中，以星火之势，展现了自身的燎原之力，为经济建设作出了不可磨灭的贡献。乡村工业是推进国家工业化的重要一翼，在城市工业化之外，尝试开辟了乡村工业新领域的一种可能，形成了城乡共同发展的局面，加快了我国工业化的进程；是推进我国城镇化的基础动力，乡村工业有效吸纳了乡村富余劳动力，为小城镇培育了一大批市场主体，这些成为后来城镇化的重要支撑力量，加快了我国城镇化的进程；是农业现代化不可或缺的支撑力量。在城乡二元经济结构体制下，为当时乡村、农业的发展提供了资金支持，提高了农民的收入。进入新时代以来，在"两山两水"的建设理念下，乡村工业瞄准本地农业资源，彰显特色优势，大力发展农字号产业，农产品加工业比重不断提高，休闲、旅游等绿色农业成为排头兵，为中国特色农业现代化发展提供了重要的支撑。对于我国乡村工业，本文认为有以下特征：

1. 工业结构多样性不足，且地区结构趋同化明显。不同产业集聚到同一区域有利于不同类型的思想、知识、技术、信息在当地产生碰撞，从而形成新的思想、知识、技术、信息。自 Martin 和 Sunley（2007）提出区域经济韧性以来，众多研究基于区域经济韧性的考虑，倾向于支持产业多样性。本部分借鉴 Mano Y. 和 Otsuka K. 的做法，利用工业多样化指数来测度乡村工业内部结构的多样化程度，其计算公式为：

$$ue = 1 - \sum \left(gdp_{ij} / gdp_i \right)^2 \tag{8.1}$$

式中，gdp_{ij} 为 i 地区乡村 j 类工业总产值；gdp_i 为 i 地区所有乡村工业的总产值之和，多样化指数越小表明工业多样化水平越好，数值越大表明结构越趋于单一化。图 8-2 呈现了 1994～2015 年乡村工业多样化指数的趋势，2001 年以前多样化指数总体呈增长趋势（1997 年达到 0.9024），2001 年中国加入 WTO 给乡村工业提供了一定的发展空间，自 2002 年以后乡村工业结构多样化指数开始呈下降趋势，但是平均值都在 0.85 以上，工业结构偏单一状况未能从根本上改善明显。

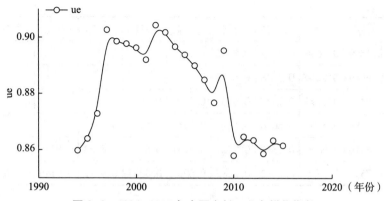

图 8-2　1994~2015 年中国乡村工业多样化指数

产业同构化也称产业趋同，是造成资源浪费、过度竞争和地区比较优势难以发挥的重要原因，同时也是阻碍工业实现由大到强转变的重要因素。本文利用工业结构相似指数对两地乡村工业结构进行比较，其计算公式为：

$$s_{ij} = \sum_{k=1}^{n} (x_{ik} \cdot x_{jk}) / \left(\sqrt{\sum_{k=1}^{n} x_{jk}^2} \cdot \sqrt{\sum_{k=1}^{n} x_{jk}^2} \right) \qquad (8.2)$$

式中，K 为乡村工业部门，x_{ik} 和 x_{jk} 分别为区域 i 和区域 j 乡村工业所占比重，数值越大，工业结构趋同程度越高。表 8-1 和 8-2 显示了 1994 和 2015 年乡村各地区工业结构相似指数计算结果（受篇幅限制，本文给出部分省份数据）。可以看到，与 1994 年相比，总体上 s_{ij} 呈下降趋势。其次，s_{ij} 值受地域影响明显，地理距离越邻近，s_{ij} 越大，工业结构趋同程度越高。如 1994 年北京、天津相似系数高达 0.8071，而浙江、黑龙江对应的相似系数则为 0.3348，2015 年对应的 s_{ij} 值分别为 0.5532、0.1214。

表 8-1　1994 年中国乡村工业结构相似系数

	北京	天津	黑龙江	上海	江苏	浙江	山东	湖北	广东	陕西
北京										
天津	0.8071									
黑龙江	0.5691	0.4398								
上海	0.8296	0.8399	0.3934							

	北京	天津	黑龙江	上海	江苏	浙江	山东	湖北	广东	陕西
江苏	0.7809	0.7655	0.4199	0.8522						
浙江	0.6689	0.6210	0.3348	0.8147	0.9333					
山东	0.8318	0.6194	0.7947	0.6365	0.7404	0.6235				
湖北	0.8481	0.6096	0.8080	0.6061	0.7157	0.6121	0.9619			
广东	0.8910	0.6550	0.5340	0.7721	0.7737	0.6845	0.8223	0.8366		
陕西	0.7597	0.5390	0.8172	0.5287	0.6207	0.5087	0.9512	0.9149	0.7722	

表 8-2　2015 年中国乡村工业结构相似系数

	北京	天津	黑龙江	上海	江苏	浙江	山东	湖北	广东	陕西
北京										
天津	0.5532									
黑龙江	0.4013	0.2612								
上海	0.5623	0.6013	0.1679							
江苏	0.6205	0.7002	0.2883	0.7757						
浙江	0.4232	0.3817	0.1214	0.3590	0.5902					
山东	0.6853	0.5582	0.6540	0.5634	0.8153	0.4815				
湖北	0.7148	0.4904	0.6902	0.4468	0.7059	0.5367	0.8873			
广东	0.5443	0.5780	0.3323	0.7665	0.7924	0.6571	0.6763	0.6012		
陕西	0.4816	0.5319	0.6839	0.2571	0.4290	0.2074	0.6899	0.6716	0.4180	

表明随着信息化、技术化以及现代交通物流的愈加便利，乡村工业趋同程度有所降低，但地域依赖性仍然存在。

2. 沿海地区工业集聚特征明显。按照 2017 年 6 月发布的《国民经济行业分类》（GB/T 4754—2017），工业包括农副食品加工业、食品工业等 31 个行业。根据相关统计年鉴，本文得到了 1994~2017 年我国乡村 30 个省、自治区、直辖市 29 个行业的份额数据（考虑到废弃资源综合利用业以及烟草行业的特殊性，暂不列入考察范围）。据此采用全局主成分分析（GPCA）方法进行研究，将立体时序数据表各时刻的子表分别赋予时间权重后纵向展开，并施以经典主成分分析。利用 stata 软件进行数据有效性检验，检验结果表明，KMO 检验值为 0.9552，指标之间偏相关系数较大；SMC 检验结果表明变量均在 0.79 以上，适用于全局主成分分析方法。按特征根>1 的原则提取出第一至第四主成分（f1、f2、f3、f4），4 个主成分的累计方差贡献率为 91%，可以解释原数据的大部分信息。

表 8-3　因子载荷与得分

部门编码	工业部门	f1	f2	f3	f4
C13	农副食品加工业	0.0363	0.4041	−0.1216	−0.0717
C14	食品工业	0.0078	0.3676	0.0167	−0.0773
C15	酒、饮料和精制茶工业	−0.0749	0.3548	−0.0458	0.0558
C17	纺织业	0.2311	−0.0255	−0.0026	0.2317
C18	纺织服装、服饰业	−0.0247	−0.0072	−0.0752	0.6211
C19	皮革、毛皮、羽毛及其制品和制鞋业	−0.127	0.0657	0.1703	0.4339
C20	木材加工和木、竹、藤、棕、草制品业	0.1618	0.1288	0.0808	−0.0038
C21	家具工业	−0.1315	0.3182	0.1745	0.1026
C22	造纸和纸制品业	−0.0685	0.2896	0.1423	0.0957
C23	印刷和记录媒介复制业	−0.1083	0.089	0.4778	0.0179
C24	文教、工美、体育和娱乐用品工业	−0.0093	−0.0126	0.4477	−0.0064
C25	石油、煤炭及其他燃料加工业	0.113	0.2889	−0.1428	−0.0847
C26	化学原料和化学制品工业	0.2604	0.1143	0.0192	−0.0818
C27	医药工业	0.3199	−0.0026	0.0176	−0.0716
C28	化学纤维工业	0.2058	−0.0995	−0.0956	0.4263
C29	橡胶和塑料制品业	0.088	0.3784	0.32	−0.0129
C30	非金属矿物制品业	0.0855	0.2832	−0.0356	0.0397

部门编码	工业部门	f1	f2	f3	f4
C31	黑色金属冶炼和压延加工业	0.3412	0.0093	−0.1181	−0.0482
C32	有色金属冶炼和压延加工业	0.2723	0.0549	−0.0128	0.0296
C33	金属制品业	0.2035	0.0354	0.1353	0.029
C34	通用设备工业	0.2711	0.0488	−0.0189	0.0569
C35	专用设备工业	0.2687	0.1126	−0.004	−0.0776
C37	铁路、船舶、航空航天和其他运输设备工业	0.2483	−0.0361	−0.001	0.1847
C38	电气机械和器材工业	0.2705	−0.1054	0.2125	−0.0493
C39	计算机、通信和其他电子设备工业	0.131	−0.1637	0.4778	−0.1862
C40	仪器仪表工业	0.299	−0.1095	0.0865	0.0487
C41	其他工业	0.0353	0.129	0.1377	0.1725

表 8-3 显示了各主成分的因子载荷与得分情况，以各工业的主成分得分来表示其产业状况，得分为正说明其集聚程度高于平均水平，工业正在向该类型演进，反之亦然。表中第一主成分以黑色金属冶炼和压延加工业、有色金属冶炼和压延加工业、金属制品业、通用设备工业、专用设备工业、仪器仪表工业等行业得分较高，将之命名为技术密集型工业；第二主成分以农副食品加工业、食品工业、酒、饮料和精制茶工业、家具工业、造纸和纸制品业等行业得分较高，将之命名为农业资源型工业；第三主成分以文教、工美、体育和娱乐用品工业以及皮革、皮革、毛皮、羽毛及其制品和制鞋业得分较高，将之命名为日用消费品工业；第四主成分主要以化学工业为主，将之命名为化工工业。

表 8-4 显示了 2001 年中国加入 WTO 前后乡村工业年平均主成分得分的区域差异，可以看到乡村工业与 2001 年以前相比，各个行业都获得较快发展，特别是技术密集型和农业资源型工业。从地区特征看，①与内陆地区相比，工业主要在沿海地区更为集聚，其中各个行业得分都以东部沿海地区较高，北部沿海主要侧重于农业资源型，而南部沿海发展较为均衡；②长江中游地区和黄河中游地区均以农业资源型工业得分较高，且前者较后者发展更为迅速，日用消费型和化工

型工业鲜见的在黄河中游地区呈现负增长；③东北乡村地区的"大粮仓"地位使得其农业资源型工业发展最快，其他类型工业受东北地区老工业基地衰落的影响，发展较为缓慢；④西部地区主成分得分较小，且有些地区为负分，工业在这些地区的发展滞后于全国平均水平。

表 8-4　1994~2017 年乡村工业演进的区域差异

行业	技术密集型		农业资源型		日用消费型		化工型	
时间	1994~2001 年	2002~2015 年	1994~2001 年	2002~2015 年	1994~2001 年	2002~2015 年	1994~2001 年	2002~2017 年
北部沿海	0.27	35.71	-0.57	48.09	-1.27	17.35	-0.88	8.03
黄河中游	0.70	6.94	1.13	11.32	0.34	-1.32	0.25	-0.01
东北	-0.74	13.23	-0.85	32.10	0.26	3.29	-0.11	2.82
东部沿海	0.92	112.69	0.45	43.26	5.40	56.45	2.34	70.61
长江中游	0.05	7.83	0.77	15.84	-0.01	6.74	0.04	5.00
南部沿海	1.31	6.10	5.76	26.19	11.44	27.96	3.77	18.24
大西南	-0.18	5.05	-3.71	12.92	-2.49	1.01	-0.11	1.67
大西北	0.35	-1.51	0.23	0.49	1.34	-3.78	0.18	-1.14

8.3　乡村工业绿色发展水平测度

目前我国乡村进入高质量发展的新阶段，绿色发展是高质量发展的应有之义。乡村工业的绿色发展，意味着与传统高投入、高消耗的工业生产方式不同，更注重工业发展的内力，其中减少乡村工业的污染排放是其中重要一环。乡村工业污染排放越低，越有利于乡村工业的绿色发展。乡村工业污染主要来源于工业废气、工业废水和工业固体废物。受数据所限，没有乡村工业污染物的单独历史数据，根据《中国环境年鉴》编者说明，从 1998 年开始，环境统计数据依据行业排污系数对乡镇工业污染进行了测算，考虑到数据的连贯性，本文采用熵值法，依据各省份"三废"排放量来度量乡村工业绿色发展综合指数，步骤如下：

1. 将指标无量纲化处理。对第 t 年工业废水、废气及固体废物排放量进行归一化处理，将不同量纲的指标无量纲化，处理公式为：

$$x'_{ij} = \frac{x_{ij} - \min\{x_{1j}, \cdots, x_{nj}\}}{\max\{x_{1j}, \cdots, x_{nj}\} - \min\{x_{1j}, \cdots, x_{nj}\}},$$
$$i = 1, \cdots, n, j = 1, \cdots, m \qquad (8.3)$$

式中，i 为年份；j 为环境污染指标；x_{ij} 为环境污染物的原始数值；$\max\{x_{1j}, \cdots, x_{nj}\}$ 为第 j 项污染指标的最大值；$\min\{x_{1j}, \cdots, x_{nj}\}$ 为第 j 项污染指标的最小值。

2. 计算第 j 项指标下第 i 个省份占该指标的比重：

$$p_{ij} = \frac{x'_{ij}}{\sum_{i=1}^{n} x'_{ij}}, \ i = 1, \cdots n, j = 1, \cdots, m \qquad (8.4)$$

3. 计算第 j 项指标的熵值：

$$e_j = -k \sum_{i=1}^{n} p_{ij} \ln p_{ij}$$
$$k = 1/\ln(n) > 0 \qquad (8.5)$$

4. 计算信息熵冗余度：

$$d_j = 1 - e_j \qquad (8.6)$$

5. 计算第 j 项指标权重：

$$w_j = d_j / \sum_{j=1}^{m} d_j \qquad (8.7)$$

6. 计算各地区污染物排放指数综合得分

$$env_i = \sum_{j=1}^{m} w_j \times p'_{ij} \qquad (8.8)$$

7. 计算各地区绿色发展指数综合得分

$$green_i = 1/env_i \qquad (8.9)$$

式中，env_i 为第 i 年的环境污染综合评价指数；j 为环境污染指标；w_j 为第 j 种污染物排放量的权重值。$green_i$ 为乡村绿色发展水平指数，为环境污染综合指数的倒数。环境污染综合评价指数越大，污染物排放越多，绿色发展水平越低。

8.4　乡村工业结构的绿色发展效应评价

8.4.1　计量模型的建立

门槛回归模型主要是捕捉经济中发生跳跃的临界点，是将回归模型按照门槛值分为多个区间，针对不同区间存在不同的表达方程。在门槛回归模型中，解释变量达到临界值时，模型的斜率系数会发生折拗。本文依据 Hansen（1999）关于面板门槛模型的研究，在前述分析加入 WTO 对乡村制造业影响的基础上，选择对外开放水平作为门限变量，来考察乡村工业结构演进对绿色发展水平的影响，建立模型如下：

$$green_{it} = \mu_{it} + \beta_1 f_{it} \mathrm{I}(lnopen_{it} \ll \gamma) + \beta_2 \mathrm{I}(lnopen_{it} > \gamma) + \beta_3 control_{it} + \varepsilon_{it}$$

$$(8.10)$$

式中，$green_{it}$ 为绿色发展综合指数，f_{it} 为乡村制造业结构指数，$lnopen_{it}$ 为地区对外开放水平；γ_{it} 表示门槛值；μ_{it} 为固定效应；ε_{it} 为残差项，并且服从（0，σ^2）分布；I（·）为指标函数，其值取决于门限变量（$lnopen_{it}$）和门限值（f_{it}）：当括号内的表达式成立时，I（·）= 0；$control_{it}$ 为控制变量，包括乡村人均收入（income），治理效率（gve）等。

被解释变量：乡村绿色发展综合指数。

核心解释变量：乡村技术密集型制造业结构（fj）：以第一主成分得分表示；乡村资源型制造业结构（fz）：以第二主成分得分表示；乡村日用品消费型制造业结构（fr）：以第三主成分得分表示；乡村化学制造业结构（fh）：以第四主成分得分表示。

控制变量：基于数据的可获得性，并参照相关研究，本文选取如下变量作为影响乡村绿色发展水平的重要因素：

乡村人均收入（income）：指各地区乡村人均收入，数据来源于《中国农村统计年鉴》（1994~2018 年）。

乡村产业结构：以乡村第二产业占三大产业的比重表示，数据来源于《中国乡镇企业年鉴》（1995~2006 年）、《中国乡镇企业及农产品加工业年鉴》（2007~

2012 年)、《中国农产品加工业年鉴》(2014~2018 年)。

地区开放程度(open):采用各地区外资企业登记数量表示,数据来源于《中国统计年鉴》(1995~2018 年)。

治理效率(gve):地方政府对污染环境的治理程度对乡村绿色发展水平存在显著影响,以工业"三废"治理效率表示,数据来自《中国环境年鉴》(1995~2018 年)。

8.4.2 面板回归分析

本文首先运用混合 OLS 和面板固定效应模型进行检验。在回归方程中引入工业结构与对外开放程度的交互项,来考察对外开放程度是否通过工业结构演进来影响绿色发展水平。计量模型如下:

$$green_{it} = \mu_{it} + \beta_1 f_{it} + \beta_2 f_{it} lnopen_{it} + \beta_3 control_{it} + \varepsilon_{it} \qquad (8.11)$$

在加入交互项后,f_{it} 的系数由 $\beta_1 + \beta_2 lnopen_{it}$ 决定。对数据可能存在的自相关、截面相关及异方差问题,进行相关检验,P 值均为 0,拒绝原假设,说明数据存在自相关、截面相关及异方差,运用 stata 相关命令进行修正后,结果如表 8-5。

表 8-5 乡村工业结构绿色发展效应的基准回归结果

	(1)	(2)	(3)	(4)
	混合 OLS	混合 OLS	固定效应	固定效应
fj	2.68	0.07	2.67**	0.78**
	[0.4232]	[8.1405]	[0.0977]	[1.8628]
fz	1.75	0.08	1.72**	-0.08**
	[0.3758]	[8.1750]	[0.0538]	[2.0830]
fr	-0.69	-0.08	-0.70***	-0.10**
	[0.7867]	[11.8713]	[0.1911]	[2.3550]
fh	-3.60	0.04	-7.87**	0.04**
	[0.5335]	[21.0777]	[0.1816]	[2.7070]

续表

	(1)	(2)	(3)	(4)
	混合 OLS	混合 OLS	固定效应	固定效应
fjlnopen		−0.74		−0.08**
		[0.7539]		[0.1740]
fzlnopen		0.83		0.93**
		[0.7993]		[0.2073]
frlnopen		0.82		0.96**
		[1.0957]		[0.2294]
fhlnopen		−0.37		−0.39**
		[2.0345]		[0.2615]
instr	0.08	0.08	0.05**	0.07***
	[8.9608]	[9.2554]	[1.4143]	[1.8898]
gve	0.05*	0.06*	0.042***	0.066***
	[7.5750]	[7.7930]	[1.0435]	[1.2496]
lnincome	−0.025	−0.023	−0.032***	−0.03***
	[27.3623]	[28.4240]	[3.3495]	[7.0273]
lnincome2	0.48	0.462	0.49***	0.46***
	[1.5828]	[1.6435]	[0.2261]	[0.4223]
lnopen	−0.251*	−0.20*	−0.25***	−0.21***
	[1.5841]	[1.8787]	[0.1644]	[0.3506]
_cons	103.25***	78.54***	62.87***	112.38***
	[121.8343]	[127.1061]	[15.0532]	[13.04]
时间效应	控制	控制	控制	控制
地区效应	未控制	未控制	控制	控制
N	588	588	588	588
R-sq	0.42	0.56	0.61	0.75

*、**、***分别表示在10%、5%、1%的水平上显著;括号中数字为标准误,下同。

上表 8-5 中第 1~2 列是 1994~2017 年的面板数据进行混合 OLS 估计的基准回归结果，第 3~4 列则报告了固定效应模型的基准回归结果。混合 OLS 估计和固定效应模型的回归结果显示乡村工业结构的演进总体对绿色发展水平具有正向效应，但不同行业以及显著性水平有所差异，模型（1）（2）中的系数受到控制的地区因素的干扰，尽管系数符号没有太大变化，但即使在 10% 的显著性水平下依然不显著，表明地区因素是影响回归结果的重要因素。模型（3）（4）在考虑了自相关、截面相关以及异方差等因素的基础上，系数的显著性明显提高，第 1、3 列未加入交互项，技术密集型（fj）和农业资源型工业（fz）的绿色发展效应为正，日用品消费型（fr）和化工工业（fh）的绿色发展效应为负。第 2、4 列加入交互项后发现，对外开放水平通过对工业内部不同行业的影响从而产生了不同的环境效应。以第 4 列为例，技术密集型工业的绿色发展效应由（0.78 - 0.08lnopen）决定，交互项系数为 -0.08，并且通过了 5% 的显著性检验。说明工业结构对绿色发展水平的影响会随着对外开放水平的增加而提高。当 lnopen>9.8（0.78/0.08）时，技术密集型工业的绿色发展效应为负，当 lnopen<9.8 时，技术密集产业的绿色发展效应为正。

从控制变量看，地区对外开放水平系数为负，且至少在 10% 水平上显著，说明样本期内对开放水平对乡村绿色发展水平发挥了抑制作用；第二产业的产业结构显著为正，$instr$ 每变动一个百分点，乡村绿色发展水平综合指数变动 7%；人均收入一次项、二次项分别为负和正，且基本显著，说明人均收入与绿色发展水平呈环境库茨涅茨曲线"U"型特征；环境治理效率在 10% 水平上显著为正，对绿色发展水平起到了较强的促进作用。

此外，从区域回归结果看，乡村工业结构的演进速度与其绿色发展效应成正比，即演进速度越快，绿色发展绝对值越大，演进速度越慢，绿色发展绝对值越小。在表 8-6 中，沿海经济区（包括北部、东部以及南部沿海）的四类工业产业均有较大幅度增长，与其他地区相比，其对绿色发展的影响较大。如表 8-6 所示，沿海地区技术密集型工业系数为 -2.39，且在 1% 水平上显著，日用品消费型产业的系数为 1.19，均处于较高水平。乡村工业演进速度较慢的西北西南地区总体上对绿色发展的效应较小，且不太显著。这也从一定程度上说明，乡村工业发展较慢，创新效率慢，传统技术无法实现更替，导致对乡村绿色发展效应不明显。类似的还有东北的化工工业、长江中游的化工工业等。

表 8-6 乡村工业结构绿色发展效应的区域回归结果

	沿海地区	东北	黄河中游	长江中游	西南西北
$f\!j$	2.39**	-0.12**	-0.72**	0.04	0.33
	[0.1158]	[5.6019]	[6.4174]	[20.1795]	[5.3807]
$f\!z$	2.18**	4.72**	0.15**	-0.06	-0.17
	[0.4547]	[2.4034]	[13.9803]	[5.2570]	[4.3909]
$f\!r$	-1.19**	0.12**	0.05	0.04	1.12
	[0.2993]	[12.1859]	[18.5582]	[11.6630]	[5.5183]
$f\!h$	-4.46**	0.06**	-0.061**	0.03**	0.61
	[0.1435]	[19.8952]	[31.3948]	[18.3465]	[8.7096]
_cons	-197.6**	-97.2	349.7	-343.1	111.25
	[71.1062]	[30.46]	[42.01]	[22.31]	[13.91]
N	189	63	84	84	168

8.4.3 考虑 WTO 冲击的面板回归结果

中国加入 WTO 后乡村工业结构发生了较大变化,考虑到内生性问题及其他影响机制的存在,因此将中国加入 WTO 这一事件纳入分析。本文引入反映 WTO 的虚拟变量(wto)以及 WTO 虚拟变量和工业结构的交叉项($wto*f_{it}$),研究加入 WTO 对绿色发展的影响。本文将 2001 年及 2001 年以前视为加入 WTO 前,WTO 虚拟变量为 0,将 2001 年以后视为加入 WTO 后,WTO 虚拟变量为 1。回归模型如下:

$$green_{it} = \mu_{it} + \beta_1 f_{it} + \beta_2 wto + \beta_3 f_{it} wto + \beta_4 control_{it} + \varepsilon_{it} \qquad (8.12)$$

考虑到加入 WTO 与对外开放水平可能存在一定的相关性,在综合考虑相关性、截面相关以及异方差等因素的条件下,运用 stata 命令进行修正估计,结果如表 8-7 所示。第 1 和 2 列分别是未考虑与考虑控制变量回归结果,第 3 列综合考虑了加入 WTO、以及 WTO 与对外开放水平的交互项($wto*lnopen$)的影响。

可以看出，WTO 及其交互项（*wto * lnopen*）绿色发展效应为正，且均通过 1% 水平显著性检验，对乡村绿色发展水平起到了一定的促进作用，其原因可能是中国加入 WTO 后，乡村外部市场也随之环境改善，市场环境更加适合技术进步与创新，乡村工业在对外开放中可以更快更多的通过技术溢出、知识溢出等多种途径实现自身的技术更替，从而有利于减少乡村的污染排放以及实现规模效益，促进乡村的绿色发展。

第 3 列中各类工业的系数为（0.21-0.1WTO）、（1.46-0.77WTO）、（-0.41-0.48WTO）、（-0.7-0.77WTO），系数正负符号基本与第 1-2 列相同，但是就系数变化大小来说，由于受行业自身的特殊性影响，各个行业也存在一定差异，农业资源型工业变化较大、技术密集型工业变化较小。这其中可能的原因是随着中国加入 WTO，农业资源型工业更多以规模效应的方式减少了污染物排放，而技术密集型工业本身对技术创新、对外交流的需求就较其他行业高，所以对加入 WTO 的反应弧度没有其他行业那么剧烈。总体来看，当模型考虑加入 WTO 这一外生时间变量时，在一定程度上可以避免可能的内生性问题，结果仍然符合预期。

表 8-7　考虑 WTO 冲击的面板回归结果

	（1）	（2）	（3）
fj	4.37***	2.67***	0.21***
	[0.2437]	[0.7811]	[1.0386]
fz	2.58***	1.72***	1.46***
	[0.5618]	[0.4348]	[1.6112]
fr	-1.31***	-0.70***	-0.41***
	[0.0702]	[0.1911]	[0.5915]
fh	-7.25***	7.87	-0.70
	[0.0148]	[0.1816]	[1.6545]
fjwto			-0.10***
			[1.0404]

续表

	（1）	（2）	（3）
fzwto			0.77
			［1.0555］
frwto			0.28***
			［0.5204］
fhwto			0.72
			［1.7447］
wtopen			0.77***
			［0.2965］
wto			0.04***
			［2.7190］
控制变量	未控制	控制	控制
时间效应	控制	控制	控制
地区效应	控制	控制	控制
_cons	19.94***	−203.5***	−43.05***
	［8.06］	［12.41］	［19.85］
N	588	588	588

8.4.4　面板门限效应模型回归分析

已有估计结果显示，乡村工业结构对绿色发展的影响具有双向性，即正向和负向，而且在一定程度上受地区对外开放水平程度的影响。伴随着对外开放水平的变化，工业结构对绿色发展的影响不一定仅仅是由负向正或由正向负的转变，也可能存在三个以上的作用区间。本文采用面板门限回归模型来处理上述问题，检验结果如表8-8。

表8-8　面板门限值估计和显著性检验结果

门槛	F 值	P 值	1%临界值	5%临界值	10%临界值	门限值	95%置信区间
单一	82.3	0.00	134.8502	73.2254	65.2026	5.0043	[6.73346.8659]
双重	95.51	0.01	110.4591	78.6985	76.1122	6.9908	[7.21827.3988]
三重	60.83	0.87	120.014	143.08297	132.3307	9.1103	[9.47389.7341]

表中显示了以地区对外开放水平作为门槛变量时的检验结果。结果显示，乡村工业结构与绿色发展水平之间在样本期内呈现出以地区对外开放水平为双重门槛的线性非线性关系，具体来看，地区对外开放水平的门槛值分别为5.0043和6.9908。

根据门槛模型检验结果，当地区对外开放水平处于区间[5.0043，6.9908]时，工业结构对绿色发展的影响最大，不管是正效应还是负效应，固定效应模型也验证了这点。当某一地区对外开放水平处于较低水平时，工业结构对绿色发展的影响是有限的；随着地区对外开放水平的扩大，工业受到相应的规模效应、技术溢出或者知识溢出等效应的影响，绿色发展效应绝对值增大；当对外开放水平到达一定门槛值后，工业结构弹性减少，绿色发展效应相应绝对值减弱。根据地区对外开放水平的两个门槛值，本文认为：①lnopen>6.9908地区，主要包括东部沿海等经济区域，对外开放水平已经越过了第二个门槛值，乡村工业结构对绿色发展的影响已经处于递减阶；②5.0043≤lnopen≤6.9908地区，主要包括黄河中游、长江中游等内陆地区，乡村工业对地区开放水平较敏感，要具体行业具体对待，对于绿色发展正效应较大的行业，应该加大环境规制力度，督促其从内部实现技术管理的更新；③lnopen<5.0043地区，主要包括大西北、西南经济区，因其受资源禀赋等原因，工业发展处于较低水平，这类地区要支持有资源优势的乡村首先发展，通过政府支持、引进外资等方式优化工业结构体系。

8.4.5　稳健性分析

上述研究结论中被解释变量乡村绿色发展水平是依据工业"三废"数据的熵值进行估算，在不同的环境污染物衡量指标选取方式下，工业结构的变化对环境污染的影响程度也可能会产生差异，因此本文采用工业二氧化硫排放物（SO_2）

的倒数（$green_0$）作为绿色发展水平的替代变量进行稳健性检验，以进一步对上述分析结果进行论证。

同样采用门槛回归进行检验，结果显示替换变量后全样本以及分组的回归结果系数和显著性水平并未发生较大差异。以全样本层面的稳健性检验为例，检验结果显示乡村工业结构与绿色发展水平之间依然呈现出以地区开放水平为单一门槛的非线性关系，门槛值为 6.0237。基于全样本层面以及分组的稳健性回归分析结果如表 8-9 所示。在稳健性检验中，以 $green_0$ 替换 green 后，乡村工业结构仍然具有门槛效应，不管是全样本还是分组回归，除少数变量的系数和显著性发生了变化之外，模型中各类工业结构回归系数和显著性水平均未发生较大差异，说明结论具有较强的稳健性。

表 8-9　稳健性检验

门槛	F值	P值	1%临界值	5%临界值	10%临界值	门限值	95%置信区间
单一	72.23	0.05	80.3473	42.4309	54.3568	6.0237	[6.0152 6.3123]
			门槛回归（全样本）		固定效应回归（分组回归）		
		fj	0.522*	0.0217*		0.723***	0.0239**
			[0.2172]	[0.0087]		[0.1338]	[0.0074]
		fz	0.531*	0.0468		0.488*	0.066
			[0.2603]	[0.0078]		[0.2036]	[0.0066]
		fr	-0.924***	0.0309*		0.530**	0.0357**
			[0.2395]	[0.0154]		[0.1853]	[0.0137]
		fh	1.466**	-0.0414***		0.890**	0.0426***
			[0.4579]	[0.0110]		[0.3042]	[0.0093]
		_cons	-6.798***	-6.798***		-71.2	-8.716***
			[1.4775]	[1.4775]		[38.5974]	[2.0774]

门槛	F 值	P 值	1%临界值	5%临界值	10%临界值	门限值	95%置信区间
		控制变量	控制	控制		控制	控制
		时间效应	控制	控制		控制	控制
		地区效应	控制	控制		控制	控制
		N	616	616		41	575

8.5　对乡村工业结构绿色发展效应的再认识

　　绿色发展是实现乡村振兴的题中之义。坚持以绿色发展理念引领乡村振兴，按照产业兴旺、生态宜居、乡风文明、治理有效、生活富裕的总要求，以绿色发展理念引领乡村振兴，实现生态文明建设与乡村振兴工作的协调统一。乡村的绿色发展是一个内涵较为丰富的概念，影响因素也众多，其中乡村工业污染是决定乡村工业绿色发展水平的重要因素。为了更好的理解当前的乡村绿色发展，本文采用因素分解法（LMDI）分析乡村工业污染的影响因素，以期对乡村工业结构的绿色发展效应有更好的再认识。

　　根据 Grossman 和 Krueger（1995）的研究[1]，经济发展通过强度效应、结构效应和规模效应影响环境污染。强度效应通常指各行业环境污染物排放量（$S_{j,t}$）与总产值（$E^c_{j,t}$）的比值变动对环境污染的影响，结构效应通常指各行业在整个产业当中的比重变动对环境污染的影响，规模效应通常指产业总产值变动对环境污染的影响。本文从乡村工业在三大产业的占比即工业结构以及工业内部结构两个方面分析环境污染的结构效应。为了准确计算工业在三大产业中的占比，引入乡村工业增加值（$GDP^c_{j,t}$）和乡村国内生产总值（GDP^c_t）作为工业和

---

〔1〕 Grossman G. M., Krueger A. B., "Economic Growth and the Environment", *The Quarterly Journal of Economics*, Vol. 110, 1995, pp. 353-377.

三大产业经济发展指标。同时，将工业内部结构效应定义为工业各行业的增加值（$F_{j,t}^c$）在乡村工业增加总值（$GDP_{I,t}^c$）当中的比重变动对环境污染的影响。为了消除总产值与增加值的差异带来的误差，额外引入各行业总产值（$E_{j,t}^c$）与增加值（$F_{j,t}^c$）的比值，作为效率因素，加入到污染物排放的因素分解中。

通过运用 LMDI，将影响乡村工业污染的因素分解为排污强度、行业效率、工业内部结构、工业结构和经济规模五个因素，构建环境污染排放 Kaya 恒等式：

$$AS_t = \sum_{j=1}^m \frac{S_{j,t}}{E_{j,t}^c} \frac{E_{j,t}^c}{F_{j,t}^c} \frac{F_{j,t}^c}{GDP_{I,t}^c} \frac{GDP_{I,t}^c}{GDP_t^c} GDP_t^c$$

$$= \sum_{j=1}^m Soe_{j,t} \cdot Eof_{j,t} \cdot Fogi_{j,t} \cdot Giog_t \cdot GDP_t^c$$

$$= \sum_{j=1}^m Sof_{j,t} \cdot Fogi_{j,t} \cdot Giog_t \cdot GDP_t^c \qquad (8.13)$$

式中 $F_{j,t}^c$ 表示第 t 年乡村工业第 j 个行业增加值，$GDP_{I,t}^c$ 表示第 t 年乡村工业增加值，GDP_t^c 表示第 t 年乡村国内生产总值，$Soe_{j,t}$ 表示第 t 年乡村工业第 j 个行业"三废"污染物的排放强度，$Eof_{j,t}$ 表示第 t 年乡村工业第 j 个行业的效率，$Fogi_{j,t}$ 表示第 t 年乡村工业第 j 个行业在工业中的比重，$Giog_t$ 表示第 t 年乡村工业在三大产业中的比重。

进一步的，将行业排放强度 $Soe_{j,t}$ 与效率 $Eof_{j,t}$ 合并为行业技术指标 $Sof_{j,t} = \frac{S_{j,t}}{F_{j,t}^c}$，即各行业单位增加值的污染物排放指数，并以此为基础分析技术效应对污染物排放的影响。根据 LMDI 加和分解方法，对上述公式所表示的模型进行因素分解，则乡村环境污染评价指数从基期年到第 t 年的变化趋势，可以表示为：

$$A\Delta S_t = \Delta S_s + \Delta S_f + \Delta S_g + \Delta S_G \qquad (8.14)$$

式中 ΔS_s、ΔS_f、ΔS_g 和 ΔS_G 分别表示工业各行业技术效应、工业内部结构效应、工业结构效应和经济规模效应引起的污染物排放变化。并且：

$$\Delta S_s = \sum_{j=1}^m L(S_{j,1}, S_{j,t}) \ln\left(\frac{Sof_{j,t}}{Sof_{j,1}}\right)$$

$$\Delta S_f = \sum_{j=1}^m L(S_{j,1}, S_{j,t}) \ln\left(\frac{Fogi_{j,t}}{Fogi_{j,1}}\right)$$

$$\Delta S_g = \sum_{j=1}^{m} L(S_{j,1}, S_{j,t}) \ln\left(\frac{Giog_t}{Giog_1}\right)$$

$$\Delta S_G = \sum_{j=1}^{m} L(S_{j,1}, S_{j,t}) \ln\left(\frac{GDP_t^c}{GDP_1^c}\right) \tag{8.15}$$

式中 $L(S_{j,1}, S_{j,t})$ 的定义为：

$$L(S_{j,1}, S_{j,t}) = \begin{cases} \dfrac{S_{j,t} - S_{j,1}}{\ln\left(\dfrac{S_{j,t}}{S_{j,1}}\right)}, & S_{j,t} \neq S_{j,1} \\ S_{j,t}, & S_{j,t} = S_{j,1} \end{cases} \tag{8.16}$$

为了更清晰地揭示各因素对污染物排放的贡献，将 ΔS_s、ΔS_f、ΔS_g、ΔS_G 与 $A\Delta S_t$ 的比值，分别定义为技术效应贡献度 η_s、工业内部结构效应贡献度 η_f、工业结构效应贡献度 η_g 和规模效应贡献度 η_G。

工业"三废"污染物排放量源自《中国环境年鉴》和《中国环境统计年鉴》（1992~2014 年）。全国工业各行业总产值源自《中国统计年鉴》《中国工业统计年鉴》和《中国工业经济统计年鉴》（1992~2014 年）。乡村工业各行业总产值源自《中国乡镇企业年鉴》（1992~2006 年）、《中国乡镇企业及农产品加工业年鉴》（2006~2012 年）以及《中国农产品加工业年鉴》（2014 年）。乡村三大产业增加值、乡村 GDP 数据源自《中国统计年鉴》（1992~2014 年）、《中国农村统计年鉴》（1992~2014 年）。以 2011 年为例，计算得到的乡村工业各行业"三废"污染物排放量和环境污染评价指数 $S_{j,t}$，如表 8-10 所示。

表 8-10　2011 年乡村工业环境污染物排放量和综合评价指数

行业	废水排放量（万吨）	废气排放量（亿立方米）	固体废物排放量（吨）	环境污染评价指数 $S_{j,t}$
采掘业	49 883	1539	603 211	20 367
食品、饮料和烟草制造业	96 420	3868	34 136	3323
纺织业	210 712	4029	12 286	4815
生活品制造业	3599	1522	1762	270

续表

行业	废水排放量（万吨）	废气排放量（亿立方米）	固体废物排放量（吨）	环境污染评价指数 $S_{j, t}$
皮革、毛皮及其制品和制鞋业	10 434	166	607	216
造纸及纸制品业	161 543	7224	2916	3928
印刷业	489	94	112	4
石油加工及炼焦	10 631	2907	11 194	856
化学工业	90 139	9755	62 275	4742
医药工业	12 925	959	2527	411
化学纤维制造业	20 798	1039	43 526	1879
橡胶制品业	3258	1403	1248	234
塑料制品业	2067	392	0	62
非金属矿物制品业	8388	41 772	69 839	6903
黑色金属冶炼及压延加工业	36 815	52 686	56 392	8198
有色金属冶炼及压延加工业	9419	8955	11 513	1499
金属制品业	21 487	6372	3592	1195
机械、电气、电子设备制造业	26 614	4959	19 599	1651
电力、煤气、热水生产和供应业	10 701	13 299	2952	1721

以 1991 年为基期，利用 LMDI 法，根据公式计算乡村工业污染排放的各因素分解值，如表 8-11 所示。

1. 规模效应。规模效应在样本期内全部表现为正值，且呈现出逐年上升的趋势，是乡村环境污染的主要因素。2004 年之前，规模效应和工业内部结构效应均为正值，随着后者由强转弱，规模效应对环境污染的推动作用愈发明显。2004 年之后，工业内部结构效应对环境污染的促进虽然由弱转强，但是伴随着技术效应抑制环境污染的作用增强，规模效应依然保持较高比重。

2. 技术效应。技术效应在样本期内几乎全部为负值，说明具有非常明显的减排效果。唯一例外是1998年，该年污染物排放综合评价指数为历史顶峰，相比基期年，增长了459.73%，远高于临近两年的增长值（1997年221.46%，1999年288.94%）。该年工业增加值为7761亿元，相比基期年的2742亿元，增长了183.04%，与邻近两年的增长值相差不大（1997年185.26%，1999年180.61%）。因此，各行业累加的技术效应 $Sof_{j,t}$ 出现显著峰值，分别为1997年的2.15倍和1998年的1.87倍。更具体的讲，1998年固体废物排放量达到3,726吨的历史峰值，远高于临近年份，成为该年环境指数大幅跃迁的主要推动因素。其中，采掘业的固体废物排放量达到3405吨，比1997年增长了297.32%。可以认为，固体废物排放量大幅提高，导致代表工业"三废"排放量的污染物排放综合评价指数显著增长，使技术效应不再具有对环境污染的负向调节作用。

表8-11　1992~2013年乡村工业污染物排放的因素分解

年份	技术效应	工业内部结构效应	工业结构效应	规模效应
1992	−4863	−5	4118	4847
1993	−15 923	5294	−195	12 114
1994	−17 950	9951	−279	24 403
1995	−21 647	12 690	−4922	32 901
1996	−29 628	13 207	−6517	32 076
1997	−23 117	16 051	−11 608	44 085
1998	10 983	29 625	−23 051	78 628
1999	−16 021	18 442	−18 201	55 309
2000	−23 700	12 673	−16 687	43 576
2001	−27 672	7097	−13 793	33 778
2002	−25 994	2545	−12 281	34 990
2003	−31 987	4379	−9310	43 356
2004	−37 889	−657	−2269	41 336

年份	技术效应	工业内部结构效应	工业结构效应	规模效应
2005	−47 632	−1223	5981	61 776
2006	−56 419	−579	11 511	70 868
2007	−68 298	1898	15 942	81 789
2008	−70 848	2379	12 626	82 361
2009	−72 572	2555	28 179	75 868
2010	−85 834	6573	14 371	94 493
2011	−91 822	9683	13 047	110 441
2012	−93 498	9721	12 034	105 650
2013	−102 442	12 658	7935	127 216

3. 工业结构效应。工业结构效应在样本期内均为负值，且表现出很强的规律性，类似取反的正弦曲线，如图 8-3 所示。20 世纪 90 年代，我国乡村发展正在经历以取消农产品统派购制度而率先在运用市场手段方面实现成功突破为主的改革，处于在资源配置由计划为主向市场为主的转变过程中。在此期间，我国乡村经济工作重点在于稳定和完善乡村农业基本经营制度和政策，实现农业的大幅增值和供给日益充裕。虽然，乡村政策的进一步放活和改革开放的持续深化，促进了乡镇企业的异军突起，成为乡村改革发展中的意外亮点。但是，乡村产品的市场供给与需求失衡供给结构未能适应需求结构的变化，导致产品价格低迷，使得乡镇企业的效益并不理想。因此，乡村工业增加值在此阶段持续走低，其在乡村经济规模中的占比一直未能超越基期年的 27.86%，如图 8-4 所示，使工业结构效应始终为负值。需要说明的是，2004 年以前工业结构效应的负值均值仅为同时期技术效应负值均值的 39.58%，并非抑制环境污染的主要推动因素。2005年以后，我国乡村经济发展进入新阶段，在宏观层面实行以统筹城乡经济社会发展、促进城乡一体化发展、工业反哺农业新取向的政策并深化改革，使整个乡村发展变迁按照建设社会主义新乡村的要求全面展开。从党的十六大开始，我国对"三农"指导思想和政策做出重大调整。党的十六大首次提出统筹城乡经济社会发展，逐步提升了乡村人力资本水平和农民创业能力，使得乡镇企业进入快速发

展通道，乡村产业结构得到进一步优化，第二、三产业增加值迅速增长，带动了乡村居民收入增幅超越城镇居民收入增幅。基于此，2005 年以后乡村工业增加值保持在较高水平，其在乡村经济规模中的占比始终高于基期年水平，使工业结构效应始终为正值。

图 8-3　1992~2013 年乡村工业污染物排放的结构效应

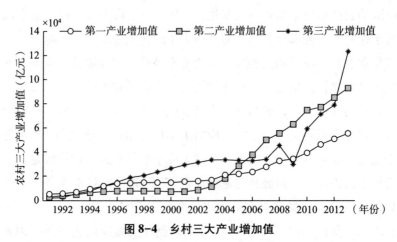

图 8-4　乡村三大产业增加值

样本期内工业结构效应表现出显著的库兹涅茨倒 "U" 型曲线特征，说明我国乡村工业结构变动与乡村环境污染物排放量存在倒 "U" 型曲线关系。当工业结构剧烈调整且经济稳定增长时，污染物排放量会出现先增加后减小的数量特征。从 2005 年开始，我国乡村工业增加值在乡村经济规模中的占比快速提升，超过第一和第三产业，成为乡村经济占比最高的产业。与此同时，污染物排放综合评价指数经历先增长后放缓的趋势，工业结构效应在 2009 年经历拐点，然后进入下行通道，这一趋势也与工业增加值在乡村经济规模中的占比变化相吻合。

4. 工业内部结构效应。工业内部结构效应量化数值有正有负，且正值居多，其逐年变动最为明显。构建技术效应、工业内部结构效应和规模效应逐年变动的条形图，如图 8-5 所示。为了更加清晰地进行比较，各个因素逐年变动值进行取绝对值处理。其中，工业内部结构效应逐年变动值位居三个因素之首的年份数量为 10 年，技术效应和规模效应分别为 7 年和 4 年。因此，工业内部结构效应对污染物排放的影响较为复杂，且变动相对剧烈，这种现象与各行业在工业总增加值中的比重变动有关。

根据不同行业对污染物排放的影响程度差异，可以分为重度污染行业、中度污染行业和轻度污染行业。我国通常采用工业"三废"污染物单位生产总值的排放量作为衡量各行业污染程度的评价指标。因此，本文利用乡村工业各行业环境污染评价指数 $S_{j,t}$ 和乡村工业各行业生产总值 $E_{j,t}^c$，得到乡村各工业行业污染物单位生产总值的排放指数，然后计算年平均值，并以此为依据将 19 个行业分为重度、中度和轻度污染行业，如表 8-12 所示。

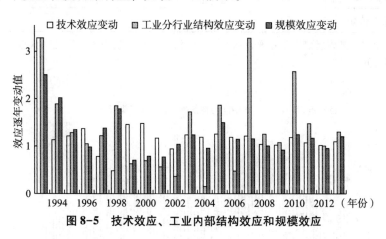

图 8-5　技术效应、工业内部结构效应和规模效应

表 8-12　乡村工业各行业污染物排放指数和分类

行业	排放指数	分类	行业	排放指数	分类
采掘业	6.96	重度	食品、饮料和烟草制造业	0.48	中度
电力、煤气、热水生产供应业	4.11		医药工业	0.41	
造纸及纸制品业	2.89		纺织业	0.28	轻度
黑色金属冶炼及压延加工业	2.26		橡胶制品业	0.27	
非金属矿物制品业	1.90		机械、电气、电子设备制造业	0.18	
化学工业	1.84		金属制品业	0.13	
有色金属冶炼及压延加工业	1.59	中度	皮革、毛皮及其制品和制鞋业	0.11	
化学纤维制造业	1.30		塑料制品业	0.06	
生活品制造业	0.92		印刷业	0.00	
石油加工及炼焦	0.69				

　　注：印刷业排放指数为零并不意味着该行业污染物排放量为零，仅说明其排放指数在 19 个行业中最低。

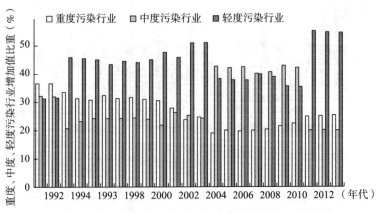

图 8-6　乡村工业重度、中度和轻度污染行业增加值的比重

按照各行业污染程度的分类，计算样本期内乡村工业重度、中度和轻度污染行业增加值的比重，如图 8-6 所示。比较可以看出，2000 年之前，重度污染行业增加值占比一直稳定在 30% 以上，结构效应具有明显的环境污染推动作用；2000~2004 年，重度污染行业增加值比重持续下滑，结构效应对环境污染的正向作用越来越微弱，甚至在 2004 年第一次出现负值（其贡献度为-0.80%）；2004~2006 年，重度污染行业增加值比重持续低迷，结构效应连续 3 年对环境污染具有反向调节作用；2007~2013 年，重度污染行业增加值比重持续回升，结构效应重新对环境污染具有正向推动作用，并愈发明显。由此可见，重度污染行业增加值在工业增加值中的比重，决定了工业内部结构效应对环境污染的影响程度。

5. 各因素贡献度分析。技术效应、工业内部结构效应、工业结构效应和规模效应对污染物排放的贡献度如图 8-7 所示，其统计指标如表 8-13 所示。规模效应具有非常显著的环境污染推动作用，其贡献度均值达到 46.61%，接近一半，同时标准差仅为 5.15%，全距仅为 20.22%，意味着其推动作用具有持续性和稳定性。与之相反的是，技术效应具有明显的环境污染抑制作用，从 2005 年开始，几乎成为改善环境污染的唯一因素。工业结构效应经历了由负转正的过程，并且自 2009 年开始，其对环境污染的提升作用慢慢减弱，已经进入下行通道。工业行业内部结构效应在四个效应中的占比一直不高，在 1993~2001 年具有较为明显的环境污染正向作用，但之后占比越发微弱，这与前面论述的重度污染行业增加值在工业增加值中的比重有关。

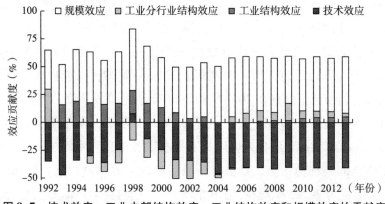

图 8-7 技术效应、工业内部结构效应、工业结构效应和规模效应的贡献度

表8-13　乡村工业污染物排放各效应贡献度统计指标（%）

贡献度	全距	最小值	最大值	均值	标准差
η_s	55.21	−47.50	7.72	−34.57	12.19
η_f	21.87	−1.05	20.82	7.82	7.59
η_g	47.04	−17.27	29.77	−1.24	12.40
η_G	20.22	35.04	55.26	46.61	5.15

本部分小结：本部分在系统梳理中国乡村工业结构演进趋势的基础上，实证检验了乡村工业结构演进对绿色发展水平的影响。研究发现，第一，乡村工业结构的绿色发展效应存在显著的行业差异，技术密集型和农业资源型工业的结构演进总体上呈现正效应，即有利于乡村的绿色发展，日用消费型和化工型则相表现为负效应，即抑制了乡村绿色发展水平；乡村工业结构的集聚速度与其绿色发展效应成正比，即演进速度越快，环境效应绝对值越大，演进速度越慢，环境效应绝对值越小。第二，乡村工业结构与绿色发展水平之间存在双重门槛效应，当对外开放水平处于［5.0043，6.9908］之间时，工业结构对绿色发展水平影响的绝对值最大，低于或者高于这两个门槛值时，工业结构的绿色发展水平效应较弱。进一步基于时间维度的拓展分析发现，入世对绿色发展水平的改善起到了较为显著的促进作用。

为了对中国乡村工业结构的绿色发展效应有更好的再认识，本部分对影响乡村工业污染的因素进行了深入分析。首先，中国乡村工业"三废"排放量的整体趋势基本上都经历了"N"形曲线过程，受宏观经济发展状况的影响非常显著。1998年金融危机之前，三废排放量总体呈现上升趋势；亚洲金融危机后，三废排放量进入下行通道，2001年我国正式加入WTO，三废排放量再次增长，废水和固体废物排放量分别在2007年和2005年达到阶段顶峰，废气排放量快速增长，且一直持续到2013年。其次，运用LMDI分解法，发现乡村工业污染排放受规模效应、技术效应、结构效应以及工业内部结构效应因素的影响。规模效应在样本期内全部表现为正值，是乡村环境污染的主要推动因素，且标准差仅为5.15%，全距仅为20.22%，意味着其推动作用具有持续性和稳定性。而技术效应几乎全部表现为负值，说明其具有非常明显的环境污染抑制效果。最后，工业内部结构效应对环境污染的影响较为复杂，且变动相对剧烈，这与各行业在工业产业总增加值中的比重变动有关。通过分析乡村工业重度、中度和轻度污染行业增加值的比重，发现重度污染行业增加值的比重，决定了产业内部结构效应对环境污染的影响程度。工业结构效应在样本期内表现出显著的库兹涅茨倒"U"型曲线特征。

上述结论为在后疫情时代乡村工业如何转型升级进而践行绿色乡村的生态发展理念提供了有益的政策启示。乡村工业还是以粗放的数量型增长、加工贸易型的三来一补的外向型经济为主，要在加快推进信息化、数字化的基础上，推动乡村工业的高质量发展，加速由原来过度依赖加工贸易型的外向型经济，及时转向国家已经确立的生态文明导向的国内空间资源开发，朝着贯彻两山理念提高生态产业化和产业生态化方向努力。在扎实推进乡村建设、全面深化乡村改革的过程中，继续推进乡村工业的技术升级改造，提高能源利用效率，降低单位生产总值的污染物排放量，充分发挥技术效应的环境污染调节作用。加快乡村工业结构内部的调整优化和经济转型，优先发展资源节约型、环境友好型和科技先导型工业行业，降低重度污染行业增加值的比重，缓解乡村工业产业发展对环境造成的压力。吸纳乡村低端劳动力就业，促进农民稳定增收和持续减贫的同时，继续推动工业结构调整，加快结构优化升级，积极发展高新技术产业和服务业，提高第三产业比重，保持工业结构效应的良好发展态势，建立乡村工业发展和环境改善的长效机制。

第9章 发达国家和地区乡村产业
绿色发展的经验借鉴

　　绿色经济发展是世界各国所关注研究的国际热点话题。乡村一直是国家生态环境改善的重点主体区域，生态安全是现代乡村的最大特色和发展优势。推进我国乡村绿色文明发展，加快我国乡村生态文明进程，是当前我国经济社会高质量跨越式发展的应有之义，也是当前乡村经济振兴面临的一系列客观需要之一和社会发展的必然现实要求。以城乡绿色经济发展为引领，推动乡村绿色振兴必将是一场伟大而深刻革命。我国农业农村经济发展与当今世界各国农村的产业联系已经非常广泛紧密，发达国家和地区促进乡村产业绿色高效发展中的很多做法也值得参考借鉴。

9.1　发达国家和地区农业绿色发展的历程

　　环境污染突出是影响地区及产业可持续发展的重大障碍，实施产业绿色发展的最首要目的就是要破除这一路障。绿色农业发展重在实施末端污染控制，以满足市场对绿色产品和食品日益迫切的需求。绿色农业生产技术能够科学有效地将有机安全农业原料无公害生产的使用方式和现代乡村环境保护资源利用方法有机融合发展起来，运用于各种优质无公害食品原料加工和各种安全绿色无污染加工农产品。绿色农业技术是一个专业领域涉及广泛综合应用的新概念，其中主要涉及到了土壤生态物质体系及其循环、农业生物学技术、营养物研究与绿色综合技术经济技术管理和新技术、轮耕作物种植综合技术与研究等多个学术方面。

　　绿色农业模式最早兴起于 20 世纪 20 年代的欧洲，二十世纪三四十年代开始相继在英国、德国及美国等多地逐步发展开来。20 世纪 30 年代初，英国农学家威廉·A.霍华德首先系统地阐述"有机农业"的定义,并组织进行相应的农业生产实验,在逐步推广后将有机农业在英国不断发扬光大。20 世纪 30 年代至 40 年代,美国部分有见识的小农场主,开始受西欧有机农业生产启蒙主义思潮影响,在美国倡导以绿色农业替代传统农业。其中,最具有典型标志性意义的是全美有机农产品创办人罗代尔(J. I. Rodale),1945 年成功创办罗代尔有机农庄,1971 年又创办了罗代尔有机农产品研究院,是当时世界上一家较为知名的专门从事于有机绿色农产品理论研究和科研开发工作的有机学院,同时罗代尔也成为美国绿色农产品研发小组的学术先驱[1]。然而,绿色农业在当时过于强调着重探究如何通过运用一些科学新手段,来最终实现科技取代农耕传统,由于当时科技应用本身所出现的某些重要的技术缺陷性问题,以及民众尚未能广泛理解接受,造成绿色农业的推广应用进展缓慢。

在 20 世纪中后期,发达都市由于现代工业化经济的快速发展和经济规模迅速增长,带来日趋严峻的环境问题:一方面,快速经济增长造成对工业资源原料和化工原料资源需求增加和过度消耗,另一方面,也导致来自工业生产企业的生产垃圾和城市居民日常生活垃圾大量直接排向土地、江河海洋和大气环境中,导致全球污染范围扩大,使环境危机更进一步地加剧,直接威胁生态平衡关系和人类生存健康。此时,一些发达国家人们的自然与环境保护意识开始觉醒,为了共同维护全世界人类的健康生存以及农业生产活动免遭破坏,以多种方式陆续开展控制降低破坏农村自然环境资源的实践活动,以尽力保护农村自然环境资源为主要内容的新型农业概念开始出现。1972 年,联合国国际组织在瑞典斯德哥尔摩举办"联合国人类环境会议"。20 世纪 70 年代,日本专家曾提议通过降低农源污染和改善全球农业质量中的一些议题。菲律宾在开展高效生态农业示范工程建设方面,也属于开始较早、开发程度较快成熟的农业发达国家地区之一,其玛雅(Maya)农庄项目便是一个较为具备一定全球影响力的农业成功典范。绿色农业生产和发展问题,也越来越受到了世界各界的普遍重视和探讨。

20 世纪 80 年代后期,由于全球公民对环境危害认知与关注程度的显著增加,

---

[1]　罗祎、陈文、马健:《美国有机农业的经验借鉴及对中国推进乡村振兴的启示》,载《世界农业》2018 年第 7 期。

经过国际知名专家学者的积极倡导，全球广大消费者群体广泛与强烈关切要求，在世界舆论巨大压力下，于 1992 年 6 月全球 183 个成员国的政府首脑、社会各界著名人士团体，以及各国专业的环保人士在里约热内卢举办了联合国国际环境与社会发展会议，大会上就全球环境保护与安全发展的重大问题进行了讨论，探究今后自然环境建设与推动人类社会发展工作方法，以最终实现"可持续发展"总体目标。与此同时，从事绿色农业生产的农民开始增多。从 20 世纪 90 年代始，国外绿色农业生产发展状况逐渐进入一个相对稳定的新阶段。

基于许多主要工业发达国家区域均集中分布在欧洲、美洲、大洋洲等地区，各国农业绿色发展情况之间存在着诸多历史地理传统习惯等的差异，限于本文篇章等多方面原因，难以保证面面俱到，本研究吸纳学术界杜志雄、金书秦研究员已有研究成果[1]，以美国、荷兰为基本研究案例，对其各国和各地区农业绿色化持续协调发展历程和实践经验问题进行了推介。美国是世界新大陆最大规模的农业大国，荷兰则是原居民农业经营中心。

9.1.1 美国农业绿色发展

美国作为世界上的第一经济大国，也是世界农业大国，更是农业强国，在农业发展道路上的探索具有典型和引领意义，在农业生态环境治理和保护方面经验丰富且专业，特别是如今美国农业政策已将资源与环境保护作为一个日益重要的长远战略目标[2]。

美国绿色农业发展也是经历了一个逐步摸索的过程。美国农业经济从 19 世纪末起，就已进入到高速成长期的重要时代。此时，由于化肥杀虫剂的应用大量普遍，农业化学投入品生产成本非常高，从而造成农用产品本身环境和周边环境的一个双重环保危机。由于长时期大规模而且高强度的开发，加之重用轻养、重产出轻保护，美国的农业资源环境问题非常突出，由此引发了人们对无污染无公害生态环保意识的萌动与推广。从历史进程分析，美国绿色农业发展可以划分为三个阶段：

第一阶段：20 世纪前期至 20 世纪 60 年代。在将近整个 19 世纪，美国政府

---

〔1〕 杜志雄、金书秦：《从国际经验看中国农业绿色发展》，载《世界农业》2021 年第 2 期。

〔2〕 张蕊、张术环：《美国绿色农业政策及其对中国发展低碳农业的启示》，载《世界农业》2011 年第 7 期。

曾多次允许农户大量地往西部地方移居放牧或移民开荒，但由于政府过度进行土地开垦、放牧，逐渐使这些土地大规模地沙化。20 世纪 30 年代至 40 年代，美国土壤已严重侵蚀。其中近 30 年美国曾爆发过力度极大、频次极高的沙尘暴，是人类史上最重大的人为生态灾难。截至 1935 年，全美已大约丧失掉了三亿吨黑土地，全美的粮食产量也大幅度减少，甚至减产 50%。经过沙尘暴事件之后，美国政府也开始陆陆续续出台《1933 年农业调整法》《1936 年土壤保护和国内配额法》等一系列法令法规，禁止开垦未被占用草地，对主动削减生产的农场给予一定补助，粮食作物被整体分成耗费地力型（包含谷类、棉花等）和增加地力型（包含豆科粮食作物、牧草等）这两大类，凡是将种耗费地力型粮食作物改为种增加地力型粮食作物的，都会得到政府十美元每英亩的补助。经过不懈努力，美国有效整治了荒漠化土壤。

二战结束后，美国农村的现代化产品和基础设施建设水平迅速提高，各行业的集约化生产运作水平得到极大改善，与此同时也承担着庞大而惨重的社会环境代价。其中以农用地丧失情况最为严峻，从 1950～1972 年，全美每年将有大约 120～200 万英亩的传统农业耕作土地，逐渐被变身为现代都市使用土地；同时，因为长期或过度使用各类有毒化肥杀虫剂，直接导致大面积农田土壤疏松板结，有机质成分明显下降，微生物活力明显下降；水污染危害同样十分突出与严重，在全美国 47 条最主要的淡水河川湖泊中，有超过 22 条支流严重污染水域面积数，已占据了其水域面积总量的 40% 以上。

针对这一现实，美国政府开始思考农业的未来发展建设之路，并切实采取行之有效的土壤治理相关措施，包括注重农田土壤的侵蚀治理、轮作停耕、技术应用示范等多项保护措施来保护农村土地资源。

第二阶段：20 世纪 60 年代至 80 年代。科学技术也是一把双刃剑，第三次科技革命在极大地推动社会生产力发展的同时，对农业自然资源的开发掠夺也愈益加重，导致土壤污染、侵蚀以及自然地力下降等问题更加突出。

随着美国民众物质生活水平不断提高以及科学文化素养的日渐深厚，生存环境恶化引起民众不满，爆发了著名的环境保护运动，这促使美国农业绿色发展逐渐走上法治化、规范化、常态化道路。适应新时期发展需求，美国政府宣布组建了国立环境署，并制定实施了美国联邦的《国家环境政策法》《联邦水污染控制法》《资源保护恢复法案》《清洁空气法》以及其他相关环境保护行政法律，标志着美国农业环境政策将由过去的以治污为主过渡为以防污为主，从单一防治农田污染而变为综合保护整个生态环境，20世纪70至80年代是美国历史记载的赫赫有名的"环保十年"时期。农业环境生态治理逐渐步入绿色法治化轨道，是美国农业绿色化发展中的快速时期。

在这一时期，美国农业有几个值得关注的标志性活动，一是政府颁布和执行了《农产品贸易发展与援助法》《食品安全法》的法条规定，以及实行了"土地休耕计划"的农田土壤保育规划、沼泽地保育规划、农夫规定等一系列行动；二是1985年将"环境保护"纳入农村法体系中；三是1985年后从农村局部的"污染治理"向整体"生态环境保护"过渡。经过上述这些举措，大幅改善了现代农产品的开发技术、逐步调整了农村产品结构、遏制并减少了现代农产品开发中环境污染问题的进一步发展，农民们对现代农产品绿色开发的意识普及情况逐渐明显，现代农产品环保科技的应用在实践中也开始逐步推广起来。从总体上来说，这一时期的许多行动改变了美国过去的现代农产品开发路径，使环保变成现代农产品开发的潮流。

第三阶段：20世纪90年代以来。伴随着上一阶段农业环境的治理力度加大，农业绿色发展的水平也在逐步提升。但随着美国农地规模的日益扩大，导致农地生态系统开始呈现环境单一化、脆弱化的态势，使得美国农村地区生态环境改善面临着一系列的挑战。

为了进一步探索巩固绿色产业发展成果，美国从探索健全相关管理机构、创新经营管理等方式入手进行改革。农业部、环境保护署、环境质量委员会等正式成为美国绿色农业发展服务保障的政府管理机构。农业部是全国实行加强农业环境保护与推动经济绿色高效发展方针的国家主要领导机构，其下设有自然资源综合保护局、林业局等一批专门从事地方农业环境保护管理工作的部门机构。环境署主要负责制订、实施、监管农业污染管理体系以及有关环保法律体系；环境质量委员会的办事机构位于总统办公厅管理下，负责统一向总统办公室提交关于各项重大环保政策的咨询建议和政策意见，并指导督促和协助国家各机关活动的实施，科研机构则与相关非政府机构联合研发、引进和运用在农业环保灾害处理方面的前沿创新科技，并进行对有关人才的教学技能训练。

在这一进展阶段，美国的农村环境及沙漠化管理的分工结构和协调管理体系上都变得更加清晰健全、在管理运作的组织方法上也显得更为严格有效和科学合理，逐步建立一个涵盖了主要由联邦国会当局抓农村政策与立法、环境署抓农村行政农业监督、以及由农业部抓农业融资与科技扶持的综合农村环境协调控制与管理体系。在实际生产操作过程中，土壤轮种、缓冲带、生态调控、堆肥处理、垄耕、暗管排渗等主要的技术层面上均有一整套的综合环境管理与技术系统，这对于更有效地切实保护管理好美国当地农村环境、维护好国家的农村生态系统稳定，起到了非常积极和关键的作用。除此以外，美国还不断借鉴引进国际上领先的遥感技术、国家地理信息系统、世界定位网络系统等"3S"信息，在有效管理农业环境中充分运用，国家农业环境监测项目信息系统应用平台得以建设与完善，显著提升农村环境监测的综合管理服务效能，促使农业绿色发展逐步进入到成熟阶段。

同时，美国农村绿色发展策略的涵盖区域层面和重要内涵正逐渐向前拓展，以促进农村工业化发展模式与绿色农村经济社会的绿色可持续和谐发展为重心，并先后出台实施了一批重大的农村发展政策措施和实施方案。美国农业部早在1997~2002年的重点工作报告中，就明确了保护美国农村绿色产业发展，并提高了政府对农业资源利用的明智经营管理水平。1991年，美国政府按照《有机食品产品法案1990》的具体内容制定了《有机食品证书管理法》。《1996年美国农业法案》的有关条文，增加说明了资源保护建设方面的管理办法。2002年美国出台《2002年农场安全与农村投资法案》，通过建立并实施农业生态环境保护的综合补助计划，对美国国家农业绿色化发展事业加以保障。2007年出台的《农场法建议》中，明确提出了国家将农业财政金融重点扶持范围，由按原来的"相机投入"实施方案调整转变为新的"经常投入"的方案。2008年美国通过的《食物、保护和能源法案》，将提高政府对绿色有机农业产品的政策性补助支持。2011年1月时任美国总统奥巴马宣布并签署了《FDA食品安全现代化法案》，这被称为美国食品安全监管体系70多年来的最大一次改革[1]。

---

〔1〕《奥巴马签署美国食品安全改革法案 耗资14亿美元》，载 https://www.chinanews.com/gj/2011/01-05/2766988.shtml，最后访问日期：2024年6月4日。

9.1.2 荷兰农业绿色发展

荷兰，就国土面积而言虽是个小的国家，但它是农业畜牧业大国，在农业总出口份额上是全世界仅次于美国的第二大国[1]。但荷兰农业畜牧业高速发展也伴随着较严重的氮氧化合物污染问题，经历了追求高产出，忽视高污染，到追求绿色发展的过程[2]。

荷兰农业的发展和美国的成长历史不同，但它也大体上经过以下三个相对不同的阶段。

第一阶段起步于20世纪80年代，主要体现为政府通过严格采取法律措施，以限制家畜饲养量。荷兰农村政策转变的首要目标是治理农业养殖污染问题。由于种植业生产机械化进程的加快，迅速发展的畜牧业出现高度专业化分工，传统的以种植畜牧结合式经营农村产业结构得以改变。农村区域则因为农田中常年缺乏大量的天然有机生物肥料，农民只能通过长期利用肥料栽培蔬果来帮助增加本地农作物生产，但这些肥料的长时间过量利用，不仅污染土地植被，还影响农村的水质环境；同时，在畜牧区域则更常见的问题是由于大量动物鸟粪长期废弃而无法集中利用并进行有效管理，大量被丢弃的动物粪污不断积压而造成环境二次污染。据荷兰相关政府部门公开信息统计表明，在1970年到1980年期间荷兰国内的生猪饲养数由原有五百多万只增长到了大约一千万头，而鸡雏的饲养数量也增加了约30%，由原来六千多万羽增长到了大约八千万羽。20世纪80年代，荷兰政府为严格控制畜禽饲养量，保持稳定牲畜粪便污染排放量，采取了立法形式。在1984年，荷兰出台的新立法中正式明确提出限制对猪畜禽类的养殖审批权，严格限制外商直接投资建设的大中型动物养殖场数量，以新立法文件形式重新规定了对每一公顷以上的耕地粪便生产规模的限准值（即每公顷土地面积上承载牲畜粪便总量的总产出量不能超过每亩125千克以上），并对地方上中小型个体养殖户经营规模进行限制。凡是申请从事饲养畜禽许可的农村专业综合农场和规模化养殖管理公司企业，都应当统一申请国家核准登记种植养殖总的标准规

---

〔1〕 王晓梅等：《荷兰农业绿色发展政策现状及对中国的启示》，载《农业展望》2022年第6期。

〔2〕 赵霞、姜利娜：《荷兰发展现代化农业对促进中国农村一二三产业融合的启示》，载《世界农业》2016年第11期。

模,并办理了粪便排放数量审核的许可,对于达到了国家核定许可标准规模申报的养殖户,还将需要另外收取粪便处理费。同时,地方行政组织等还必须尽量帮助或引导全国各地都逐步建设出一个家畜粪便分类收集和市场,并帮助全国所有农村地区都逐步建设成一座标准化的大型无害化动物粪便处理厂,以集中处理畜牧企业的过剩废牲畜粪便,至于处理这些地区的过剩废家畜粪便则应当尽量通过政府委派专人或统一渠道归口管理、定向回收分流,进行分领域管理。

在这一阶段,荷兰的各种有关农村环境保护的法律文件也开始逐步制定执行起来,包括《土壤保护法案》等法令,修订了家畜饲养等环保政策规划,并规定各地从农业畜牧产品品种结构的重大调整、限制产量、粪便垃圾污染资源化处置等方面采取措施,来控制大规模农业畜禽养殖业生产过程对环境所造成的直接间接污染,制定肥料立法和减少农业杀虫剂用量对策,而且大幅度削减对农业生产环节中的工业化学品的规模化投资,以推动农业产业化发展循环经济。

20 世纪 90 年代荷兰进入推行农业绿色与永续发展行动计划的第二个历史阶段,最突出的表现是由国家通过严格规定限制化肥消耗和农药超标使用。从 20 世纪 90 年代开始,荷兰开始规定农田土地和天然草原土壤的每公顷硝酸盐肥料标准,从 1990 年到 2000 年逐步降低,不达标准则强制性征税。同时,为方便并更加准确有效全面的追踪监测农业综合开发项目可能对现有水域环境所产生的影响及可能造成的环境危害,荷兰在 1998 年通过了完善的水质养分核算体系。此外,荷兰政府还积极创造条件大力支持企业开发绿色高效、低重金属残留有机杀虫剂种类和新生物农药。基于政府的积极倡导和政策引导,相关农场合作社和生产企业积极行动起来,通过采取多种有效措施和合理投资来改进种养经营技术,提高种养管理水平,长期实践保证了政府规定要求的工业原料投入标准限值和养分消耗排放控制标准得以落实。

自 2000 年以后,荷兰进入实施国家对农产品资源全面利用管理的新阶段。2000 年,欧盟政府颁布了《欧盟水框架指令》(Water Framework Directive)等文件,提出了"基于流域管理的水资源政策"。这对于欧盟水资源管理政策具有里程碑式的意义,主要是为了切实保护和管理好地表水,重点是针对那些来自于各种工业农药、肥料和重金属,或者从一些特定作业领域中排出而产生的所有含氨氮、磷废物。长期以来,荷兰人饮用区水体的化学农药污染问题非常严重,在他们所检出到的严重超标杀虫剂中约80%都是化学除草剂。所以，该命令实施后对荷兰人的农产品资源生态化发展策略的实践与影响相当重要。以实施该指令文件为基石，荷兰政府已着手探索构建全方位涵盖浅层水、地下水的自动检测评估系统，以实现对农业水资源质量实施全方位的检测监督，并以对水体污染监督直接倒逼整个农业生产投入的全过程监督，同时要求所有农业生产者必须建立起翔实有效的原料投入和农业生产过程记录的电子档案，以便加快农业步入农产品资源生态全方位管控阶段，并引导农民发展循环农业，将推动绿色农产品持续发展战略与国家自然环境保护计划相配套协调。

荷兰在认识和发挥农业生产发展生态功能方面一直走在世界，有机生态农业、现代观光生态休闲农业和康养农业都具有独特的发展优势，通过现代化、集约化、标准化发展全产业链。从2000年至今，荷兰的有机农庄规模已经累计提高到了近60%，其在国内所有农庄总量中的市场占比也由2000年的近1.61个百分点增加到2012年的近2.6个百分点，尽管在国内市场总的占比仍然相对较低，但是这在其他的欧洲地区中已算属于经济发展速度比较快的农业发展区域之一。2011年，荷兰政府宣布了推进农业经济现代化和可持续性发展的重要政策议程，并开始大力研究和探讨国家农业创新型的经济发展方式，并着力于全面构建有效健康安全和可再循环发展的高效生态农业产业结构和有效优质安全的食品供应与保障体系。2016年，荷兰进一步补充完善和修订出台了本国的"循环经济2050"经济社会发展规划，把发展持续循环高效的农业经济作为当前处理全球重大气候变化挑战风险问题，以及燃料短缺等环境危机风险问题的一项重要途径；2018年，荷兰出台并实施了全球现代资源循环式农业专项发展工程计划，要求通过推动全国范围以及在世界范围内，逐步形成现代种植业、园艺、畜牧产品要素与海洋休闲渔业产品要素之间的有机协同循环运行的农业产品系统，既可以大幅地降低农业对外部自然资源与生态环境的长期潜在环境影响，也会更明显地促进并提高农业资源废弃物效率，按照规划，争取到2030年前把农产品废弃物、食品资源消费产业等农业领域的资源综合循环效率提升到80%，从而真正形成在世界农业资源可循环发展水平中处于领先的农村经济大国。

9.2 发达国家和地区促进农业绿色发展的措施

9.2.1 以经济绿色永续发展与生态持续保护建设为基本目标的环境可持续协调发展理念深入人心

发达国家的农业绿色发展之所以能够顺利持续推进，重要的一点是注重绿色发展理念的教育推广。在国内外相关重要学术理论实践研究领域，研究建立农业发展全要素生态链农业模式，积极科学地倡导推动农业区域环境整体的和谐与发展，构建形成一套以土壤健康安全保护和水资源可持续高效循环利用模式为核心，涵盖现有农业生态区域所有关键要素在内较为完整立体的区域生态经济系统。在加快推进农民技能教育培训方面，政府坚持全力引导推动，借助当前日益完善成熟高效的国家农业行业协会标准体系平台，宣传培训推广有关保持农业耕地土壤品质及健康、科学有效地施用水肥资源管理等先进技术知识，不断地引导及提升全体农民劳动者对农业可持续发展政策观念认识和高效生态污染综合治理的认识应用能力水平，通过各种培训教育方式有效促进农业土壤健康科技提升计划工程等相关科技项目的顺利落地。在构建农场主培训示范教学实践活动基地方面，所有符合条件的大中小型生态试点农场，对于在山地缓坡区域的高标准防洪及灌溉水土保持林带、裸地生态种植、粪肥堆肥技术上的使用目前都基本比较成熟，农场范围地域内现有农作物的种植品种类型相当丰富，养殖规模面积密度比例较为适当合理，区域生态水平总体能够得到长期稳定持续的保护和改善。在产品进入市场终端消费，越来越多富裕起来的人们均表示其对于市场食品环境与安全生产等的状况会非常地关注并敏感，更多消费者普遍是希望获得有机绿色生态农业种植养殖基地生产出的纯天然绿色蔬菜品种和在健康有机环保养殖农场内生产的供食用的有机无公害优质肉蛋奶产品，也因此会愿意为食用这种优质生态无公害农产品而来支付更高一点的采购价格。终端产品的安全环保优质高价和产品的可追溯性，推动并加快促进了生产端从传统的低成本高代价生产向高端优质环保和有机绿色方向转化。

9.2.2 立法与执法相并重是发达国家政府推动绿色产业发展的基础

有机绿色生态农业是当前现代农业绿色生态集约高效发展早期的主要形式，也是欧美发达国家及农村区域最早开始并逐渐实行的农村绿色发展制度的主要内容，格外注重相关法治建设。1930 年前，美国联邦当局曾相继通过了《莫里尔法案》《哈奇法案》和《史密斯–利弗法》等，1938 年美国联邦当局又再次颁布了《农业调整法》，更加注重通过对土地加以保护计划适度控制产量，并且注重进行对农村科学技术的研究工作[1]。在这一阶段，各个西方国家都已更加地关注于如何运用现代化新技术方法，去对传统的农业生产方式加以科学而创新性的调节，以及由此产生的一种更加自然循环的农业生产科技方法。

西方发达国家政府推动绿色产业的发展形势是以其对本国环境、水资源、大气污染等为主要内容的立法与执法相并重[2]。在发展西方环保经济的过程中，美国政府也是在立法实施方面对环境要求较为严格的国家，自 1970 年起，美国政府就对环境生态保护方面开始逐步制定出了许多重要法律条例，如《清洁空气法案》《有毒物质控制法》《资源保护修复法案》《联邦杀虫剂、杀菌剂和杀鼠剂法》和《安全饮用水法》等，并由对于违反上述法条法令的企业或个人，直接由环境保护署（EPA）和法院执法处以巨额罚金；对于企业超标违法排放有毒危险化学污染物并导致复合性生态污染并且损害他人人身或财产安全的，按照污染物在实际排放过程中产生的损害程度等确定担责比例，相关部门要根据规定收取他们排污费税和其他特殊税费。同时关于环保问题，世界各国也形成了一定的赔偿基金和补偿基金制度，例如，在美国政府就成立并颁布了《超级基金法案》、加拿大于 1999 年制定实施了《加拿大环境保护法》，各地区也相继陆续颁布了一系列地方性环保法令法规。

9.2.3 欧美发达国家注重国家对农业绿色持续发展技术的研发投

世界各地农业发展机构为了真正实现农业绿色发展转型，都对农业绿色发展

---

〔1〕 冯丹萌：《发达国家农业绿色发展的政策演进及启示》，载《中国城乡金融报》2020 年 3 月 4 日，第 B03 版。

〔2〕 许标文、王海平、林国华：《欧美农业绿色发展政策工具的应用及其启示》，载《福建农林大学学报（哲学社会科学版）》2019 年第 1 期。

生态技术的研究和发展相当关注。从根本来说，农业绿色发展就是利用绿色生态农业新科技把传统的非绿色生态农业科技所取代。也就是说，取得绿色生态的农业先进生产科技才是发展农业绿色生态的关键前提。例如，美国就是农业科技的重要提供者，它在意识到了农业绿色生态发展的重要意义之后，继而对发展绿色生态农业新的生产科技的研究和利用高度重视。与此同时，荷兰对农业绿色生态发展科技的研究也非常重视和大力支持，同时促进了广大的农业民众广泛接触和使用有机生物农药和安全的低化学残留农药。日本农业发展过程比较顺利，并良好的继承了传统东亚生态农业发展思路，其中重视绿色经济建设与农业科技的研究是其发展农产品绿色经济的最大特色所在。

9.2.4　各国均注重自上而下的政府行为来推动绿色产业发展

各国的农村发展政策在积极地向持续绿色循环发展方式的转变实践过程中，均十分积极重视地运用了各种能够推动农村经济绿色与可持续性发展的政策规划举措和政策专项行动，来保证并完成其绿色农业发展计划的总体目标。如荷兰就在 2011 年即启动了其可持续的农村发展策略议程；并且于 2016 年又提出了"循环经济 2050"规划，将发展可循环经营农产品作为未来缓解全球气候变化和粮食资源持续短缺形势的一条主要路径；2018 年，荷兰也继而推出了国际循环型农业发展战略行动和规划，计划力争在 2030 年前实现国家农业废弃物、食品等生活消耗品等多领域的综合资源循环化效率超过 80%，从而真正形成未来世界上领先发展的绿色循环化农村经济大国。美国和日本同样不甘示弱，也相继制定出台类似的专项行动措施和工作计划。

9.2.5　高度重视对绿色农业人才的培养

绿色农业应当属于高新产业。同时人才是绿色农业产业发展中至关重要的推动保障因素，而人才也不仅是在保证绿色农业产业与创新科技发展中最重要可靠的保证因素，更是能有效地保证绿色农产品质量水平稳定可控的最关键因素，所以进行绿色农业高层次紧缺人才培养是我们当前阶段必不可少的。发达国家政府相关部门均对开展绿色农业高等应用型人才培养教育活动高度的关注和重视。如美国就专门规划建设了一个遍布于全国各城市的国家级的绿色农业科研教育推广与技术培训服务站，负责对全国农户普及并宣传农村生态安全及农村环保技术等绿色知识，对各级社会绿色农业从业人员进行全面深入的农业科技相关知识宣传普及和培训，增强提高全社会环境保护管理的科学意识以及绿色可持续发展的先进理念。因此，在世界上的许多发达国家，绿色农业发展理念其实是早已深入人心。

9.3 发达国家和地区农业绿色发展的经验启示

当前，我国农业生产发展已开始进入到绿色生态发展转型战略的最关键时期，虽然当前我国还处于发展中阶段，在农村土地制度、农村社区基础、市场化经营程度、农业现代管理化水平、企业经营管理运营模式、科技服务创新水平等各项支撑产业体系发展建设水平的方面均与农业发达国家之间存在较大差异，我国可以积极借鉴其他发达国家地区在推动农业绿色发展领域的经验，通过强化系统研究设计、统筹协调安排、加强有效制度保障，来进一步提升全国农业绿色高质量发展新水平。

9.3.1 继续明确实现农业生产可持续绿色稳定发展作为实施我国农业发展战略的基本目标

国外的发展实践证明，绿色经济不能再被简单地限制在发展理念的理论视角范畴中，也不应该再单纯停留在如何将之视为其他基本政策理念之一的具体措施与行动方案问题上，而是必须把它融入到基本目标体系中。基本目标作为一个强硬的基本约束手段，是一定可以达到且一定能够采用一种方法加以考核效果的。农村产业发展任务是丰富多样的，可从多种工作角度考虑制定不同农业发展任务。我国在过去时期，对农业产品的基本政策目标在制定上始终坚持强调的只有两条：一个目标是在确保国家粮食安全的基础上保证农业品牌竞争力的稳定供给，另一个目标则是继续保证全体农业生产者的整体收入稳定增加，而上述规定直至今天为止都仍然是十分有必要、无可厚非的。但由于现阶段的我国农业发展，更需要注重的是食品绿色均衡发展，所以将保护可持续当作发展的第三基础目标是至关重要的，并且需要将这项任务和保障村民人均收入、保证食品安全供给放在不相上下的地位之上看待，只有如此，中国农业发展才能真正实现"绿"的发展、才能"绿"得更有水平。对于"农产品的可持续性"的概念，政府实施于所有农业产品的物质资源以及各种科技措施，以及农业产品对各种肥料、农药、种子、机具器材等农业科技材料的运用，并不会直接对包括农业产品物质资源本身在内的所有农业科技材料及产品活动要素产生一种负的影响，也不会直接对除此以外的所有农业产品生态环境体系形成一种破坏性的影响，换句话说，在整个农业产品生产经营过程中都不能够产生负的外部性，也因此它能够使全部的农业农产品生产活动成为一种有机的整合，并且成为一个可以重复连续发生的状态。这样的发展状态实际上就是真正保持住了一种农业可持续性状态，也就是未来农业绿色可持续性发展真正要实现的目标。

9.3.2 进一步完善我国推进乡村经济绿色发展的法治化建设

从各个国家的农产品绿色发展化的有关政策法规体系发展现状来分析，各国大多都由政府部门制定有关法规来保证国家农产品政策的发展，特别是在日本、美国、欧洲等国农产品政策法规等基本上都是通过国家立法的方式来保障。透过上述国家农产品绿色发展的进程可以更清晰地看到，农产品绿色化的生产经营方式也离不开一些有关法规和措施的合理保障与强力约束。反观我国，我国已经在1993年率先颁布了《中华人民共和国农业法》，并于2002年和2012年先后两次对《中华人民共和国农业法》作出了重要的修订与修正，而有关行政部门在起草的关于"三农"政策立法的实际研究中，则都严重忽略了我国当前农村经济社会的整体性和系统性问题，对有效保障我国农村绿色发展路径实施的有关政策措施立法规定也比较少，对我国农村绿色发展所取得的政策保障效果也比较局限。所以，适当借鉴其他发达国家和地方政府的一些成功经验，在支持我国农业绿色发展的法治化系统构建上，我国应当加强重视并必须进行进一步强化推行与完善。首先，我国应当推动并建立一些目前已经比较全面科学且具体可行的有关发展现代农业的法律法文规定，而为了更加深入推进我国农业绿色化经营发展，所制定的另外一些法规也都应该在实践中尽量地更加明确化、具体化和法治化，使我国农村农业绿色经营的发展战略政策在具体实施过程中能够有更明确相应的法律标准和保障，从而能够加大我国农村绿化发展战略具体规范的落实力度；其次，加强我国农村绿色经营创新发展的规划政策及其与有关配套法规的连续性，以防止在发展战略规划执行过程中存在着法律政策规范的空白现象；再次，要对推动我国农村绿色发展的有关配套法规内容加以充实，并建立了一个相对具体详细系统的政策制定规划，其中应尽可能制定一个相对具体的政策措施规范，以便于有关具体政策措施的后续执行，同时又能使农户们对真正从中实现了自己的社会经济效益目标产生了一个比较清晰的认识，从而引导并促进广大农户们发挥好主动性与积极性。最后，在不同的经济社会发展时期必须分别制订出不同的有针对性的我国农村发展绿色经济的政策法规。我国目前还处在农村复兴战略的前期启动阶段，并要求我国政府适时调整农村绿色经济社会发展规划中的有关国家法律规定，以紧跟我国农村复兴新时代新任务，制定更切实完善的与农村绿色发展相配套的法律政策。

9.3.3　提升我国农业绿色持续发展的科技支撑力

推动我国农村绿色经济规模化发展进程，是为了实现乡村振兴的必然需要。而发展农业绿色经济，也是为了真正振兴社会主义新型农业经济而必须作出的重大突破与探索。中共中央办公厅和国务院办公厅已在 2017 年公布了《关于创新体制机制推进农村绿色发展的意见》，在若干意见中明确了我们进一步加强推动农村绿色经济转型发展的当前工作与今后规划，进行了更加全方位和系统化的部署。首先，革新农村健康发展理念，用绿色的生态理念去布局指导现代农业健康高效地有序生产发展，在顶层管理机制的设计中也更加强调了农村绿色经济发展理念；其次，从农业发展方式上加以革新，进一步提升农村科技管理水平，加大相关企业技术培训力度、农村科技示范工程的引进力度，以促进我国现代农业绿色化生产技术方式更迅速地完善和落地，以实现我国农业发展的安全可持续性；再次，对在农产品经营发展的制度上加以革新，采取引导发展多元化主体经济的新型农民绿色的经营发展模式，革新农村推广激励机制，逐步推进农民绿色化生产技术在当地小农民群众中的深入普及。最后，进一步革新农民绿色生产发展的支撑政策法规。比如，通过借鉴美国农业绿色发展的"三位一体"技术体系，进一步探索提升科技研发、示范应用和普及推广三者的整体紧密度，转变传统的科研工作模式，针对我国目前的有关农业绿色经济发展模式的一些关键科学技术问题等进行研发支撑，同时也促进农业科研创新与整个社会经济实践的有效联结，形成多元化主体的协调开发机制。

9.3.4　优化我国农业补贴结构，构建权责明确、长效运行的农业补贴体系

本书通过比较几个发达国家出台的扶持农业绿色高效发展的有关涉农补助政策措施，可以看出，它们的农产品补助体制也相对更加健全有效，内容体系和补助标准也都全面具体和标准明晰。但我国的农产品补贴体制还是比较单一化，其中在补助体制中的比重最高的依然是综合性技术补助，这些综合性补助实际属于间接农业补助，实际上对农户的补助数量比较小，导致补贴整体效益偏低。从补贴内涵层面分析，当前各地关于农业绿色可持续发展的各项补助界限规定不清楚，内涵划分不清晰，使得当前农户普遍对促进绿色化农业快速发展的意识水平不高，积极性也相对不够，使得农业绿化发展模式在我国实际中引导与推行效果一直不能得到及时高效的反映。所以，当前更要调整优化农补结构制度，改善农业绿色发展项目在当前农村整体补助体系中占比，如农田生态系统多样性的支持保障、农产品资源开发与利用的补助保障、农村劳动生产力的补助和新兴绿色农业化科技的培育补助等。另外，还须更为系统严格地继续健全国家农业绿色发展补偿制度系统，不同区域、不同目标类别的农业发展应当制定差异化的各项补偿类别和补助发放标准，既要持续保障农民收入又要保护农业生态环境、农业资源要素的长效化利用，真正实现农业的绿色可持续发展。

第 10 章　乡村绿色发展的产业选择与路径设计

乡村振兴战略中，产业兴旺是基础，生态宜居是关键，绿色发展成为构建现代乡村产业体系的引领性原则。实现产业兴旺与绿色乡村的内在统一是乡村振兴的重要课题。本研究基于乡村产业结构演进对乡村绿色水平的影响机理研究，并分别剖析农业产业结构、工业产业结构对绿色发展的影响，探寻因地制宜、因时制宜的乡村产业协同发展路径，有利于为乡村绿色发展的产业选择提供一定的衡量标准，进而提升乡村产业层次。具体研究结论和对策建议如下：

10.1　主要研究结论

10.1.1　我国乡村产业结构演进具有显著的区域性阶段性特征

第一，从产业结构的合理化与高级化两个维度来看，我国乡村产业结构演进过程符合不断向高级化发展的总体趋势，但随着产业结构的多样化，不合理化程度也有所加重，各产业之间资源利用程度差异较大，产业协调性不高。进入新世纪以来，随着乡村产业融合水平提高，乡村产业结构合理化水平也迅速提升。

第二，我国乡村产业结构的演进过程具有明显的阶段性特征。以乡村发展战略的变化为依据，我国乡村产业结构演进过程可分为：乡村农业主导期、乡村工业快速发展期、乡村产业多元化发展期、乡村产业优化期和乡村产业融合发展期四个阶段。乡村农业主导期（1949～1978 年），粮食生产成为农村主导产业，农业以单一的种植业为主体；乡村工业快速发展期（1979～1992 年），乡镇企业发展迅速，乡村工业化快速推进，从产值上看第二产业取代第一产业成为乡村的主导产业，乡村产业结构演进为"二一三"模式，符合工业化产业结构特征；乡村产业多元化发展期（1993~2004 年），乡村进入"农业和乡镇企业并举"的战略发展阶段，乡村产业多元化发展是这一时期的鲜明特征；乡村产业优化发展期（2005~2012 年），农业产业结构逐渐优化，农业产业化发展是这一时期产业结构调整的鲜明特征；乡村产业融合发展期（2013 年至今），乡村产业深度融合发展成为支撑乡村振兴的重要力量。

第三，制度创新是推动我国乡村产业结构演进的根本动力。制度创新的过程通过供给侧解放乡村的生产要素和需求侧提高消费水平和结构两方面对乡村产业结构演进的影响。从供给侧角度来看，乡村的生产要素市场化改革极大地推动了乡村的产业结构调整和升级。从需求侧角度来看，乡村产业结构演进的驱动力主要是市场化改革推动居民消费水平和结构提升以及农村投资的变化。

10.1.2　乡村产业结构演进影响绿色发展的博弈分析

从参与主体视角来看，政府、乡村居民、消费者是乡村绿色发展最核心的参与主体。厘清政府、乡村居民和消费者三者在乡村绿色发展之中的关系是实现乡村绿色发展的核心问题，对其良性发展具有重要的理论意义和现实指导意义。运用博弈理论，基于三方博弈模型研究乡村绿色发展主体的最优策略及其动力机制。研究发现：

第一，不管是什么博弈环境，政府的成本优势都至关重要，具有成本优势的政府也更具有竞争优势，市场占有率也会更高，这也客观反映出为什么现实中非绿色农产品相较于绿色农产品市场占有率更高的部分原因。控制成本是政府在推广相应农产品时首先要考虑的问题，这能够直接提升它在市场上的竞争力。在乡村绿色发展的背景下，政府应该积极主动去降低绿色农产品的整体成本，这样才能使绿色农产品更受市场认可。成本有内部成本和外部成本，一般内部成本更容易控制，而外部成本由于受到的影响因素更多而控制起来会更加困难，这也督促政府通过提升内部的管理效率和治理能力来降低绿色农产品的整体成本。

第二，乡村居民对农产品匹配状态的关心程度直接关系到政府支付给乡村居民的补贴。乡村居民是否关心消费者能否购买到满足他们真正需求的农产品由两种情况下的相对成本和能获得的效用差值决定。两种情况下的相对成本差额越小，所获得的效用差值越大，乡村居民更关心消费者能否购买到满足他们真正需求的农产品，政府向乡村居民提供的补贴也会更低。在现实中，一种农产品的购买频次越高，乡村居民更关心消费者能否购买到满足他们真正需求的农产品，一种农产品的购买频次越低，乡村居民越会忽视消费者能否购买到满足他们真正需求的农产品。

第三，制度和机制的设计将显著影响最终市场运行结果，因此政府做好制度和机制的顶层设计至关重要。无论是乡村领域的绿色发展，还是整个经济体系绿色发展的实现，都需要政府在尊重客观经济规律的前提下明确自身定位。政府应该以市场化思维为主导思想，坚持市场化引领的基本原则，设计恰当的市场化激励机制，激发出所有市场参与主体的活力。同时要注意制度设计的连贯性和延续性，形成具有长期性、稳定性、一致性的市场预期，这样可以显著减少政策变动风险给市场带来的不确定性，削弱非市场化阻碍因素的扰动，进一步降低市场参与主体的潜在风险。

第四，通过农业绿色流通发展实现乡村绿色发展需要政府不同部门之间加强配合，通过政府不同部门出台目标一致和联动性强的各项政策，一方面可以引导对应市场主体积极主动参与乡村绿色发展流通，另一方面还可以促进整个社会形成绿色发展的新思维共识，这能够从根本上降低政府的推广成本，使推广乡村绿色发展的政府由成本劣势转变为成本优势。同时也不仅能够促进乡村绿色发展还能够通过范围经济效应促进其他产业的绿色化发展，更好推动乡村绿色发展目标的实现。

10.1.3 乡村产业结构演进具有明显的环境效应

本研究在分析乡村产业结构影响环境污染以及绿色发展内在机制的基础上，利用1994~2015年中国29个省、自治区、直辖市农村地区的面板数据，采用普通面板以及SAR、SEM、SAC和SDM等空间面板模型进行检验，结果表明：乡村产业结构演进与乡村环境污染物排放具有极大的相关性。乡村产业结构合理化、高级化进程均在一定程度上抑制了环境污染物的排放。乡村产业结构合理化进程有利于环境污染物的减排。产业结构合理化程度越高，越有利于环境污染防治。产业结构高级化进程会抑制环境污染物的排放，产业结构高级化实现程度越好的地区，越有利于环境污染的防治。在空间效应下，产业结构演进指数系数的直接效应更小。

10.1.4　农业产业绿色化水平逐步提升，绿色化道路仍需探索

第一，我国乡村产业结构中，农业结构至关重要。农业产业内部结构也是随着生产力水平提高和经济发展变化而调整。农业产业结构演进影响绿色发展的路径主要有四个方面：①农业产业结构调整引起要素流动进而影响农业绿色生产。②农业供给侧结构性改革推动农产品绿色生态化发展。③农业产业升级推动农业生产方式绿色化发展。④农业产业结构通过影响农业分工程度进而影响农业绿色生产。

第二，中华人民共和国成立至今，随着我国农业产业结构的动态演进过程，农业产业绿色化水平呈现阶段性改善，农业产业结构绿色转型的动力逐渐增强，但我国现代化的短板仍然在乡村，农业农村环境保护一直是我国环境保护领域的薄弱环节，绿色发展存在持续改进的空间。

10.1.5　乡村工业结构与乡村绿色发展密切相关

第一，乡村工业的选择取决于资源禀赋差异、地区差距、城市发展和城乡经济联系状况等多种因素。资源禀赋是影响乡村工业模式选择的最重要因素之一，乡村的异质性具体体现在经济禀赋、政治禀赋、文化禀赋、社会禀赋和生态禀赋的差异。

第二，乡村产业结构演进与乡村环境污染物排放具有极大的相关性。产业结构合理化和产业结构高度化在改进生态效率方面均存在空间外部性，乡村产业结构合理化、高级化进程均在一定程度上抑制了环境污染物的排放。我国乡村环境污染物排放呈现稳定的空间集聚效应，本地区乡村产业结构的演进对其他地区的环境污染具有一定的抑制作用，具有正外部性。

第三，乡村工业结构的绿色发展效存在显著的行业差异。技术密集型和农业资源型工业的结构演进的绿色发展效应总体上呈现正效应，即有利于乡村的绿色发展，日用消费型和化工型则相表现为负效应，即抑制了乡村绿色发展水平；乡村工业结构的集聚速度与其绿色发展效应成正比，即演进速度越快，环境效应绝

对值越大，演进速度越慢，环境效应绝对值越小。

第四，乡村工业结构与绿色发展水平之间存在双重门槛效应。当对外开放水平处于门槛值之间时，工业结构对绿色发展水平影响的绝对值最大，低于或者高于这两个门槛值时，工业结构的绿色发展水平效应较弱。进一步基于时间维度的拓展分析发现，入世对绿色发展水平的改善起到了较为显著的促进作用。

10.1.6 发达国家农业绿色发展有诸多经验借鉴与启示

主要体现在绿色发展理念引领、立法与执法并重、注重绿色持续发展技术的研发投入、政府重视和推动绿色农业人才培养。

第一，以经济绿色永续发展与生态持续保护建设为基本目标的环境可持续协调发展理念深入人心。发达国家的农业绿色发展之所以能够顺利持续推进，重要的一点是注重绿色发展理念的教育推广。

第二，立法与执法相并重是发达国家政府推动绿色产业发展的基础。有机绿色生态农业是当前现代农业绿色生态集约高效发展早期的主要形式，也是欧美发达国家农村区域最早开始并逐渐实行的农村绿色发展制度的主要内容。西方发达国家政府主要通过立法与执法并重的方式推动绿色产业的发展，主要关注环境、水资源、大气污染等方面。

第三，欧美发达国家注重国家对农业绿色持续发展技术的研发投入。发达国家及地区农业发展机构为了真正实现农业绿色发展转型，都对农业绿色发展生态技术的研究和发展相当关注。从根本来说，农业绿色发展就是利用绿色生态农业新科技把传统的非绿色生态农业科技所取代。也就是说，取得绿色生态的农业先进生产科技才是发展农业绿色生态的关键前提。

第四，各国均注重自上而下的政府行为来推动绿色产业发展。各国的农村发展政策在积极地向持续绿色循环发展方式的转变实践过程中，均十分积极地运用了各种能够推动农村经济绿色与可持续性发展的政策规划举措和政策专项行动，保证完成其绿色农业发展计划的总体目标。

第五，高度重视对绿色农业人才的培养。绿色农产品发展应当属于高新产业，同时人才也是对绿色农业产业发展中至关重要的推动保障因素，而人才也不仅是在保证绿色农业产业与创新科技发展中最重要可靠的保证因素，也是能有效地保证绿色农产品质量水平稳定可控的最关键因素。发达国家政府相关部门均对开展绿色农业高等应用型人才培养教育活动高度关注和重视。

10.2　对策建议

10.2.1　乡村产业结构优化升级的方向选择

第一，畅通乡村产业融合发展的要素资源流动渠道，优化资源配置，促进产业协调发展，提高产业结构合理化水平，转换乡村产业发展动能。完善乡村基础设施和社会保障服务，加大政策支持力度鼓励人才下乡，乡贤兴乡，农业转移劳动力返乡，深化户籍制度改革，加快新型城镇化建设，让农村转移人口融入城市生活，畅通城乡人才流通通道，促进乡村从业人员在产业间的合理流动，分类型、分层次开展新型职业农民培育，通过乡村人才结构优化推动乡村产业结构升级。因地制宜地结合不同地区乡村产业结构调整的内容，吸引更多资金和金融支持，引导乡村二、三产业发展，优化乡村产业结构。

第二，制定乡村产业结构长期发展规划，构建现代乡村产业体系，实现乡村第一、二、三产业融合发展。根据不同地区经济发展状况和要素禀赋差异，因地制宜制定乡村产业结构长期发展规划，积极推进乡村三产融合，充分发挥乡村多种功能，实现农业农村现代化。培育种养大户、家庭农牧场、农民合作社、产业化龙头企业等多种新型经营主体，大力发展现代农业，依托农业农村资源条件，合理规划产业园区，推进产业集群发展，因地制宜发展特色产业，发挥比较优势，推动乡村第一、二、三产业融合发展，促进乡村旅游、乡村电商、休闲农业等新型业态发展。

第三，加快西部地区乡村基础设施建设，挖掘乡村自然文化资源，鼓励承接中东部地区转移产业。提高公共服务水平，吸引闲置劳动力重新向西部乡村转移，带动农业相关加工业的发展，借助乡村文化旅游业的崛起，推动乡村产业结构优化。

第四，推动发展新产业新业态，形成多元化特色化乡村产业体系。自然文化资源丰富的地区，鼓励发展乡村旅游业，推进农业、旅游、乡村文化等深度融合。推进农村电商发展，支持农产品电商平台建设，推动线上线下互动发展。加快发展现代农产品加工产业，加大农产品加工技术创新，在农产品产地积极推进农产品工业化、规模化生产。同时出台优惠政策引导城市的互联网产业、创意产业等新兴产业进入乡村地区发展，带动乡村产业转型升级。

第五，在加快推进信息化、数字化的基础上，推动乡村工业的高质量发展。加速由原来过度依赖加工贸易型的外向型经济，及时转向国家已经确立的生态文明导向的国内空间资源开发，朝着贯彻两山理念提高生态产业化和产业生态化方向努力。在扎实推进乡村建设、全面深化乡村改革的过程中，继续推进乡村工业的技术升级改造，提高能源利用效率，降低单位生产总值的污染物排放量，充分发挥技术效应的环境污染调节作用。加快乡村工业结构内部的调整优化和经济转型，优先发展资源节约型、环境友好型和科技先导型工业行业，降低重度污染行业增加值的比重，缓解乡村工业产业发展对环境造成的压力。吸纳乡村低端劳动力就业，促进农民稳定增收和持续减贫的同时，继续推动工业结构调整，加快结构优化升级，积极发展高新技术产业和服务业，提高第三产业比重，保持工业结构效应的良好发展态势，建立乡村工业发展和环境改善的长效机制。

10.2.2　乡村产业结构绿色化的路径设计

第一，推动乡村产业结构合理化、高级化进程，实现乡村产业发展与绿色发展的有机统一。乡村产业结构演进与乡村环境污染物排放具有极大的相关性。乡村产业结构合理化、高级化进程均在一定程度上抑制了环境污染物的排放。因此应合理优化乡村产业布局，注重以本地的资源禀赋和历史文化为基础，壮大特色产业，提高产业发展的知识含量和技术含量。本地区乡村产业结构的演进对其他地区的环境污染具有一定的抑制作用，具有正外部性。农村环境污染存在正的空间外溢效应，生态环境好的地区应发挥好示范作用，带动落后地区的环境改善。各级政府在推动生态环境改善方面加强跨区合作，实现生态共赢。因此，地方政府在制定产业政策时，要有全国一盘棋的大局观，摒弃地方保护，注重与周边地区的协调发展，促进资源要素合理流动，不断提升我国整体的环境质量。

第二，继续明确实现农业生产可持续、绿色稳定发展作为实施我国农业发展战略的基本目标。国外的发展实践证明，绿色经济不能再简单地限制在"发展理念"的理论视角范畴中，也就不应该再单纯停留在如何将之视为其他基本政策理念之一的具体措施与行动方案问题上，而是必须把它融入到基本目标体系中。基本目标作为一个强硬的基本约束手段，是一定可以达到且一定能够采用一种方法加以考核效果。农村产业发展任务是丰富多样的，可从多种工作角度考虑制定不同农业发展任务。农村发展基本任务是超过当前一切其他任务、需要采取优先制度保证才能完成的任务。我国在过去时期，对农业产品的基本政策目标在制定上始终坚持强调的只有两条：一个目标是在确保国家粮食安全的基础上保证农业品牌竞争力的稳定供给，另一个目标则是继续保证全体农业生产者的整体收入稳定增加，而上述规定直至今天为止都仍然是十分有必要、无可非议。但由于现阶段的我国农业发展，更需要注重的是食品绿色均衡发展，所以将保护可持续当作发展的第三基础目标是至关重要的，并且需要将这项任务和保障村民人均收入、保证食品安全给予放在不相上下的地位之上看待，只有如此，我国农业发展才能真正实现"绿"的发展、才能"绿"得更有水平。对于"农产品的可持续性"的概念，即指政府实施于所有农业产品的物质资源以及各种科技措施，以及农业产品对各种肥料、农药、种子、机具器材等农业科技材料的运用，并不会直接对包括农业产品物质资源本身在内的所有农业科技材料及产品活动要素产生一种负的影响，也不会直接对除此以外的所有农业产品生态环境体系形成一种破坏性的影响，换句话说在整个农业产品生产经营过程中都不能够产生对其负的外部性，也因此它能够使全部的农业农产品生产活动成为一种有机的整合，并且成为一个可以重复连续发生的状态。这样的发展状态实际上就是真正保持住了一种农业可持续性状态，也就是未来农业绿色可持续性发展真正要去实现的目标。

绿色发展是可持续发展的进一步深化，是一种新的发展共识。它强调经济、社会、自然的一体性，将生态环境容量和资源承载力作为发展的内在约束，把发展过程的"绿色化""生态化"作为主要内容和途径。2008 年 10 月，联合国环境规划署提出"全球绿色新政"，倡导各国推动绿色发展。纵观世界各国发展道路，绿色低碳可持续发展是共同追求的方向。就我国来说，更加绿色的农业支持保护政策、更加严格的环境保护标准、更高的粮食安全和食品安全要求都是未来趋势。

党的二十大报告指出，全面建设社会主义现代化国家，最艰巨最繁重的任务仍然在农村。中国式农业现代化面临诸多挑战，集中在资源利用效率、农业面源污染、生态系统恶化、种业、绿色投入品，等等。"十四五"时期农业进入绿色转型发展的新阶段。《"十四五"全国绿色农业发展规划》提出，到2025年，农业绿色发展全面推进……主要农产品温室气体排放强度大幅降低，农业减排固碳和应对气候变化能力不断增强，农业用能效率有效提升。

2022年5月7日，农业农村部、国家发展改革委联合印发《农业农村减排固碳实施方案》，为我国农业农村减排固碳提出了目标、要求和实施路径。到2025年农业农村减排固碳与粮食安全、乡村振兴、农业农村现代化统筹融合的格局基本形成；到2030年农业农村全面绿色转型取得显著成效。

实现农业绿色发展，促进农业可持续、高质量发展，必须加快推进农业发展全面绿色转型，从政策措施着手，完善体制机制，向着降碳、扩绿、减污、增长（增产与增收）的目标，在绿色生产全面转型、农业污染环境防治、农业生物多样性保护、农业减排固碳等领域开展有效行动，实现现代农业绿色发展。

发展理念是行动的指引，决定了发展的方向。人与自然和谐共生，绿水青山就是金山银山。推动农业绿色发展转型，改变粗放的传统农业发展方式，首先，在发展理念上要认识到位，真正认识到绿色发展的重要性，要提高农业绿色转型发展战略高度，把"绿水青山就是金山银山"理念指导农业发展全过程，全面树立尊重生命、健康引领的发展理念。其次，要树立农业绿色发展系统观。在推动农业产业结构绿色化进程中，要注意，一是处理好绿色发展与粮食安全的关系，也就是生态目标与经济目标的关系。解决14亿人吃饭问题始终是国家的头等大事，是"三农"工作的首要任务；要以保障国家粮食安全为前提，增加绿色优质农产品供给，满足城乡居民个性化多样性需求。二是处理好绿色发展与农民增收的关系。促进农民持续增收是"三农"工作的中心任务，既不能离开农民增收搞绿色发展也不能为了增加农民收入牺牲乡村生态环境。三是要处理好长期目标与短期目标之间的关系，长期看要构建绿色发展长效机制，实现农业产业结构全面升级；短期看，要紧密结合我国实际，明晰农业绿色发展具体路径，分步实施，有序推进；四是要处理好政府与市场的关系。最后，需要加强科学的顶层设计，选择科学的绿色转型道路。生态环境保护有其自身的运行规律，不可盲目僭越，建设完善农业绿色发展的体制机制，将绿色发展理念贯穿于法律、政策、规划和执行各个环节，以绿色发展理念指导农业生产、加工、流通、消费等全过程，推动农业发展向现代绿色转变。

第三，进一步完善我国推进乡村经济绿色发展的法治化建设。从各个国家的农产品绿色发展化的有关政策法规体系发展现状来分析，各国大多都由政府部门制定有关法规来真正地保证国家农产品政策的发展，特别是在日本、美国、欧洲等国农产品政策法规等基本上都是通过国家立法的方式来保障。透过上述国家农产品绿色发展的进程可以更清晰地看到，农产品绿色化的生产经营方式也离不开一些有关法规和措施的合理保障与强力约束。反观我国，我国已经在 1993 年率先颁布了《中华人民共和国农业法》，并于 2002 年和 2012 年先后两次对《中华人民共和国农业法》作出了重要修订和修正，而有关行政部门在起草的关于"三农"政策立法的实际研究中，则都严重忽略了中国当前农村经济社会的整体性和系统性问题，对有效保障中国农村绿色发展路径实施的有关政策措施立法规定也比较少，对中国农村绿色发展所取得的政策保障效果也比较局限。所以，适当借鉴参照了其他发达国家和地方政府的一些成功经验，在支持我国农业绿色发展的法治化系统构建上，中国应当加强重视并必须进行进一步强化推行与完善。首先，中国应当推动并建立一些目前已经比较全面科学且具体可行的有关发展现代农业的法律法文规定，而为了更加深入推进中国农业绿色化经营发展，所制定的另外一些法规也都应该在实践中尽量地更加明确化、具体化和法治化，使中国农村农业绿色经营的发展战略政策在具体实施过程中能够有更明确相应的法治标准和保障，从而能够更加加大中国农村绿化发展战略的具体规范和落实力度；其次，加强我国农村绿色经营创新发展的规划政策及其与有关配套法规的连续衔接性，以防止在发展战略规划执行过程中存在着法律政策规范的空白期现象；再次，要对推动中国农村绿色发展的有关配套法规内容加以充实，并建立一个相对具体详细系统的政策制定规划，其中应尽可能制定一个相对具体的政策措施规范，以便于有关具体政策措施的后续执行，同时又能使农户们对真正从中实现了一些自己的社会经济效益目标从而产生一个比较清晰的认识，从而促进并引导广大农户们发挥好在促进中国农村绿色发展进程中的主动性与积极性。最后，在不同的经济社会发展时期必须分别制定出不同的有针对性的我国农村发展绿色经济的政策法规。中国目前还处在农村复兴战略的前期启动阶段，并要求中国政府适时制定调整农村绿色经济社会发展规划中的有关国家法律规定，以紧跟中国农村复兴新时代新任务，制定更切实完善的与农村绿色发展相配套的法律政策。

优化中国农业补贴结构，构建权责明确、长效运行的农业补贴体系。本书通过比较国外几个发达国家出台的扶持农业绿色高效发展的有关涉农补助政策措施，可以看出，它们的农产品补助体制也相对更加健全有效，内容体系和补助标准也基本都全面具体和标准明晰。但中国的农产品补贴体制比较单一化，其中在补助体制中的比重最高的依然是综合性技术补助，这些综合性补助实际属于间接农业补助，实际上对农户的补助数量比较小，导致补贴整体效益偏低。从补贴内涵层面分析，当前各地关于农业绿色可持续发展的各项补助界限规定不清楚，内涵划分不清晰，使得当前农户普遍对促进绿色化农业快速发展的意识水平不高，积极性也相对不够，使得农业绿化发展模式在我国实际中引导与推行效果一直不能及时高效地反映。所以，当前仍更要调整优化农补结构制度，改善农业绿色发展项目在当前农村整体补助体系中占比，如农田生态系统多样性的支持保障、农产品资源开发与利用的补助保障、农村劳动生产力的补助和新兴绿色农业化科技的培育补助等。另外，还须更为系统严格地健全国家农业绿色发展补偿制度系统，不同区域、不同目标类别的农业发展应当制定差异化的各项补偿类别和补助发放标准，既要持续保障农民收入又要保护农业生态环境、农业资源要素的长效化利用，真正实现农业的绿色可持续发展。

受当前经济发展和消费水平制约，要全面铺开绿色有机无公害生产很不现实。新时代农业产业结构的绿色化推进还需要更强有力的政策引导。中华人民共和国成立七十多年特别是党的十八大以来，我国围绕促进农业绿色发展出台了一系列政策，有力地支持了农业绿色发展。但现有政策体系仍有急需改进的内容，主要包括：其一，政策包含内容不完整，耕地质量保护的支持政策如耕地污染治理修复的财政投入、轮作休耕制度等均处于起步阶段；其二，农业绿色补贴体系尚未建成，缺乏完整的规范体系；其三，农业绿色发展标准体系仍待完善，需要制定统一的绿色优质农产品市场准入标准，配合农产品质量安全追溯体系的建设。基于此，本研究认为新时代农业绿色发展支持政策的优化方向集中在以下领域：构建资源源头管控、产地环境监控的农业绿色发展支持政策改革体系，坚持将粮食安全作为农业绿色发展的底线，建立耕地质量监测评价体系、农业产地环境监测机制、农产品质量安全动态监督机制和绿色农产品标准体系，保障农产品质量安全水平。

制定农业绿色发展法，推进农业绿色发展政策法治化。通过专门立法推动政策工具转向绿色化方向。通过法律明确农业绿色发展支持政策责任主体，提升政策执行效率。农业绿色发展法治化可以增强农业绿色补贴的稳定性，提高农业绿色生产的积极性。截至 2021 年，我国已实行（试行）农业绿色补贴相关政策 12 种，政策框架已基本形成。健全农业绿色补贴系统化政策是推行农业绿色发展的保障。探索将农业支持保护补贴、农业资源与环境保护专项补贴、农户绿色生产行为直接补贴合并为一项农业绿色发展补贴政策改革，可以增强政策的系统性，有效调动农业绿色生产行为的积极性。

第四，提升中国乡村绿色持续发展的科技支撑力。推动我国农村绿色经济规模化发展进程，是为了实现乡村振兴的必然需要。而发展农业绿色经济，也是为了真正振兴社会主义新型农业经济而必须作出的重大突破与探索。中共中央办公厅和国务院办公厅已在 2017 年公布了《关于创新体制机制推进农业绿色发展的意见》，在意见中明确了对我们进一步加强推动农村绿色经济转型发展的当前工作与今后规划，进行了更加全方位和系统化的部署。首先，革新农村健康发展理念，用绿色的生态理念去布局指导现代农业健康高效地有序生产发展，在顶层管理机制的设计中也更加强调了农村绿色经济发展理念；其次，从农业发展方式上加以革新，进一步提升农村科技管理水平，加大相关企业技术培训力度、农村科技示范工程的引进力度，以促进我国现代农业绿色化生产技术方式更迅速地完善和落地，以实现我国农业发展的安全可持续性；再次，对在农产品经营发展的制度上加以革新，采取引导发展多元化主体经济的新型农业绿色的经营发展模式，革新农村推广激励机制，逐步推进农业绿色化生产技术在当地农民中的深入普及。最后，进一步革新农民绿色生产发展的支撑政策法规。比如，通过借鉴美国农业绿色发展的"三位一体"技术体系，进一步探索提升科技研发、普及推广和示范应用三者的整体紧密度，转变传统的科研工作模式，针对中国目前的有关农业绿色经济发展模式的一些关键科学技术问题等进行研发支撑，同时也促进农业科研创新与整个社会经济实践的有效联结，形成多元化主体的协调开发机制。

以乡村产业结构演进推动乡村绿色发展为主线，坚持问题导向，精准施策，完善体制机制，激发全国乡村产业结构演进潜能，营造乡村绿色发展的良好氛围，为全面推进乡村绿色发展提供有力保障。

第五，加快乡村绿色发展体制机制创新。①加强组织领导。由各级政府主要领导牵头成立乡村绿色发展领导小组，小组成员由各级政府相关部门各选派一名党组成员构成，确保领导小组的高规格，体现领导对通过乡村产业结构演进推动乡村绿色发展的重视程度。各级政府建立发展和改革委员会、财政部门、科技部门、商务部门、住建部门等多部门共促乡村绿色发展联席会议，加强各有关部门之间的协同，明确细化责任分工，统筹制定乡村绿色发展的相关扶持政策，共同参与乡村绿色发展重大项目和重大问题的审核和协调，相互监督政策落实情况，明确懒政怠政追责细则。②转变政府职能。继续深化政府职能转变，创新政府管理理念，提高政府服务意识，进一步加大简政放权力度，尽可能下放行政审批权限，简化审批程序，规范政府行为，努力构建亲清新型政府。对于依托新一代信息技术和生物技术衍生出来的乡村绿色发展新模式和新业态要保持开放包容的态度，坚持法不禁止即可行的基本原则。积极落实减税降费，对涉及乡村绿色发展的收费项目要进行明确公示，切实降低乡村绿色企业税费负担。同时针对当前乡村绿色企业数据缺乏问题，政府应该发挥主体引导作用，建立乡村绿色大数据监测平台，实时追踪乡村绿色发展具体运行情况，通过科学研判为有关企业经营提供必要数据支撑。③坚持依法行政。坚持依法执政的前提是有法可依。因此首先要加快健全全国乡村在生态环保、耕地保护、组织优化、科技创新、质量安全等方面的政策法规体系，尽量确保涉及乡村绿色发展的各个领域和环节都能够做到有法可依，同时为推进乡村绿色发展的科技创新活动留出一定的发展空间。在行政执法过程中，要始终坚持依法行政，通过制定明确的监督约束机制，坚决杜绝行政人员违规违法行为的发生，明确行政人员的服务属性而非管理属性，让行政人员从思想上形成依法执政、为乡村绿色企业服好务的新行政理念。④推动集群发展。乡村应该依托其现有的优势资源，抢抓新一代信息技术时代产业智能化和智能产业化的发展新机遇，用信息技术赋能传统乡村发展模式，转变为全新的乡村绿色发展新模式，加快推进乡村传统产业向智能化、高端化方向转型，形成当地乡村特色产业的集聚效应，不断聚优聚强，紧紧把握住当地乡村绿色产业链和价值链的核心环节，进而提升本地区乡村绿色发展的核心竞争力和强势吸引力。

第六，推进乡村绿色发展人才队伍建设。①重视绿色发展人才的培养。围绕各地区乡村绿色重点领域，全力推进国内顶尖高校、科研院所与本地重点乡村绿色发展企业共建人才培养平台，有针对性地培养乡村绿色发展的管理人才和专业技术人才，将急需紧缺的专业高技能人才和具有全球视野的高端管理人才作为培养重点。明确普通高校人才培养目标，扩大校企合作规模，重点培养一批既具有扎实的理论功底又具有专业技能的现代化复合型人才。强化职业院校的乡村服务意识，面向各地区乡村绿色重点领域建设一批工程创新训练中心，规模化培养符合乡村绿色发展需求的高级技工。完善乡村绿色发展从业人员定期培训制度，增强现有乡村绿色发展从业人员的技能水平。②加快人才引进。当前很多地区已出台一系列人才引进政策，取得了一定的成效，但针对乡村绿色发展专业人才的人才引进政策相对缺乏。各地区应该着力打造本地乡村绿色发展新高地，其根基是汇聚一批乡村绿色人才。在乡村绿色发展人才引进专项政策的制定上，不应局限于国内或者本地区，而是要放眼全球，特别是积极吸纳乡村绿色发展较为成熟的一些国家的高级人才。在乡村绿色发展人才的引进工作中，一方面要注重人才覆盖规模，另一方面要注重人才引进政策的竞争力。此外，针对乡村绿色顶尖人才引进难度大问题，还可以制定一些的柔性人才引进政策，采取柔性工作机制，尽可能地让顶尖人才能够为我所用。③改善人才服务。简化各类人才申请审批流程，提高办事效率，明确具体的政策兑现时间。采用政府和市场共同参与方式，政府投入一定财政资金，同时引入一定社会资本，共同推动保障性住房建设工程，满足人才的基本住房需求；对人才的配偶和子女等家属的就业就学就医开通绿色通道，最大限度地解除引进人才的后顾之忧。借助与国内顶尖高校的良好合作关系，重点引进优质的医疗服务、教育资源，全方位提升公共服务水平。

第七，营造乡村绿色发展聚力发展氛围。①统一干部思想。在各级政府有关主要领导牵头成立的乡村绿色发展领导小组领导下，定期组织多部门共促乡村绿色发展联席会议，定期组织各级干部乡村绿色发展专题培训和推进工作通气会，将全面推进乡村绿色发展作为各级政府的重点项目进行更加清晰的定位，将所辖范围内乡村绿色发展情况列入干部考核标准，在干部队伍中从上到下，形成全面推进乡村绿色发展的共识，让整个干部队伍凝心聚力，统一思想和目标，形成良好的顶层设计氛围。②激发企业活力。推进乡村绿色发展的主体是乡村绿色发展企业，进一步可以将其扩展到所有的乡村企业和乡村居民。乡村绿色发展企业的发展情况将直接决定能否顺利推进乡村绿色发展。各级政府有必要出台一系列奖励性政策，对在乡村绿色领域取得重大技术突破或获得广泛社会认可的企业或居民给予表彰。同时，各类型乡村绿色企业应该紧紧抓住新一代信息技术革命带来的发展新契机，赋能传统产业，实现绿色化发展，加快企业自身转型升级，激发企业内部的创新潜力和活力，形成企业内从管理人员到技术人员全员参与创新的良好氛围。③凝聚社会氛围。通过多种媒体形式立体化宣传全国推进乡村绿色发展的相关规划、具体实施方案、进展情况等，使各类人群都能收到相关信息，引发社会广泛关注，凝聚社会氛围。针对不同媒体的受众群体差异，应该选择不同的宣传方式。针对一些年龄相对较大的群体，可以借助广播、电视、报刊等传统媒体进行宣传，宣传方式也可以选择广告等传统宣传手段；针对于现在的绝大多数年轻人，他们已经改变了自己的信息获取渠道，借助抖音、今日头条、微信公众号等全新媒体形式，注册各地区乡村绿色发展专属账号，通过动漫、视频、益智游戏等多种生动有趣的方式进行宣传，效果更好。

第八，强化乡村绿色发展全面创新能力。①搭建创新平台。在搭建乡村绿色发展创新平台方面，要坚持政府和市场两条腿走路的基本原则。政府要进一步加大乡村绿色发展的扶持力度，积极落实相关扶持政策，强化乡村整体吸引力，依托政府资源优势为国内外乡村绿色研发团队与乡村绿色企业牵线搭桥，促进产学研深度融合，为乡村绿色企业创建国家级、省级创新平台提供尽可能大的支持。同时，要积极引入公募基金、私募基金、天使基金等各种类型的社会资本，鼓励市场化多主体共同参与乡村绿色发展，凝聚一切可以利用的资源，形成乡村绿色发展创新共同体，共建乡村绿色发展创新平台。②改善创新环境。创新性活动本身就具有一定的不确定性，其投入和产出并非完全对等，具有一定的随机性，这也决定了创新本身就具有一定的高风险性，特别是对于一些乡村产业本身生产周期就要比制造业生产周期要长得多，相应的风险会进一步提高。改善创新环境就是要在不确定性中增加确定性，在高风险性中填充低风险性，尽力使投入与产出之间的不对等为对等。这就要求政府要在正确认识创新的本质特征基础上，建立健全乡村绿色发展创新支持体系，适度扩展乡村绿色发展创新性活动的容错空间，允许乡村绿色发展创新性活动的失败，为乡村绿色发展创新性活动搭建兜底保障机制，特别是对于失败率高、风险性高的乡村绿色发展开创性技术攻关要给予充分的时间、资金等补偿。乡村绿色企业也要建立创新激励制度，鼓励员工开展各项创新性活动，形成全员创新意识。③聚焦关键技术。创新要把握重点，要将创新的着力点聚焦到能够引领全国乃至全世界乡村绿色发展的关键技术上。特别是要在对乡村绿色发展现状和发展趋势进行准确定位的基础上，在各地区重点发展的乡村绿色产业中梳理出一批具有核心竞争力的绿色产业前沿技术进行集中攻关，通过关键性技术的突破带动其他技术的创新。通过一系列乡村绿色发展关键领域的技术突破，产生裙带效应，带动乡村绿色产业内其他领域的技术创新。同时关键技术的创新还能够在与其他技术的融合中产生融合再创新活动，形成创新活动的连贯性。加大科技投入，夯实农业绿色发展技术支撑。农业绿色发展的核心问题包括耕地土壤质量的保护、灌溉用水水质的保护、农作物种子等。袁隆平提出，种子是农业科技的芯片。科技发展是解决这些核心问题的关键，推动农业发展绿色转型要依靠农业技术进步。利用农业绿色科技创新政策引导资金、人才、技术等要素向农业绿色发展技术创新倾斜。加强污染面源治理、疫病防控、生物技术等农业基础科技研究，增加农业绿色发展技术培训，培养绿色技术推广人才，提高农业生产者绿色技术水平。④加强产权保护。政府要为乡村绿色发展的新技术、新产品、新工艺等创新性成果提供必要的专利申请帮助，使乡村绿色发展的创新性成果能够尽快转化为受法律保护的知识产权。在国内专利申请上，开通乡村绿色专利申请绿色通道，强化服务意识，简化国内专利申请手续和流程，加快专利审批进程；同时为乡村绿色企业或有关个人申请国际专利提供必要的帮助，必要时派专人全程参与国际专利申请的全过程。加大对乡村绿色发展相关知识产权侵权行为的惩治力度，将涉及侵权行为的企业和个人纳入社会信用记录，限制其参与本市各项经济活动。

第九，培育乡村绿色发展优质知名品牌。①打造地区品牌。地区品牌是一个地区传统文化和产业发展共同构建的城市差异化标识。目前，很多地区都已经形成了一系列具有特色的地区品牌，像五常大米、库尔勒香梨、西湖龙井、烟台苹果、吐鲁番哈密瓜等。各地区在维护自身地区品牌的基础上，应该着力塑造世界乡村绿色发展的品牌形象。在乡村绿色发展的地区品牌塑造上，可以采用举办国际乡村绿色产品展会、乡村绿色发展高端论坛等形式，同时也可以通过举办有关乡村绿色发展的国际高端赛事的形式进行。这些宣传手段都属于外在手段，各地区打造乡村绿色发展的地区品牌形象，内在关键还在于形成一批国际领先的乡村绿色发展产业集群，形成乡村绿色产业地区标识。②培育产业品牌。乡村绿色产业的品牌培育和产业发展具有一致性、同步性和交互性。各地区乡村绿色发展有助于该地区乡村绿色产业品牌的培育，同时乡村绿色产业品牌的培育反过来又能够推动乡村产业绿色发展。各地区在乡村绿色产业品牌培育方面，应该与乡村绿色产业的发展规划相一致，将乡村绿色产业品牌培育的重点集中在本地区具有一定传统优势的乡村绿色产业方面。培育乡村绿色产业品牌，要注重培养乡村绿色发展引领型企业，通过乡村绿色发展引领型企业的吸引力汇聚一批同产业上下游企业，构建起完整的绿色发展产业链生态系统，显著提升该地区乡村绿色产业的影响力和竞争力。③强化企业品牌。企业是市场经济条件下经济体系的不可或缺的重要参与主体，对于乡村绿色发展来说也是如此。各地区应该在现有乡村绿色企业品牌建设基础上，对乡村绿色企业进行分类，将乡村绿色企业品牌建设目标细化为国际知名、国内知名、省内著名、行业知名等不同层级，根据不同乡村绿色企业的实际情况打造不同的企业品牌形象。整体上，各地区乡村绿色企业品牌建设的目标应该是立足全国、走向世界，通过乡村绿色产业的集聚效应，形成乡村绿色产业品牌，最终助推各地区形成具有明显标识的地区乡村绿色发展品牌。

参考文献

[1] 成德宁、汪浩、黄杨：《"互联网+农业"背景下我国农业产业链的改造与升级》，载《农村经济》2017年第5期。

[2] 成晨、丁冬：《"互联网+农业电子商务"：现代农业信息化的发展路径》，载《情报科学》2016年第11期。

[3] 李芸、陈俊红、陈慈：《农业产业融合评价指标体系研究及对北京市的应用》，载《科技管理研究》2017年第4期。

[4] 曹祎遐、耿昊裔：《上海都市农业与二三产业融合结构实证研究——基于投入产出表的比较分析》，载《复旦学报（社会科学版）》2018年第4期。

[5] 苏毅清、游玉婷、王志刚：《农村一二三产业融合发展：理论探讨、现状分析与对策建议》，载《中国软科学》2016年第8期。

[6] 姜峥：《农村一二三产业融合发展水平评价、经济效应与对策研究》，东北农业大学2018年博士学位论文。

[7] 陈学云、程长明：《乡村振兴战略的三产融合路径：逻辑必然与实证判定》，载《农业经济问题》2018年第11期。

[8] 王艳君、谭静、雷俊忠：《农业与其服务业间产业融合度实证研究——以四川省为例》，载《农村经济》2016年第12期。

[9] 胡亦琴、王洪远：《现代服务业与农业耦合发展路径选择：以浙江省为例》，载《农业技术经济》2014年第4期。

[10] 左冰、万莹：《去内卷化：乡村旅游对农业发展的影响研究》，载《中国农业大学学报（社会科学版）》2015年第4期。

[11] 朱文博、陈永福、司伟：《基于农业及其关联产业演变规律的乡村振兴与农村一二三产业融合发展路径探讨》，载《经济问题探索》2018年第8期。

[12] 杨文杰、巩前文：《城乡融合视域下农村绿色发展的科学内涵与基本路径》，载《农业现代化研究》2021 年第 1 期。

[13] 孙炜琳等：《农业绿色发展的内涵与评价研究》，载《中国农业资源与区划》2019 年第 4 期。

[14] 周宏春：《乡村振兴背景下的农业农村绿色发展》，载《环境保护》2018 年第 7 期。

[15] 斯丽娟、王佳璐：《农村绿色发展的政策文本分析与政策绩效实证》，载《兰州大学学报（社会科学版）》2018 年第 6 期。

[16] 李学敏、巩前文：《新中国成立以来农业绿色发展支持政策演变及优化进路》，载《世界农业》2020 年第 4 期。

[17] 周清波、肖琴、罗其友：《中国农业绿色发展财政扶持政策创设研究》，载《农学学报》2019 年第 4 期。

[18] 骆世明：《中国生态农业制度的构建》，载《中国生态农业学报》2018 年第 5 期。

[19] 赵大伟：《中国绿色农业发展的动力机制及制度变迁研究》，载《农业经济问题》2012 年第 11 期。

[20] 程莉、文传浩：《长江经济带乡村绿色发展水平研判及其多维解释》，载《南通大学学报（社会科学版）》2019 年第 4 期。

[21] 余威震等：《中国农村绿色发展水平的时空差异及驱动因素分析》，载《中国农业大学学报》2018 年第 9 期。

[22] 谢里、王瑾瑾：《中国农村绿色发展绩效的空间差异》，载《中国人口·资源与环境》2016 年第 6 期。

[23] 袁久和：《我国农村绿色发展水平与影响因素的实证分析》，载《山西农业大学学报（社会科学版）》2019 年第 6 期。

[24] 苟兴朝、张斌儒：《黄河流域乡村绿色发展：水平测度、区域差异及空间相关性》，载《宁夏社会科学》2020 年第 4 期。

[25] 魏琦、张斌、金书秦：《中国农业绿色发展指数构建及区域比较研究》，载《农业经济问题》2018 年第 11 期。

[26] 巩前文、李学敏：《农业绿色发展指数构建与测度：2005—2018 年》，载

《改革》2020 年第 1 期。

[27] 金赛美：《中国省际农业绿色发展水平及区域差异评价》，载《求索》2019
年第 2 期。

[28] 杜熙：《农村绿色发展与生态文明建设中的人口素质——基于困境与策略
的探讨》，载《理论月刊》2018 年第 2 期。

[29] 王晓东、李繁荣：《农村劳动力流动正向驱动乡村绿色发展研究——基于
新中国成立 70 年历史的分析》，载《经济问题》2019 年第 12 期。

[30] 韦惠兰、杨彬如：《中国低碳乡村发展的产业战略》，载《甘肃社会科学》
2014 年第 4 期。

[31] 李宇、杨敬：《创新型农业产业价值链整合模式研究——产业融合视角的
案例分析》，载《中国软科学》2017 年第 3 期。

[32] 贾晋、李雪峰、申云：《乡村振兴战略的指标体系构建与实证分析》，载
《财经科学》2018 年第 11 期。

[33] 骆永民、樊丽明：《中国农村基础设施增收效应的空间特征：基于空间相
关性和空间异质性的实证研究》，载《管理世界》2012 年第 5 期。

[34] 匡远配、周凌：《农地流转的产业结构效应研究》，载《经济学家》2016
年第 11 期。

[35] 袁中许：《乡村旅游业与大农业耦合的动力效应及发展趋向》，载《旅游学
刊》2013 年第 5 期。

[36] 张英、陈俊合、熊焰：《旅游业与农业耦合关系研究及实证——以湖南省
张家界市为例》，载《中南民族大学学报（人文社会科学版）》2015 年第
6 期。

[37] 胡平波、钟漪萍：《政府支持下的农旅融合促进农业生态效率提升机理与
实证分析——以全国休闲农业与乡村旅游示范县为例》，载《中国农村经
济》2019 年第 12 期。

[38] 牛凯：《我国农村产业结构偏离对农村经济增长影响的实证分析》，载《中
国农业大学学报》2012 年第 1 期。

[39] 杨灿、朱玉林：《国内外绿色发展动态研究》，载《中南林业科技大学学报
（社会科学版）》2015 年第 6 期。

［40］匡远配：《湖南省农村环境友好：技术进步抑或结构调整》，载《科技与经济》2012 年第 4 期。

［41］朱帮助、张梦凡、王平等：《产业结构调整对绿色发展效率影响的实证研究——以广西为例》，载《广西社会科学》2019 年第 8 期。

［42］李斌、苏珈漪：《产业结构调整有利于绿色经济发展吗？——基于空间计量模型的实证研究》，载《生态经济》2016 年第 6 期。

［43］刘金全、魏阙：《创新、产业结构升级与绿色经济发展的关联效应研究》，载《工业技术经济》2020 年第 11 期。

［44］李子豪、毛军：《地方政府税收竞争、产业结构调整与中国区域绿色发展》，载《财贸经济》2018 年第 12 期。

［45］张治栋、秦淑悦：《环境规制、产业结构调整对绿色发展的空间效应——基于长江经济带城市的实证研究》，载《现代经济探讨》2018 年第 11 期。

［46］姜长云、盛朝迅、张义博：《黄河流域产业转型升级与绿色发展研究》，载《学术界》2019 年第 11 期。

［47］张永华：《基于乡村绿色发展理念的农业产业结构优化驱动力分析》，载《中国农业资源与区划》2019 年第 4 期。

［48］蔡文伯、黄晋生、袁雪：《教育人力资本对绿色经济发展的贡献有多大？——基于产业结构变迁的门槛特征分析》，载《华东师范大学学报（教育科学版）》2020 年第 10 期。

［49］赵领娣等：《人力资本、产业结构调整与绿色发展效率的作用机制》，载《中国人口·资源与环境》2016 年第 11 期。

［50］李伟：《农业产业化对农业碳排放绩效的影响效应分析——以河北省为例》，载《世界农业》2017 年第 6 期。

［51］薛蕾、徐承红、申云：《农业产业集聚与农业绿色发展：耦合度及协同效应》，载《统计与决策》2019 年第 17 期。

［52］任婷婷、周忠学：《农业结构转型对生态系统服务与人类福祉的影响——以西安都市圈两种农业类型为例》，载《生态学报》2019 第 7 期。

［53］杨军、李建琴：《福建省农业经济增长、农业结构与面源污染关系研究》，载《中国生态农业学报（中英文）》2020 年第 8 期。

［54］ 于法稳：《新时代农业绿色发展动因、核心及对策研究》，载《中国农村经济》2018 年第 5 期。

［55］ 刘刚：《农业绿色发展的制度逻辑与实践路径》，载《当代经济管理》2020年第 5 期。

［56］ 金书秦、牛坤玉、韩冬梅：《农业绿色发展路径及其"十四五"取向》，载《改革》2020 年第 2 期。

［57］ 肖琴等：《中国农业绿色生产效率的动态变迁与空间分异——基于 DDF-Global Malmquist-Luenberger 指数方法的分析》，载《农林经济管理学报》2020 年第 5 期。

［58］ 涂正革、甘天琦：《中国农业绿色发展的区域差异及动力研究》，载《武汉大学学报（哲学社会科学版）》2019 年第 3 期。

［59］ 董明涛：《我国农业碳排放与产业结构的关联研究》，载《干旱区资源与环境》2016 年第 10 期。

［60］ 陈勇、冯永忠、杨改河：《农业非点源污染源的环境库兹涅茨曲线实证研究——基于陕西省农业投入和废弃物排放的研究》，载《干旱地区农业研究》2010 年第 3 期。

［61］ 林翊、刘倩：《福建省产业结构调整对生态环境影响的实证分析》，载《福建师范大学学报（哲学社会科学版）》2014 年第 1 期。

［62］ 韩永辉、黄亮雄、王贤彬：《产业结构优化升级改进生态效率了吗?》，载《数量经济技术经济研究》2016 年第 4 期。

［63］ 周曙东、张家峰：《江苏农村工业化中环境污染的规模效应、污染排放强度效应与产业结构效应研究》，载《江苏社会科学》2014 年第 4 期。

［64］ 王岩松、梁流涛、梅艳：《农村工业结构时空演进及其环境污染效应评价——基于行业污染程度视角》，载《河南大学学报（自然科学版）》2014 年第 4 期。

［65］ 李玉红：《农村工业源重金属污染：现状、动因与对策——来自企业层面的证据》，载《农业经济问题》2015 年第 1 期。

［66］ 王学渊、张志坚、赵连阁：《乡村工业绿色发展的地区差异与利益困厄——基于污染红利分割视角》，载《产业经济评论》2019 年第 1 期。

[67] 李玉红：《中国农村污染工业发展机制研究》，载《农业经济问题》2017年第5期。

[68] 许标文、王海平、林国华：《欧美农业绿色发展政策工具的应用及其启示》，载《福建农林大学学报（哲学社会科学版）》2019年第1期。

[69] 白雪洁、孟辉：《服务业真的比制造业更绿色环保？——基于能源效率的测度与分解》，载《产业经济研究》2017年第3期。

[70] 庞瑞芝、王亮：《服务业发展是绿色的吗？——基于服务业环境全要素效率分析》，载《产业经济研究》2016年第4期。

[72] 许国庆、阚如良：《乡村振兴视阈下旅游业与农村绿色发展的相关性研究》，载《三峡大学学报（人文社会科学版）》2019年第5期。

[73] 张晖、胡浩：《农业面源污染的环境库兹涅茨曲线验证——基于江苏省时序数据的分析》，载《中国农村经济》2009年第4期。

[74] 马文奇等：《农业绿色发展理论框架和实现路径的思考》，载《中国生态农业学报（中英文）》2020年第8期。

[75] 叶谦吉：《生态农业》，载《农业经济问题》1982年第11期。

[76] 潘丹：《考虑资源环境因素的中国农业绿色生产率评价及其影响因素分析》，载《中国科技论坛》2014年第11期。

[77] 于法稳：《生态农业：我国农业供给侧结构性改革的有效途径》，载《企业经济》2016年第4期。

[78] 尹成杰：《加快推进农业绿色与可持续发展的思考》，载《农村工作通讯》2016年第5期。

[79] 严立冬、屈志光、邓远建：《现代农业建设中的绿色农业发展模式研究》，载《农产品质量与安全》2011年第4期。

[80] 刘祚祥、汪靖：《政府补贴、市场博弈与乡村绿色发展机制》，载《华南理工大学学报（社会科学版）》2021年第2期。

[81] 陆杉、李丹：《基于利益博弈的农业产业链绿色化发展研究》，载《中南大学学报（社会科学版）》2018年第6期。

[82] 周颖等：《绿色发展背景下农业生态补偿理论内涵与定价机制》，载《中国乡村科学》2021年第20期。

［83］赵邦宏、宗义湘、石会娟：《政府干预农业技术推广的行为选择》，载《科技管理研究》2006 年第 11 期。

［84］陈军民、梁树华：《农业技术产品属性与政策选择》，载《产业与科技论坛》2008 年第 11 期。

［85］叶初升、惠利：《农业财政支出对中国乡村绿色生产率的影响》，载《武汉大学学报（哲学社会科学版）》2016 年第 3 期。

［86］胡雪萍、董红涛：《构建绿色农业投融资机制须破解的难题及路径选择》，载《中国人口·资源与环境》2015 年第 6 期。

［87］罗向明、张伟、谭莹：《政策性农业保险的环境效应与绿色补贴模式》，载《农村经济》2016 年第 11 期。

［88］陈转青：《政策导向、市场导向对农户绿色生产的影响——基于河南 865 个农户的实证分析》，载《管理学刊》2021 年第 5 期。

［89］孙迪、余玉苗：《绿色产品市场中政府最优补贴政策的确定》，载《管理学报》2018 年第 1 期。

［90］谭翔、欧晓明、陈梦润：《安全农产品是如何生产出来的》，载《南方经济》2017 年第 5 期。

［91］王可山、王芳：《质量安全保障体系对农户安全农产品生产行为影响的实证研究》，载《农业经济》2010 年第 10 期。

［92］陈昌洪：《农户选择低碳农业标准化的意愿及影响因素分析——基于四川省乡村农户的调查》，载《北京理工大学学报（社会科学版）》2013 年第 3 期。

［93］农业部课题组、张红宇：《中国特色乡村产业发展的重点任务及实现路径》，载《求索》2018 年第 2 期。

［94］陈会英：《中国农村产业结构演化问题研究》，载《农村经济与社会》1991 年第 5 期。

［95］郭芸芸、杨久栋、曹斌：《新中国成立以来我国乡村产业结构演进历程、特点、问题与对策》，载《农业经济问题》2019 年第 10 期。

［96］原毅军、谢荣辉：《环境规制的产业结构调整效应研究——基于中国省际面板数据的实证检验》，载《中国工业经济》2014 年第 8 期。

［97］胡志强、苗健铭、苗长虹：《中国地市工业集聚与污染排放的空间特征及计量检验》，载《地理科学》2018 年第 2 期。

［98］杨骞、王弘儒、秦文晋：《中国农业面源污染的地区差异及分布动态：2001—2015》，载《山东财经大学学报》2017 年第 5 期。

［99］葛继红、周曙东：《农业面源污染的经济影响因素分析——基于 1978—2009 年的江苏省数据》，载《中国农村经济》2011 年第 5 期。

［100］郑蕊、何珊、王晓娟：《我国产业结构合理化对经济增长的影响——基于结构偏离度改进视角》，载《商业经济研究》2017 年第 18 期。

［101］张治栋、秦淑悦：《产业集聚对城市绿色效率的影响——以长江经济带 108 个城市为例》，载《城市问题》2018 年第 7 期。

［102］何一鸣等：《基于马尔可夫链的四川省产业结构时空演变》，载《中国人口·资源与环境》2011 年第 4 期。

［103］白俊红等：《研发要素流动，空间知识溢出与经济增长》，载《经济研究》2017 年第 7 期。

［104］李婧、谭清美、白俊红：《中国区域创新生产的空间计量分析——基于静态与动态空间面板模型的实证研究》，载《管理世界》2010 年第 7 期。

［105］干春晖、郑若谷、余典范：《中国产业结构变迁对经济增长和波动的影响》，载《经济研究》2011 年第 5 期。

［106］中国农业科学院、中国农业绿色发展研究会：《中国农业绿色发展报告 2020》。

［107］廖菁、邹宝玲：《国外乡村产业发展经验及对中国乡村产业振兴的启示》，载《世界农业》2022 年第 5 期。

［108］程莉：《中国农村产业融合发展研究新进展：一个文献综述》，载《农业经济与管理》2019 年第 2 期。

［109］彭建等：《乡村产业结构评价——以云南省永胜县为例》，载《长江流域资源与环境》2005 年第 4 期。

［110］科技智囊专题研究小组：《日本"六次产业"对我国农业融合发展的启示》，载《科技智囊》2016 年第 7 期。

［111］国家发展改革委宏观院和农经司课题组：《推进我国农村一二三产业融合

发展问题研究》，载《经济研究参考》2016 年第 4 期。

[112] 胡伟斌、黄祖辉：《畜牧业三次产业融合：基于美国典型案例的研究及启示》，载《中国畜牧杂志》2018 年第 10 期。

[113] 李云新、戴紫芸、丁士军：《农村一二三产业融合的农户增收效应研究——基于对 345 个农户调查的 PSM 分析》，载《华中农业大学学报（社会科学版）》2017 年第 4 期。

[114] 郭军、张效榕、孔祥智：《农村一二三产业融合与农民增收——基于河南省的农村一二三产业融合案例》，载《农业经济问题》2019 年第 3 期。

[115] 黄祖辉：《在促进一二三产业融合发展中增加农民收益》，载《农民日报》2015 年 8 月 14 日，第 2 版。

[116] 康晓梅：《何处是"田园净土"？农业污染已超工业》，载《生态经济》2015 年第 6 期。

[117] ［英］大卫·皮尔斯：《绿色经济的蓝图——获得全球环境价值》，徐少辉等译，北京师范大学出版社 1996 年版。

[118] 范德成、李昊、方璘：《产业结构演化影响因素分析》，载《中国科技论坛》2015 年第 6 期。

[119] 冯丹萌、王欧：《发达国家农业绿色发展的政策演进及启示》，载《农村工作通讯》2019 年第 4 期。

[120] 王晓梅等：《荷兰农业绿色发展政策现状及对中国的启示》，载《农业展望》2022 年第 6 期。

[121] 金书秦、韩冬梅：《我国农村环境保护四十年：问题演进、政策应对及机构变迁》，载《南京工业大学学报（社会科学版）》2015 年第 2 期。

[122] 许振江：《从中央一号文件看农村生态环境变迁（1978—2013）》，载《中共四川省委党校学报》2014 年第 1 期。

[123] 肖爱萍：《新中国成立以来中央农村环境保护政策的演进与思考》，湖南师范大学 2010 年硕士学位论文。

[124] 金书秦、武岩：《农业面源是水体污染的首要原因吗？——基于淮河流域数据的检验》，载《中国农村经济》2014 年第 9 期。

[125] 王洪平：《我国乡村环境保护问题及对策研究》，载《产业与科技论坛》

2019 年第 24 期。

[126] 路明：《我国农村环境污染现状与防治对策》，载《农业环境与发展》2008 年第 3 期。

[127] 苏杨、马宙宙：《我国农村现代化进程中的环境污染问题及对策研究》，载《中国人口·资源与环境》2006 年第 2 期。

[128] 朱兆良等：《我国农业面源污染的控制政策和措施》，载《科技导报》2005 年第 4 期。

[129] 王莉、沈贵银：《我国农业环境保护的措施、难点和对策》，载《经济研究参考》2013 年第 43 期。

[130] 蒋和平、杨东群：《新中国成立 70 年来我国农业农村现代化发展成就与未来发展思路和途径》，载《农业现代化研究》2019 年第 5 期。

[131] 杜志雄、肖卫东：《中国农业发展 70 年：成就、经验、未来思路与对策》，载《China Economist》2019 年第 1 期。

[132]《中共中央办公厅 国务院办公厅印发〈关于创新体制机制推进农业绿色发展的意见〉》，载 http://www.gov.cn/zhengce/2017-09/30/content_5228960.htm，最后访问日期：2024 年 6 月 5 日。

[133] 何宏庆：《数字金融助推乡村产业融合发展：优势、困境与进路》，载《西北农林科技大学学报（社会科学版）》2020 年第 3 期。

[134] 于法稳：《习近平绿色发展新思想与农业的绿色转型发展》，载《中国农村观察》2016 年第 5 期。

[135] 于法稳：《实现我国农业绿色转型发展的思考》，载《生态经济》2016 年第 4 期。

[136] 汪成、高红贵：《粮食安全背景下农业生态安全与绿色发展：以湖北省为例》，载《生态经济》2017 年第 4 期。

[137] 张红宇：《走有中国特色的现代农业发展道路》，载《经济日报》2019 年2 月 27 日，第 12 期。

[138] 郑洪亮、张龙：《改革开放以来我国生态农业发展的历程、经验与启示》，载《通化师范学院学报》2022 年第 11 期。

[139] 叶初升、马玉婷：《新中国农业结构变迁 70 年：历史演进与经验总结》，

载《南京社会科学》2019 年第 12 期。

[140] 姚睿宽、苗欣：《农业绿色发展问题研究进展及趋势—基于 CiteSpace 计量分析》，载《绿色科技》2022 年第 4 期。

[141] 黄国勤：《改革开放 30 年中国农业的发展——Ⅰ．成就》，载《中国农学通报》2009 年第 10 期。

[142] 刘年艳：《乡村特色产业是乡村振兴的朝阳产业》，载《东方城乡报》2019 年 6 月 6 日，第 3 版。

[143] 陈慈等：《当前农业新业态发展的阶段特征与对策建议》，载《农业现代化研究》2018 年第 1 期。

[144] 董文兵：《从十个中央一号文件看 30 年农村改革》，载《中国石油大学学报（社会科学版）》2008 年第 6 期。

[145] 李海鸥：《从 10 个中央 1 号文件看中国农村改革》，载《投资北京》2008 年第 7 期。

[146] 黄季焜：《四十年中国农业发展改革和未来政策选择》，载《农业技术经济》2018 年第 3 期。

[147] 金书秦、沈贵银：《中国农业面源污染的困境摆脱与绿色转型》，载《改革》2013 年第 5 期。

[148] 宋亚平：《40 年农业农村改革的基本经验》，载《华中师范大学学报（人文社会科学版）》2018 年第 6 期。

[149] 李远、王晓霞：《我国农业面源污染的环境管理：背景及演变》，载《环境保护》2005 年第 4 期。

[150] 农业部技术教育司、中国农业生态环境保护协会编：《中国农业环境保护大事记》，中国农业科技出版社 2000 年版。

[151] 陶长琪、陈伟、郭毅：《新中国成立 70 年中国工业化进程与经济发展》，载《数量经济技术经济研究》2019 年第 8 期。

[152] 黄群慧：《改革开放 40 年中国的产业发展与工业化进程》，载《中国工业经济》2018 年第 9 期。

[153] 金碚、吕铁、邓洲：《中国工业结构转型升级：进展、问题与趋势》，载《中国工业经济》2011 年第 2 期。

［154］刘伟、蔡志洲：《我国工业化进程中产业结构升级与新常态下的经济增长》，载《北京大学学报（哲学社会科学版）》2015 年第 3 期。

［155］李伟、杨芳：《新中国工业化不同阶段的农业政策解读》，载《理论月刊》2010 年第 10 期。

［156］蔡昉、王德文、都阳：《中国农村改革与变迁：30 年历程和经验分析》，格致出版社、上海人民出版社 2008 年版。

［157］郑有贵、李成贵主编：《一号文件与中国农村改革》，安徽人民出版社 2008 年版。

［158］李建伟：《中国经济增长四十年回顾与展望》，载《管理世界》2018 年第 10 期。

［159］李金华：《新中国 70 年工业发展脉络、历史贡献及其经验启示》，载《改革》2019 年第 4 期。

［160］卢福财、徐斌：《中国工业发展演进与前瞻：1978—2018 年》，载《经济纵横》2018 年第 11 期。

［161］武力、温锐：《1949 年以来中国工业化的"轻、重"之辨》，载《经济研究》2006 年第 9 期。

［162］任晓鸿、张梅、任晓燕：《美国农业经济可持续发展研究》，载《世界农业》2014 年第 2 期。

［163］何龙斌：《美国发展农业循环经济的经验及其对中国的启示》，载《世界农业》2012 年第 5 期。

［164］刘恒新、李斯华、何进：《美国推广低碳农业机械的做法》，载《农村工作通讯》2012 年第 20 期。

［165］张玉环：《美国农业资源和环境保护项目分析及其启示》，载《中国农业经济》2010 年第 1 期。

［166］陈秋红、蔡玉秋：《美国农业生态环境保护的经验及启示》，载《农业经济》2010 年第 1 期。

［167］毛筠：《美国农村产业结构的形成与市场经济的发展》，载《黑龙江教学学院学报》1995 年第 1 期。

［168］李梅、吴江：《美国农业面源污染防控政策的推进》，载《世界农业》

2013 年第 11 期。

[169] 谭绮球、苏柱华、郑业鲁：《美国如何治理农业面源污染》，载《农民日报》2008 年 8 月 11 日，第 8 版。

[170] 丁恩俊、谢德体：《国内外农业面源污染研究综述》，载《中国农学通报》2008 年第 11 期。

[171] 刘冬梅、管宏杰：《美、日农业面源污染防治立法及对中国的启示与借鉴》，载《世界农业》2008 年第 4 期。

[172] 蔡海龙、韩一军、倪洪兴：《美国 2012 年农业法案的主要变化及特点》，载《世界农业》2013 年第 2 期。

[173] 汪洁等：《美国农业面源污染控制生态补偿机制与政策措施》，载《农业环境与发展》2011 年第 4 期。

[174] 高升、洪艳：《国外农业产业集群发展的特点与启示：以荷兰、法国和美国为例》，载《北京农业》2013 年第 35 期。

[175] 汪明煜、周应恒：《法国乡村发展经验及对中国乡村振兴的启示》，载《世界农业》2021 年第 4 期。

[176] 姜长云：《日本的"六次产业化"与我国推进农村一二三产业融合发展》，载《农业经济与管理》2015 年第 3 期。

[177] 马源、梁恒：《国外农村产业融合发展政策解读及启示：以韩国六次产业为例》，载《江苏农业科学》2021 年第 1 期。

[178] 石磊：《寻求"另类"发展的范式：韩国新村运动与中国乡村建设》，载《社会学研究》2004 年第 4 期。

[179] 胡月、田志宏：《如何实现乡村的振兴？——基于美国乡村发展政策演变的经验借鉴》，载《中国农村经济》2019 年第 3 期。

[180] 张辉等编著：《典型国家农业农村现代化理论与实践研究》，科学技术文献出版社 2019 年版。

[181] 丛晓波：《现代日本乡村振兴政策推进及乡村治理》，载《学习与探索》2021 年第 2 期。

[182] 李玉磊、李华、肖红波：《国外农村一二三产业融合发展研究》，载《世界农业》2016 年第 6 期。

［183］ 王鹏、刘勇：《日韩乡村发展经验及对中国乡村振兴的启示》，载《世界农业》2020年第3期。

［184］ 祝捷、黄佩佩、蔡雪雄：《法国、日本农村产业融合发展的启示与借鉴》，载《亚太经济》2017年第5期。

［185］ 张斌、金书秦：《荷兰农业绿色转型经验与政策启示》，载《中国农业资源与区划》2020年第5期。

［186］ 时玲：《荷兰农业高速发展的成功之路》，载《云南农业》1999年第5期。

［187］ 杜志雄、金书秦：《从国际经验看中国农业绿色发展》，载《世界农业》2021年第2期。

［188］《大力推进农业绿色发展》，载 http://www.gov.cn/xinwen/2017-05/09/content_5192012.htm#1，最后访问日期：2024年6月6日。

［189］ 李彦文：《荷兰的生态现代化实践及其对中国绿色发展的重要启示》，载《山东社会科学》2019年第8期。

［190］ 吴枚烜等：《荷兰农业产业发展新动态：知识集约驱动产业创新升级》，载《世界农业》2016年第9期。

［191］ 李太平、张锋、胡浩：《中国化肥面源污染EKC验证及其驱动因素》，载《中国人口·资源与环境》2011年第11期。

［192］ 郭文、孙涛：《基于环境"EKC"理论的农村面源污染实证研究》，载《湖南农业科学》2012年第12期。

［193］ 赵领娣等：《人力资本，产业结构调整与绿色发展效率的作用机制》，载《中国人口·资源与环境》2016年第11期。

［194］ 黄荣武：《新技术革命与我国农村产业结构的调整》，载《农业经济问题》1984年第6期。

［195］ 张小林：《乡村概念辨析》，载《地理学报》1998年第4期。

［196］ 聂高辉、严然、彭文祥：《非正规金融、农业技术创新对乡村产业升级的动态影响——基于状态空间模型的计量分析》，载《华东经济管理》2020年第7期。

［197］ 唐一帆、吴波：《财政支农促进了农业绿色发展吗？——基于PVAR模型的实证检验》，载《湖南农业大学学报（社会科学版）》2022年第6期。

［198］吴万宗、刘玉博、徐琳：《产业结构变迁与收入不平等——来自中国的微观证据》，载《管理世界》2018 年第 2 期。

［199］李大垒、陆迁、高建中：《区域品牌生态系统对特色农业绿色发展的影响研究》，载《西北农林科技大学学报（社会科学版）》2023 年第 1 期。

［200］钟漪萍、唐林仁、胡平波：《农旅融合促进农村产业结构优化升级的机理与实证分析——以全国休闲农业与乡村旅游示范县为例》，载《中国农村经济》2020 年第 7 期。

［201］文琦、郑殿元、施琳娜：《1949—2019 年中国乡村振兴主题演化过程与研究展望》，载《地理科学进展》2019 年第 9 期。

［202］凡勇昆、邬志辉：《农村产业结构的变迁特征、调整思路及其对教育布局调整的影响研究》，载《教育理论与实践》2015 年第 7 期。

［203］梁杰、高强、李宪宝：《农村产业结构、农村金融与农村人力资本——来自山东的经验证据》，载《农业经济管理学报》2019 年第 6 期。

［204］杨钧、罗能生：《新型城镇化对农村产业结构调整的影响研究》，载《中国软科学》2017 年第 11 期。

［205］梁坤丽、刘维奇：《农村产业结构升级对农村经济韧性的影响》，载《经济与管理》2023 年第 3 期。

［206］周立、李彦岩、罗建章：《合纵连横：乡村产业振兴的价值增值路径——基于一二三产业融合的多案例分析》，载《新疆师范大学学报（哲学社会科学版）》2020 年第 1 期。

［207］杨宾宾等：《乡村产业融合发展水平测算》，载《统计与决策》2022 年第 2 期。

［208］陈一明：《数字经济与乡村产业融合发展的机制创新》，载《农业经济问题》2021 年第 12 期。

［209］陈凤娣：《文化 IP 赋能乡村产业融合发展的内在逻辑与路径思考》，载《福建论坛（人文社会科学版）》2022 年第 5 期。

［210］雷明、王钰晴：《交融与共生：乡村农文旅产业融合的运营机制与模式——基于三个典型村庄的田野调查》，载《中国农业大学学报（社会科学版）》2022 年第 6 期。

[211] 曹群、张恩英、刘增凡：《农村一二三产业融合促进乡村振兴的支持政策研究》，载《商业研究》2022 年第 4 期。

[212] 柳一桥、肖小虹：《以绿色发展引领乡村振兴——民族山区绿色农业产业链的形成机理与演进路径》，载《中南民族大学学报（人文社会科学版）》2022 年第 1 期。

[213] 李敏瑞、张昊冉：《持续推进基于生态产业化与产业生态化理念的乡村振兴》，载《中国农业资源与区划》2022 年第 4 期。

[214] 赵伟等：《中国乡村包容性绿色发展水平分异及其驱动因素》，载《经济地理》2024 年第 3 期。

[215] 马晓东、胡颖、黄彪：《江苏省乡村绿色发展的时空特征及影响因素》，载《经济地理》2022 年第 4 期。

[216] 姚鹏、李慧昭：《农业水权交易能否推动农业绿色发展》，载《中国农村经济》2023 年第 2 期。

[217] 许玲燕、张端端、杜建国：《环境规制与新型农业经营主体绿色发展绩效——基于有调节的中介效应分析》，载《中国农业资源与区划》2023 年第 2 期。

[218] 张志新、周亚楠、丁鑫：《高标准农田建设政策对农业绿色发展的影响研究》，载《农林经济管理学报》2023 年第 1 期。

[219] 祖伟等：《中国农村工业化的发展阶段及特征》，载《学术交流》2005 年第 10 期。

[220] 于秋华：《改革开放三十年中国乡村工业发展的经验与启示》，载《经济纵横》2009 年第 4 期。

[221] 刘楠：《乡村振兴背景下乡村绿色发展路径探析》，载《经济研究导刊》2022 年第 1 期。

[222] 廖卫东、刘淼：《西部地区农业碳排放的时空演变及 EKC 假说检验——基于西部大开发 12 省份动态面板数据模型的经验分析》，载《世界农业》2020 年第 6 期。

[223] 曹俐、阮晨华、雷岁江：《中国沿海地区农业面源污染的 EKC 检验——基于空间杜宾模型的分析》，载《江苏农业科学》2021 年第 15 期。

[224] 田云、尹忞昊：《中国农业碳排放再测算：基本现状、动态演进及空间溢出效应》，载《中国农村经济》2022 年第 3 期。

[225] 宋常迎、郑少锋、于重阳：《中国农业碳排放调控的实践困境与政策创新》，载《经济体制改革》2023 年第 2 期。

[226] 李波、张俊飚、李海鹏：《中国农业碳排放时空特征及影响因素分解》，载《中国人口·资源与环境》2011 年第 8 期。

[227] 陈华文、刘康兵：《经济增长与环境质量：关于环境库兹涅茨曲线的经验分析》，载《复旦学报（社会科学版）》2004 年第 2 期。

[228] 王宜虎、崔旭、陈雯：《南京市经济发展与环境污染关系的实证研究》，载《长江流域资源与环境》2006 年第 2 期。

[229] 宋涛、郑挺国、佟连军：《基于面板协整的环境库茨涅兹曲线的检验与分析》，载《中国环境科学》2007 年第 4 期。

[230] 杜江、刘渝：《中国农业增长与化学品投入的库兹涅茨假说及验证》，载《世界经济文汇》2009 年第 3 期。

[231] 夏金梅、吴紫莹：《数字经济赋能乡村产业融合：中国实践、国外经验与创新路径》，载《世界农业》2023 年第 12 期。

[232] 赵敏娟、石锐：《"双碳"目标下农业绿色发展的内涵、挑战及路径选择》，载《社会科学辑刊》2024 年第 2 期。

[233] 胡霜、王火根、肖丽香：《数字技术赋能农业绿色发展：内在机制与典型实践》，载《中国工程科学》2024 年第 2 期。

[234] 金书秦等：《中国农业绿色转型的历史逻辑、理论阐释与实践探索》，载《农业经济问题》2024 年第 3 期。

[235] Springmann M., Clark M., Mason-D'Crozd, "Options for keeping the food system within environmental limits", *Nature*, Vol. 562, 2018, pp. 519-525.

[236] Steffen W., Richardson K., Rockströ M. J., "Planetary boundaries: Guiding human development on a changing planet", *Science*, Vol. 347, 2015, pp. 1-10.

[237] Spiertzjh J., "Nitrogen, sustainable agriculture and food security: A review", *Agriculture*, Vol. 30, 2010, pp. 635-651.

[238] Tilman D. , Cassmank G. , Matsonp A. , "Agricultural sustainability and intensive production practices", *Nature*, Vol. 418, 2002, pp. 671-677.

[239] Brend'Amour C. , Reitsma F. , Baiocchi G. , "Future urban land expansion and implications for global croplands", *Proceedings of the National Academy of Sciences*, Vol. 114, 2017, pp. 8939-8944.

[240] Rameshwar D. , Angappa G. , Thanos P. , "Sustainable supply chain management: framework and further research directions", *Journal of Cleaner Production*, Vol. 2, 2017, pp. 1119-1130.

[241] Wundera S. , Alban M. , "Decentralized Payments for environmental services: the cases of Pimampiro and PROFAFOR in Ecuador", *Ecological Economics*, Vol. 65, 2008, pp. 695-698.

[242] Engela S. , Pagiolab S. Wunderc S. , "Designing payments for environmental services in theory and practice: An overview of the issues", *Ecological Economics*, Vol. 65, 2008, pp. 663-674.

[243] LI X. W. , DU J. G. , LONG H. Y. , "Dynamic analysis of international green behavior from the perspective of the mapping knowledge domain", *Environmental science and pollution research*, Vol. 26, 2019, pp. 6087-6098.

[244] Dimaggiop J. , Powellw W. , "The iron cage revisited: Institutional isomorphism and collective rationality in organizational fields", *Economic Meets sociology in Strategic Management*, Vol. 2, 1983, pp. 143-166.

[245] Press M. , Arnoulde J. , Murrayj B. , "Ideological challenges to changing strategic orientation in commodity agriculture", *Journal of marketing*, Vol. 78, 2014, pp. 103-119.

[246] Justr E. , Zilberman D. , Hochman E. , "Estimation of multicrop production functions", *American journal of agricultural economics*, Vol. 65, 1983, pp. 770-780.

[247] Inders T. , Roma N. , Marcoottavian I. , "Competition Through commissions and kickbacks", *American Economic Review*, Vol. 102, 2012, pp. 780-809.

[248] LIU J. , Diamond J. , "China's environment in a globalizing world", *Nature*,

Vol. 3, 2005, pp. 1179-1186.

[249] LIU Y., HUANG J. K., Precious Z., "The bittersweet fruits of industrialization in rural China: The cost of environment and the benefit from off-farm employment", *China Economic Review*, Vol. 38, 2016, pp. 1-10.

[250] MA C., "Who bears the environmental burden in china——An analysis of the distribution of industrial pollution sources?", *Ecological Economics*, Vol. 69, 2010, pp. 1869-1876.

[251] ZHANG M., SUN X., WANG W., "Study on the effect of environmental regulations and industrial structure on haze pollution in China from the dual perspective of independence and linkage", *Journal of Cleaner Production*, Vol. 256, 2020, pp. 131-152.

[252] Grossman G. M., Krueger A. B., "Economic growth and the environment", *Quarterly Journal of Economics*, Vol. 110, 1995, pp. 353-377.

[253] MA W., JIANG G., ZHANG R., "Achieving rural spatial restructuring in China: A suitable framework to understand how structural transitions in rural residential land differ across peri-urban interface?", *Land use policy*, Vol. 75, 2018, pp. 583-593.

[254] MA B., YU Y., "Industrial structure, energy-saving regulations and energy intensity: Evidence from Chinese cities", *Journal of Cleaner Production*, Vol. 141, 2017, pp. 1539-1547.

[255] DONG F., WANG Y., ZHENG L., LI J., XIE S., "Can industrial agglomeration promote pollution agglomeration? Evidence from China", *Journal of Cleaner Production*, Vol. 346, 2020, pp. 121-152.

[256] WANG X., ZHAO D., XU Y., "Threshold effect of industrial structure upgrading on water environment pollution in China", *Journal of Coastal Research*, Vol. 1, 2020, pp. 518-521.

[257] SHI T., ZHANG W., ZHOU Q., "Industrial structure, urban governance and haze pollution: Spatiotemporal evidence from China", *Science of The Total Environment*, Vol. 742, 2020, pp. 58-63.

[258] DU L. , WEI C. , CAI S. , "Economic development and carbon dioxide emissions in China: Provincial panel data analysis", *China Economic Review*, Vol. 23, 2012, pp. 371-384.

[259] Adu D. T. , Denkyirah E. K. , "Economic growth and environmental pollution in West Africa: Testing the Environmental Kuznets Curve hypothesis", *Journal of Social Sciences*, Vol. 40, 2018, pp. 281-288.

[260] Ismael M. , Srouji F. , Boutabba M. A. , "Agricultural technologies and carbon emissions: Evidence from Jordanian economy", *Environmental Science & Pollution Research*, Vol. 25, 2018, pp. 10867-10877.

[261] TIAN Z. , LIU R. , "Inter-annual variations of carbon footprint in Beijing Tianjin and Hebei agro-ecosystem", *Journal of Agricultural Resources & Environment*, Vol. 35, 2017, pp. 56-72.

[262] Cole M. A. , Elliott R. J. R. , WU S. , "Industrial activity and the environment in China: An industry-level analysis", *China Economic Review*, Vol. 19, 2008, pp. 393-408.

[263] Leuenberger H. , Mehdi H. , "Sustainable Production: Can industry go truly green?", *Development*, Vol. 58, 2015, pp. 492-499.

[264] YANG H. , Flower R. J. , Thompson J. R. , "Rural factories won't fix Chinese pollution", *Nature*, Vol. 490, 2012, pp. 342-343.

[265] WANG M. , Webber M. , Finlayson B. , Barnett J. , "Rural industries and water pollution in China", *Journal of Environmental Management*, Vol. 86, 2008, pp. 648-659.

[266] YIN L. , ZHANG X. , "Green and Quality Development of Service Industry in West Coast Economic Zone", *Journal of Coastal Research*, Vol. 103, 2020, pp. 1158-1161.

[267] PAN X. , XU H. , SONG M. , LU Y. , ZONG T. , "Forecasting of industrial structure evolution and CO2 emissions in Liaoning province", *Journal of Cleaner Production*, Vol. 285, 2021, pp. 66-87.

[268] ZHANG Y. , SONG Y. , ZOU H. , "Transformation of pollution control and

green development: Evidence from China's chemical industry", *Journal of Environmental Management*, Vol. 275, 2020, pp. 525−560.

[269] ZHOU Y. , ZHOU R. , CHEN L. , "Environmental policy mixes and green industrial development: An empirical study of the Chinese textile industry from 1998 to 2012", *IEEE Transactions on Engineering Management*, Vol. 69, 2020, pp. 742−754.

[230] Hassan M. A. , Yacob S. , Shirai Y. , "Reduction of greenhouse gases emission from palm oil industry and clean development mechanism business in Malaysia", *Journal of Biotechnology*, Vol. 136, 2008, pp. 12−37.

[231] HOU D. , LI G. , CHEN D. , "Evaluation and analysis on the green development of China's industrial parks using the long−tail effect model", *Journal of Environmental Management*, Vol. 248, 2019, pp. 58−69.

[232] Marshall A. , "Principles of economics", *MacMillan and Company*, Vol. 12, 1890, pp. 56−78.

[233] Roma R. , Paul M. , "Increasing Returns and Long−Run Growth", *Journal of Political Economy*, Vol. 94, 1986, pp. 1002−1037.

[234] LIU Q. , WANG S. , ZHANG W. , LI J. , "Does foreign direct investment affect environmental pollution in China's cities? A spatial econometric perspective", *Science of the Total Environment*, Vol. 613−614, 2018, pp. 521−529.

[235] CHENG Z. , LI L. , LIU J. , "The emissions reduction effect and technical progress effect of environmental regulation policy tools", *Journal of Cleaner Production*, Vol. 149, 2017, pp. 191−205.

[236] FENG Y. , WANG X. , DU W. , WU H. , WANG J. , "Effects of environmental regulation and FDI on urban innovation in China: A spatial Durbin econometric analysis", *Journal of Cleaner Production*, Vol. 235, 2019, pp. 210−224.

[237] GAN T. , LIANG W. , YANG H. , LIAO X. , "The effect of economic development on haze pollution (PM2. 5) based on a spatial perspective: Urbanization as a mediating variable", *Journal of Cleaner Production*, Vol. 266, 2020,

pp. 128-152.

[238] Grossmang M. , Kruegera B. , "Economic Growth and the Environment", *NBER Working Papers*, Vol. 110, 1995, pp. 353-377.

[239] WU T. , PENG Y. C. , LV K. , "Research of Relationship between Shanghai Industrial Structure and Environmental Pollution", *International Journal of Advances in Management Science*, Vol. 2, 2013, pp. 127-132.

[240] Zhiqiang H. , Jianming M. , Changhong M. , "Spatial Characteristics and Econometric Test of Industrial Agglomeration and Pollutant Emissions in China", *Scientia Geographica Sinica*, Vol. 7, 2018, pp. 168-176.

[241] Yong J. , Hui-Xin Y. , "Government Intervention, Integration of Information and Industrialization and Industrial Structure Change——Basedon the Provincial Panel Data of Period 2003—2014", *Business Management Journal*, Vol. 3, 2017, pp. 57-66.

[242] Mao Z. , Yi L. , Dahai F. , "Trade Liberalization and Industrial Upgrading in China: Facts and Mechanisms", *Journal of World Economy*, Vol. 10, 2016, pp. 112-131.

[243] Wang Li, Han Yujun, "The Research on Relation between OFDI Reverse Spillover and Industrial Structure Optimization", *International Business*, Vol. 5, 2017, pp. 69-83.

附件一：乡村产业结构与绿色发展调查问卷（村民卷）

尊敬的先生/女士：

　　您好！我们是乡村产业结构和绿色发展调研组，调查目的是了解乡村产业结构和绿色发展的现状与问题。烦请您协助我们完成此问卷填写，您的真实反馈对我们的研究非常重要。感谢您的支持与帮助！本调查以匿名方式进行，请您放心填写！

一、基本情况

1. 性别_____　　A. 男　　B. 女

2. 年龄（岁）_____

A. 小于 20　　　　B. 20~35　　　　C. 36~50　　　　D. 51~60

E. 大于 60

3. 您家庭人口总数（人）_____

A. 1　　　　B. 2　　　　C. 3　　　　D. 4

E. 5 人及以上

4. 您的学历_____

A. 高中及以下学历　　　　B. 大专或本科学历

C. 硕士学历及以上

5. 您家庭的主要收入来源是_____

A. 务工　　　　B. 个体工商户

C. 务农　　　　D. 其他_____

6. 您家庭人均年收入（元）_____

A. 小于 5000   B. 5000~10000

C. 10001~50000   D. 50001~100000

E. 大于 100000

7. 您对您家庭当前的收入状况_____

A. 不满意   B. 基本满意   C. 还可以   D. 很满意

8. 您家庭每年主要的经济支出是_____

A. 医疗支出   B. 教育支出

C. 生活支出   D. 农产品经营支出

E. 其他支出_____

二、问卷内容

10. 在您的年收入中，农业带给您的收入（元）_____

A. 100~1000   B. 1001~3000

C. 3001~5000   D. 5001~10000

E. 10001~50000   F. 大于 50000

11. 在您的年收入中，制造业（如加工罐头、制作器械）带来的收入（元）_____

A. 100~1000   B. 1001~3000

C. 3001~5000   D. 5001~10000

E. 10001~50000   F. 50001~100000

G. 大于 100000

12. 在您的年收入中，服务业（如休闲观光、游客采摘、农家乐等）带来的收入（元）_____

A. 100~1000   B. 1001~3000

C. 3001~5000   D. 5001~10000

E. 10001~50000   F. 50001~100000

G. 大于 100000

13. 近十几年，您的收入增长幅度大吗？

A. 增长很大，100%以上   B. 增长较大，50%以上

C. 基本不变　　　　　　　　　　D. 收入减少

14. 近十几年，您的收入中，下列哪项收入增长最快？

A. 农业（增幅为__%）　　　　　B. 制造业（增幅为__%）

C. 服务业（增幅为__%）

15. 您主要生产的农作物_____

A. 谷物类　　　　B. 蔬菜类　　　　C. 瓜果类　　　　D. 花卉类

E. 其他

16. 在您所施用的肥料中，各种肥料（有机肥：混合肥：无机肥）的占比

为：_____

17. 和十年前相比，有机肥的施用比重是：A. 上升　B. 下降　C. 不变

18. 和五年前相比，有机肥的施用比重是：A. 上升　B. 下降　C. 不变

19. 您的耕地有没有被污染？A. 没有 B. 有

如果有，污染比重是多少？

A. 80%以上　　　　B. 51%~80%　　　C. 20%~50%　　　D. 20%以下

20. 您生产的农产品中绿色有机农产品产值在您总收入中占比多少？

A. 80%以上　　　　B. 51%~80%　　　C. 20%~50%　　　D. 20%以下

21. 近几年，绿色有机农产品产值在您总收入中占比变化如何？

A. 不断上升　　　　　　　　　　B. 基本不变

C. 不断下降　　　　　　　　　　D. 先下降后上升

E. 先上升后下降

22. 您更愿意投入绿色有机产品的生产还是传统产品的生产？

A. 更愿意投入绿色有机产品的生产

B. 更愿意投入传统产品的生产

C. 没有差别

原因是什么_____

23. 绿色农产品的生产有没有专项补贴？

A. 有（_____年开始补贴，如何补贴_____）

B. 没有

24. 农业对当地的环境污染严重吗？

A. 非常严重　　　B. 比较严重　　　C. 比较轻微　　　D. 没有污染

25. 制造业对当地的环境污染严重吗？

A. 非常严重　　　B. 比较严重　　　C. 比较轻微　　　D. 没有污染

26. 服务业（如休闲观光、游客采摘、农家乐等）对当地环境污染严重吗

A. 非常严重　　　B. 比较严重　　　C. 比较轻微　　　D. 没有污染

27. 您平常在哪里购买种子、农药、化肥等农资？

A. 村级服务站　　　　　　　B. 乡镇供销社

C. 县、市农资店　　　　　　D. 网购

28. 您的主要农产品是通过哪种渠道销售的？

A. 自己到集市销售

B. 等小贩或经纪人上门收购

C. 销售给专业合作社

D. 网上销售

29. 你认为最近十年乡村的变化大吗？

A. 不大　　　B. 有一点　　　C. 大　　　D. 很大

变化主要体现在哪些方面_____

30. 您对所在地区乡村（农业、农民、农村）的政府补贴、财政投资、政策扶持等是否满意？

A. 特别满意　　　B. 较满意　　　C. 一般　　　D. 不满意

E. 极不满意

31. 您对所在地区的生态环境、空气质量、土壤污染等的满意程度_____

A. 特别满意　　　B. 较满意　　　C. 一般　　　D. 不满意

E. 极不满意

32. 您村镇的生活垃圾如何处理？

A. 直接焚烧　　　　　　　B. 直接填埋

C. 堆肥处理　　　　　　　D. 由垃圾处理厂分类回收

E. 其他_____

33. 您关心乡村产业绿色发展问题吗？

A. 非常关心　　　B. 比较关心　　　C. 不太关心　　　D. 不关心

34. 相对于乡村产业的绿色发展问题，您更关心什么问题？

A. 看病　　　　　B. 养老　　　　　C. 家庭收入　　　D. 子女教育

E. 其他

35. 您认为您村镇在乡村绿色发展中需要重点解决哪些问题？（多选）

A. 村庄环境整治　　　　　　　　B. 农业废弃物处理

C. 推广农村清洁能源　　　　　　D. 河道、河塘清理

E. 农村垃圾处理体系建设　　　　F. 其他_____

36. 提升乡村产业绿色发展的措施主要是（请排序）：

A. 扩大宣传力度，树立绿色生态观念

B. 政府增加投入加快美丽乡村建设

C. 采取减免税收、补贴等方式鼓励发展绿色低碳产业

D. 提高绿色产品价格

附件二：乡村产业结构与绿色发展
调查问卷（干部卷）

尊敬的先生/女士：

您好！我们是乡村产业结构和绿色发展调研组，调查目的是了解乡村产业结构和绿色发展的现状与问题。烦请您协助我们完成此问卷填写，您的真实反馈对我们的研究非常重要。感谢您的支持与帮助！本调查以匿名方式进行，请您放心填写！

一、基本情况

1. 性别_____   A. 男 B. 女

2. 年龄（岁）_____

A. 小于 20   B. 20 ~ 35   C. 36 ~ 50   D. 51 ~ 60

E. 大于 60

3. 您家庭人口总数（人）_____

A. 1   B. 2   C. 3   D. 4

E. 5 及以上

4. 您的学历_____

A. 高中及以下学历   B. 大专或本科学历

C. 硕士学历   D. 博士及以上学历

5. 您家庭的主要收入来源是？

A. 务工   B. 个体工商户   C. 务农   D. 其他_____

6. 您家庭人均年收入（元）_____

A. 小于 5000   B. 5000 ~ 10000

C. 10001～50000　　　　　　　　　D. 50001～100000

E. 大于 100000

7. 您对您家庭当前的收入状况_____

A. 不满意　　　　B. 基本满意　　　C. 还可以　　　　D. 很满意

8. 您家庭每年主要的经济支出是_____？

A. 医疗支出　　　　　　　　　　B. 教育支出

C. 生活支出　　　　　　　　　　D. 农产品经营支出

E. 其他支出_____

二、问卷内容

1. 您所在村镇农作物主要施用什么肥料？

A. 有机肥（农家肥）　　　　　　B. 混合肥

C. 无机肥（化学肥）　　　　　　D. 其他_____

2. 和十年前相比，有机肥的施用比重是：

A. 上升　　　　　B. 下降　　　　C. 不变

3. 和五年前相比，有机肥的施用比重是：

A. 上升　　　　　B. 下降　　　　C. 不变

4. 您所在村镇耕地有没有被污染？A. 没有　　B. 有

如果有，污染比重是多少？

A. 80%以上　　　　B. 51%～80%　　　C. 20%～50%　　　D. 20%以下

5. 绿色农产品的生产有没有专项补贴？

A. 有（_____年开始补贴，补贴形式是_____）

B. 没有

6. 农业对当地的环境污染严重吗？

A. 非常严重　　　B. 比较严重　　　C. 比较轻微　　　D. 没有污染

7. 制造业对当地的环境污染严重吗？

A. 非常严重　　　B. 比较严重　　　C. 比较轻微　　　D. 没有污染

8. 服务业（如休闲观光、游客采摘、农家乐等）对当地环境污染严重吗？

A. 非常严重　　　B. 比较严重　　　C. 比较轻微　　　D. 没有污染

9. 您认为您村进行产业选择方面存在哪方面的困难？

A. 宣传力度不够，产业政策未鼓励农业结构调整

B. 部分乡镇干部、村民对农业结构调整无整体规划和长远计划

C. 村民科技文化、思想素质不高

D. 村民致富欲望不强

E. 农村产业结构不适应市场经济要求

F. 农业结构调整没有与本地资源优势、区位优势很好地结合起来

10. 您认为您村进行产业选择该如何着手？

A. 大力宣传农业结构调整的相关经验、相关事例、相关市场信息

B. 由村干部启动示范建设项目，带着村民干，干给村民看

C. 举办各类技术培训会，促进农民科技种养技术的提高

D. 搜集市场上有用信息，及时反馈给村民，力争通过信息服务，确保农业结构调整的实现

E. 推进土地流转，实现规模化生产

F. 因地制宜发展农业生产，循序渐进

11. 您认为最近十年乡村的变化大吗？

A. 不大   B. 有一点   C. 大   D. 很大

变化主要体现在哪些方面？_____

12. 您认为当地政府对农业、农村以及乡村绿色发展的重视程度_____

A. 特别高   B. 较高   C. 一般   D. 不高

E. 极不重视

13. 您对所在地区乡村（农业、农民、农村）的政府补贴、财政投资、政策扶持等是否满意？

A. 特别满意   B. 较满意   C. 一般   D. 不满意

E. 极不满意

14. 您对所在地区的生态环境、空气质量、土壤污染等的满意程度_____

A. 特别满意   B. 较满意   C. 一般   D. 不满意

E. 极不满意

15. 您认为您村镇哪方面需要进一步改善？

A. 空气污染，雾霾严重　　　　　B. 垃圾堆放，臭味难忍

C. 废水乱排，水质恶化　　　　　D. 路面不好，尘土较多

16. 您关心乡村产业绿色发展问题吗？

A. 非常关心　　　B. 比较关心　　　C. 不太关心　　　D. 不关心

17. 相对于乡村产业的绿色发展问题，您更关心什么问题？

A. 看病　　　　B. 养老　　　　C. 家庭收入　　　D. 子女教育

E. 其他

18. 您认为，您村镇在乡村绿色发展中需要重点解决哪些问题？

A. 村庄环境整治　　　　　　　　B. 农业废弃物处理

C. 推广农村清洁能源　　　　　　D. 河道、河塘清理

E. 农村垃圾处理系统建设　　　　F. 其他_____

19. 提升乡村产业绿色发展的措施主要是（请排序）：

A. 扩大宣传力度，树立绿色生态观念

B. 政府增加投入加快美丽乡村建设

C. 采取减免税收、补贴等方式鼓励发展绿色低碳产业

D. 提高绿色产品价格

开放性问题：

20. 您认为，导致乡村污染的主要原因是什么？是乡村自身的污染问题吗？还是其他方面的一些原因？

21. 当前，当地乡村产业绿色发展的举措有哪些？成效如何？

22. 您认为当地乡村产业如何实现绿色化发展？为什么要这么做？

23. 您认为推动当地乡村产业绿色发展的根本动力是什么？是由大家自觉来推动、还是因为绿色产品收入更高，或者是政府主导？

附件三：2021 暑期乡村产业结构与绿色发展访谈提纲

1. 您所在乡村的环境近四十年变化情况以及导致这些变化的主要原因。（这个可以根据问答情况随机追问。）

2. 当地农业结构构成变化（种植业养殖业等）以及这些变化对环境的影响情况。（问农民时改为通俗语言，比如你三十年前种什么，现在种什么，对身体有什么影响？等，下同）

3. 当地乡村工业结构构成变化以及对环境的影响情况。

4. 当地旅游业发展以及对环境的影响情况。

5. 当地有哪些绿色生态示范做法及收益如何？（比如绿色品牌，带来的收入，绿色补贴等）

6. 当地发生过严重的污染事件吗，造成的损失如何？

7. 制约当地乡村发展的因素有哪些？老百姓的主要诉求是什么？当地为改善这些做过哪些工作？

8. 有关数据资料可以提供给我们吗？绝对保密，仅仅是研究使用。

询问联系方式、录音、拍照等。

后　记

　　本书是在作者参与完成的国家社科基金项目《乡村产业结构演进的绿色发展效应及路径设计研究》基础上修改而成。书稿付梓之际，向所有关心支持、辛勤参与的各位学界同仁、各位编委致以最诚挚的敬意和衷心的感谢。

　　实施乡村振兴战略，是以习近平同志为核心的党中央，从党和国家事业发展全局出发，着眼于实现"两个一百年"奋斗目标，顺应亿万农民对美好生活的向往作出的重大决策。实施乡村振兴战略，是党的十九大作出的重大决策部署，是决胜全面建成小康社会、全面建设社会主义现代化国家的重大历史任务，是新时代做好"三农"工作的总抓手。民族要复兴，乡村必振兴。乡村发展问题历来是中国的最大问题。党的二十大报告提出，推动绿色发展，促进人与自然和谐共生。实施乡村振兴战略，贯彻新发展理念是必由之路，推动乡村绿色发展是必然选择。绿色，本就是乡村的主打色。

　　乡村绿色发展是乡村振兴的重要篇章。产业结构作为联系经济活动与生态环境的重要纽带，它决定着资源消耗的方式和环境污染的水平和类型，对环境有直接影响。以绿色发展引领乡村振兴是走中国特色社会主义乡村振兴道路的必然选择。

　　影响我国乡村绿色发展的因素很多，从乡村产业结构演进这一视角进行探索是基于我国乡村振兴以及绿色发展的深切关注。从接触和了解这一问题伊始，就深深感觉到这一领域的复杂性、多面性，因为有了团队成员的共同努力，本研究得以顺利完成。但书中的任何粗疏错漏之处，都由笔者本人负责。

　　感谢全国哲学社会科学工作办公室为我国社会科学的发展所做的努力和工作。感谢那些曾经请教过的学者，感谢学界同行，感谢评阅专家，他们给予我莫大帮助。谨此致以深切的谢意。

在田野调查工作中，得到山东、河南、吉林等省份有关地市大力支持，特别是山东临沂市、潍坊市、青岛市、德州市、济宁市、淄博市等诸县、乡、镇农业局、环保局、发改委等领导同志及村民的全力支持与配合，帮助联系访谈对象，提供当地发展资料，畅谈产业与绿色发展等。正是他们的无私付出和帮助，才有了本书第一手资料的诞生。

感谢研究团队的共同担当，团队成员为课题的理论与实证研究付出了诸多努力。

最后要向促成本书面世、为它付出了大量心血的中国政法大学出版社编辑同志表示我真诚的谢意！

因为笔者理论素养、知识积累和消化吸收水平有限，在分析和推导过程中必然存在一些错误和疏漏，这也是需要不断改进的方面。希望本书能够为今后一段时期内进行一些深入的分析和研究奠定好的基础。

王传刚

2024 年 5 月

图书在版编目（CIP）数据

乡村产业结构演进的绿色发展效应及路径设计研究 /

王传刚著. —— 北京：中国政法大学出版社, 2024. 8.

ISBN 978-7-5764-1664-0

Ⅰ. F321

中国国家版本馆CIP数据核字第2024U49G42号

出 版 者　中国政法大学出版社

地　　址　北京市海淀区西土城路 25 号

邮　　箱　fadapress@163.com

网　　址　http://www.cuplpress.com（网络实名：中国政法大学出版社）

电　　话　010-58908435(第一编辑部) 58908334(邮购部)

承　　印　固安华明印业有限公司

开　　本　720mm×960mm　1/16

印　　张　16

字　　数　260 千字

版　　次　2024 年 8 月第 1 版

印　　次　2024 年 8 月第 1 次印刷

定　　价　76.00 元